佛性思想

傅偉勳・楊惠南——主編

釋恆清——著

東大圖書公司

《現代佛學叢書》總序

本叢書因東大圖書公司董事長劉振強先生授意，由偉勳與惠南共同主編，負責策劃、邀稿與審訂。我們的籌劃旨趣，是在現代化佛教啟蒙教育的推進、佛教知識的普及化，以及現代化佛學研究水平的逐步提高。本叢書所收各書，可供一般讀者、佛教信徒、大小寺院、佛教研究所，以及各地學術機構與圖書館兼具可讀性與啟蒙性的基本佛學閱讀材料。

本叢書分為兩大類。第一類包括佛經入門、佛教常識、現代佛教、古今重要佛教人物等項，乃係專為一般讀者與佛教信徒設計的普及性啟蒙用書，內容力求平易而有風趣，並以淺顯通順的現代白話文體表達。第二類較具學術性分量，除一般讀者之外亦可提供各地學術機構或佛教研究所適宜有益的現代式佛學教材。計畫中的第二類用書，包括(1)經論研究或現代譯注,(2)專題、專論、專科研究,(3)佛教語文研究,(4)歷史研究,(5)外國佛學名著譯介,(6)外國佛學研究論著評介,(7)學術會議論文彙編等項，需有長時間逐步進行，配合普及性啟蒙教育的推廣工作。我們衷心盼望，關注現代化佛學研究與中國佛教未來發展的讀者與學者共同支持並協助本叢書的完成。

傅偉勳　楊惠南

自 序

　　印度大乘佛教思想有三大學派 ： 即中觀 (Mādhyamika) 、 瑜伽 (Yogācāra) 和如來藏 (Tathāgatagarbha)。中觀學派的思想建立在「緣起性空」上，代表有宗的瑜伽學派強調「境空心有」的唯識思想，而高舉「自性清淨心」的如來藏思想，則闡揚眾生本具佛性。

　　如來藏 （佛性） 思想淵源於 《阿含經》 的心性本淨說，《增支部》曾明確地指出人心極光淨，但為客塵煩惱所染。在部派佛教中，大眾部 (Mahāsaṃgika) 和分別說部 (Vibhajyavāda) 沿襲《阿含經》的說法，繼續宏揚心性本淨說。此二部派均認為眾生心乃性淨而相染，雖有雜染相，而心的淨性不變。然而，心性本淨說並非普遍地被所有部派所接受，說一切有部 (Sarvāstivāda) 即認為它是「非經」、「非了義說」，此乃因為它與原始佛教的根本要義「無我」理論有相當的差距，這也就是許多如來藏系經論常辯解如來藏非神我的原因。

　　大乘佛教興起後 ， 最早出現的般若系大乘經典亦採用心性本淨說，不過，它們從般若空慧的角度，給以不同的詮釋，如 《小品般若波羅蜜經》 卷一說：「是心非心，心相本淨故」，因為心是空寂不可得的「非心」，所以說心相本淨，也就是《大智度論》卷六十三所說的「畢竟空即是畢竟清淨」。將般若空與本性淨等同視之，雖符合中觀思想，但與如來藏系的說法則有相當的差距。

　　自成體系的如來藏學說約在三世紀興起，而盛行於四、五世紀，

其經典屬於大乘佛教的後期。雖然有關如來藏思想的經論為數不少，但其主流者有所謂的「三經一論」:《如來藏經》、《不增不減經》、《勝鬘夫人經》、《寶性論》。《如來藏經》是奠定如來藏說基礎架構最重要的經典。其篇幅極小，但主題相當明確，經中以九種譬喻，直指如來藏學系的中心思想——「一切眾生皆有如來藏」。《不增不減經》從眾生界的不增不減說明如來藏的空義、不空義、平等義，其文約義精，近於論典的體裁，是如來藏學教義的重要依據。《勝鬘夫人經》強調「正法」(一乘)的殊勝，從闡明一乘而說到如來藏自性清淨心，且首度以「空如來藏」和「不空如來藏」說明如來藏，深具特色。《寶性論》是代表如來藏學的集大成論典。它廣引各種經論，以「七金剛句」(佛寶、法寶、僧寶、佛性、菩提、功德、業)詳論如來藏思想。

　　除了以上主流的「三經一論」之外，《大般涅槃經》和《佛性論》也是闡揚如來藏(佛性)的要典。《大般涅槃經》極力提倡「如來常住」、涅槃有「常樂我淨」四德、「一切眾生悉有佛性」，它的一大特色是將中道第一義空解釋為「正因佛性」，對如來藏的神我色彩給予相當的淡化。《佛性論》乃真諦於陳代譯出，是會通如來藏學與瑜伽學的代表作，例如它引入瑜伽學的三自性、三無性、轉依等思想，作為融會如來藏的理論依據。整體而言，《佛性論》雖未偏離《寶性論》的如來藏學說，但已顯現如來藏和瑜伽融和的事實。另一部具有融會性質的論典是《大乘起信論》。此論以「一心開二門」

闡釋真如門自性清淨心和生滅門染污虛妄心如何融攝於「一心」。雖然自古《大乘起信論》即有「疑偽」的爭議，但是它對中國的佛性思想有很大的影響。

佛性思想萌芽於印度，卻在中國結出燦爛之果。由於「人人皆可成佛」，與中國「人人皆可成堯舜」的說法相契合，佛性思想傳入中國後迅速成為中國佛教的主流。中國佛教重要的宗派，如華嚴宗、天台宗、禪宗等都是建立在佛性思想上。

在中國佛教中，佛性思想發展的關鍵人物是晉宋之際的竺道生。他在大本《涅槃經》未傳入之前，就能孤明先發，倡言「一切眾生悉有佛性，一闡提亦可成佛」，開啟了南北朝時期各種佛性論說爭鳴的盛況。當時有《大乘玄論》所謂的「正因佛性十一家」和《大乘四論玄論》的「正因佛性本三家末十家」，諸家大都著重在佛性一詞的釋義上，這是早期中國佛教對佛性的瞭解。到了隋唐時期的天台、華嚴、禪宗等，對佛性思想的內容有更深度的闡發和創造性的詮釋。性宗和相宗對「一性皆成」或「五性各別」曾提出精彩的論辯。

華嚴宗的佛性思想以其「性起」為基礎，主張一切眾生無不具足如來智慧，若稱性而起，即可成佛，而一切諸法正是佛性的體現。相對與華嚴宗的性起說，天台宗主張「性具」，即一法具一切法，一切法具一法。在「一念三千」、「十界互見」、「三諦圓融」的性具思想基礎上，天台宗提出最具創造性的「性惡論」和「草木成佛」的佛性思想，意義至為深遠。天台宗認為佛與一闡皆具性善和性惡，

不同的是一闡提雖具性善，但未斷修惡，而佛雖不斷性惡，但不起修惡。性惡論除了顯現佛能「于惡自在」之外，最大意義在於證成一闡提因性善而終可成佛。天台宗師倡導無情有性、草木成佛最有力的是湛然。他以真如遍在、三因佛性等思想架構在性具理論上去論證無情有性，甚至可成佛，可謂將中土的佛性思想推衍到最高點，也是最具創造性的詮釋。

　　由以上的簡述，可知佛性（如來藏）思想由印度流傳至中國，經過千餘年的發展，可謂源遠流長，其思想內容複雜且豐富，要能全盤精通，實非易事。筆者自學佛以來，即深深被「一切眾生皆可成佛」的教義所吸引，因為它是如此地肯定眾生的本性、潛能、尊嚴和價值。基於對佛性思想的相契，筆者專注於有關佛性經論的研讀，並發表數篇論文。後應傅教授偉勳之邀，將拙文彙集成書收編於其主編的《現代佛學叢書》之中。

　　本書共收六篇專文，前三篇是印度佛教中有關佛性思想之經論的研究，即《大般涅槃經》、《寶性論》、《佛性論》的佛性思想。第四篇討論《大乘起信論》的心性說。第五篇討論初唐性宗和相宗關於「一性」和「五性」的爭辯。最後一篇則是從天台宗主張草木有性談到現代深層生態學，以論證佛性說可為現代生態學的哲理基礎。

　　最後要感謝東大圖書公司劉董事長振強先生，無視於微薄的商業價值，肯出版像這樣一本純學術性的論文集。

佛性 思想　目次

第二章　《寶性論》的如來藏思想

第三章　《佛性論》的佛性說

第四章　《大乘起信論》的心性說

第一章

《大般涅槃經》的佛性論

一、《大般涅槃經》的傳譯

大般涅槃 (Mahāparinirvāṇa) 的意譯是大滅度、大圓寂，乃是指佛陀圓滿諸德，寂滅諸惡的解脫境地。❶有關佛陀大般涅槃的經典有三種：

⑴小乘的 《大般涅槃經》：此經在南傳巴利藏中稱為 *Mahā-parinibbāna Suttanta*，收於長部尼柯耶 (*Dīgha-nikāya*) 第十六經❷，相當於漢譯《長阿含》的《遊行經》。現存有三個《遊行經》的異譯本：①《佛般泥洹經》二卷，題為西晉白法祖譯。②《般泥洹經》，東晉失佚，此乃依《開元錄》所記。③《大般涅槃經》三卷，題為

---

❶《天台四教儀》卷上解釋「大滅度」說：「大者，為法身；滅者，為解脫；度者，為般若。」這是加以引申以配合《大般涅槃經》中三德秘藏的說法，與梵文原文 parinirvāṇa 並沒有直接的字義關連。

❷英國學者 T. W. Rhys Davids 曾將南傳的 《大般涅槃經》 譯成英文 (*Sacred Books of the East*, Vol. XI, 1881)。另外，巴宙也曾將巴利原文的 《大般涅槃經》譯成中文。

法顯譯。❸以上三異譯均收於《大正藏》的阿含部，其內容大同小異，主要是敘述佛陀入涅槃前三個月的最後遊行教化，以及入滅後八國分得舍利供養的情形。

⑵《方等涅槃經》：此經為西晉竺法護譯，《四童子三昧經》是它的異譯。此經亦論及佛涅槃前的情況，屬於大乘類的涅槃經。經中敘述來自四方的童子前來謁佛，佛陀為他們開示各種三昧。

⑶大乘的《大般涅槃經》：現存的漢譯本有四種：

　　①《大般泥洹經》六卷，法顯（約 337–422）譯，俗稱《六卷本》，乃《北本》前十卷的異譯。

　　②《大般涅槃經》四十卷，曇無讖 (Dharmarakṣa, 385–423) 譯，後人稱之為《北本》或《大本》。

　　③《大般涅槃經》三十六卷，此乃是慧觀、謝靈運等人，依《北本》改治而成，後人稱之為《南本》。

　　④《大般涅槃經後分》，會寧與若那跋陀羅於 664–665 年譯出。《後分》以敘述佛陀入滅及其火化等事為主，雖然沒有論及教理，但使整部《大般涅槃經》得以齊全完備。

①《大般泥洹經》六卷

　　法顯曾西行求法，遊學十五年之久，回國後積極從事譯經工作，貢獻良多。❹法顯除了翻譯《摩訶僧祇律》等重要律典之外，有些

---

❸根據湯用彤從經錄考據的結果，認為此經為白法祖所譯的記載，似有可疑，
　參見湯用彤，《漢魏兩晉南北朝佛教史》，鼎文書局，民 64 年，頁 601。

經錄和僧傳記載法顯曾譯《泥洹經》，故傳統上一直認為《六卷本》是法顯所譯。然而，根據《出三藏記集》所錄六卷《泥洹經》後記的記載，法顯在摩竭提國時，有位名叫塞伽羅的在家居士，因深受法顯的求法精神所感動，故特別贈予手寫的一部《大般泥洹經》，法顯將經本帶回國後，由佛陀跋多羅手執胡本，寶雲傳譯，❺於東晉義熙十四年 (418 年) 在道場寺譯出。此記載完全未提及法顯曾參與翻譯工作，因此，《六卷本》是否確實為法顯所譯，恐有待更進一步考證。

② 《大般涅槃經》四十卷——《北本》

至於《北本》為曇無讖所譯，殆無異議。❻曇無讖是北涼時代的譯經大師，他所譯的經典均屬大乘。除了《北本》之外他還譯了《優婆塞戒經》、《地持經》、《菩薩戒本》等大乘律典，對大乘菩薩戒之弘傳有很大的貢獻。根據《高僧傳·曇無讖傳》所載，曇無讖為中印度人，自幼即精小乘咒術、五明等。後來遇一白頭禪師，經過一番議論之後，禪師授予《涅槃經》，方知大乘之深廣，於是改習

❹有關法顯的生平事蹟及其譯經的資料有十餘種之多，參閱屈大成，《大乘大般涅槃經研究》，文津出版社，1994 年，頁 29。

❺《大正藏》卷 55，頁 60 中。

❻有關曇無讖的生平和譯經之資料，參閱屈大成，《大乘大般涅槃經研究》，頁 10～11；湯用彤，《漢魏兩晉南北朝佛教史》，鼎文書局，1975 年，頁 391～396。

大乘。曇無讖精通咒術，深得國王尊崇。但後來因事得罪國王，乃
畏罪而先後逃至罽賓和龜茲，但因此二地均奉小乘，曇無讖遂又東
入善鄯、敦煌，最後到涼州姑臧歸附河西王蒙遜。後來因蒙遜之勸
請而譯出《涅槃經》，但是因為曇無讖攜來的只有「前分」十卷，他
又返國訪尋，於于闐得「中分」後，返回涼州譯出。後來，他又派
人到于闐求得「後分」，而於玄始十年 (421 年)，將所得全部《涅槃
經》譯畢。但是，依《出三藏記集》所載，曇無讖因聽到梵僧言及
「此經品未盡」，再次西行尋取剩餘部分，但未遂先亡。❼

③《大般涅槃經》三十六卷——《南本》

　　此乃是由四十卷的《北本》修治而成。當《北本》於宋元嘉年
間 (424–456 年) 傳至南方時，慧觀、慧嚴、謝靈運等人加以重新編
輯。《高僧傳·慧嚴傳》提到他們將《北本》修治的理由是：

　　《大般涅槃經》初至宋土，文言致善，而品數疏簡，初學難以
　　措懷。嚴迺共慧觀、謝靈運等，依《泥洹》本，加以品目，文
　　有過質，頗亦治改。❽

　　由上可知，慧觀等人認為《北本》品數過於疏簡，初學者難以
掌握要點，遂參照《法顯本》的十八品，將《北本》十三品細分為

---

❼《出三藏記集》卷 14，《大正藏》卷 55，頁 102 下～103 上。

❽《大正藏》卷 50，頁 368 上。

二十五品。但以卷數而言，《南本》有三十六卷，《北本》則有四十卷。再者，他們亦將文字過於質樸而難懂的地方，加以治改潤色，例如更改難解、不通順、粗鄙冗長、錯誤的詞句。❾唐代僧人元康對謝靈運的修治加以肯定，他曾說：

> 謝靈運文章秀發，超邁古今，如《涅槃》元來質樸，本言「手把腳踏，得到彼岸」，謝公改云「運手動足，截流而渡」。❿

《南本》的修治主要在於品目和文字，經中之義理未曾更改。即使如此，由於對佛經權威性的尊重，謝靈運等人修治的工作，曾受到質疑。《佛祖歷代通載》卷八丙子條有如下記載：

> 觀與慧嚴、謝靈運等，詳定《大涅槃經》，頗增損其辭，因為夢神人呵之曰：「乃敢妄以凡情，輕瀆聖典！」觀等惶懼而止。⓫

　　由於文字較為流暢，品目更加分明，《南本》還是比《北本》更

---

❾有關南北本相異的經文對照表，參閱布施浩岳，《涅槃宗の研究》，前編，東京，圖書刊行會，1942 年，頁 192～400；孫述圻，〈謝靈運與南本「大般涅槃經」〉，《南京大學學報》，第 1 期，1983 年，頁 66～72。

❿《肇論疏》，《大正藏》卷 45，頁 162 下。

⓫《大正藏》卷 49，頁 162 下。

為流行。不過，從忠於原典的立場而言，《北本》應較為可信。

④《大般涅槃經後分》

　　《後分》東傳後，全本《大乘涅槃經》遂告完成。《後分》共有四品，上、下卷各二品，在第一品〈遺教品〉之前，還有〈憍陳如品〉之末的一小段，以延續《北本》的最後一品〈憍陳如品〉。它敘述佛陀的最後一個弟子須跋陀羅聞法證果，請佛住世不果後，先佛入滅。接著的〈遺教品〉等四品，敘述佛陀的最後教誡，以及其入滅、火化、舍利供養等事。

　　《後分》的東傳，得之不易，曇無讖、慧觀、道普等人，都曾努力尋求，但是一直到唐初才由律師會寧求得。會寧發心前往天竺取經，途中於訶陵國住了三年，在麟德 (664–665) 年間，與若那跋陀羅共同譯出《後分》後，命僧人運期帶回東土，於是全本《涅槃經》終告完成收集和翻譯。

　　《大般涅槃經》的成立年代大約在三至五世紀間，這種推論可從經中所引用的經典的成立時期得知。《涅槃經》引用過《首楞嚴三昧經》、《摩訶般若波羅蜜多經》、《如來藏經》、《法華經》、《華嚴經》等。❷《首楞嚴三昧經》成立年代應在二世紀前，因為此經早於東漢中平二年 (185 年) 由支婁迦讖譯出。在五世紀《涅槃經》譯出前，

❷有關《涅槃經》所引用經典內文的詳細討論，參閱河村孝照，〈大乘涅槃經所引用の經典について〉，《印度學佛教學研究》（簡稱《印佛》），第 20 卷，第 2 號，頁 549。

已有幾種般若系經典的譯本，例如，小品的《道行般若經》由支婁迦讖於 179 年譯出；大品的《光讚般若波羅蜜經》於 286 年由法護譯出。因此，它們的集成不會遲於二世紀。《如來藏經》的成立年代在四世紀之前，因為此經最早由法炬於晉惠帝、懷帝時代 (290–306 年) 譯出。《法華經》和《華嚴經》❸的集成大約在三世紀中葉。

　　以上《涅槃經》所引用過的五部經典中，最遲集成者約在三世紀中葉，因此《涅槃經》的成立應在三世紀中葉之後，而其下限可從《涅槃經》本身譯出的年代推測。《法顯本》約於 405 年之間取得，而《北本》則是曇無讖於 414 至 421 年間取得，而於 421 年譯出，因此，五世紀初葉時《涅槃經》必已集出。

　　《大般涅槃經》屬於大乘三大思想體系中的如來藏思想。從思想的演進而言，如來藏系的經論可分成三個時期：第一時期包括三世紀初陸續出現的主流典籍，如《如來藏經》、《不增不減經》等。中期的則有《佛性論》、《寶性論》等。後期的是融會如來藏說與唯識說的經典，如《楞伽經》、《大乘起信論》等。《涅槃經》內容未涉及唯識要義，應是屬於第二時期如來藏系的經典。由於其深入探討佛性、一闡提、法身常住等思想，在如來藏思想體系中，是部很重要的典籍。

---

❸《涅槃經》有三處引用《雜花經》(《雜花經》為《華嚴經》的異名)，言及修集布施為涅槃因。詳參河村孝照，〈大般涅槃經と華嚴經〉，《東洋學研究》，第 5 號。

二、《大般涅槃經》的中心議題

《涅槃經》的中心思想，主要包含三大要義：第一、如來常住，第二、涅槃四德——常樂我淨，第三、一切眾生悉有佛性。《涅槃經》卷二十五的〈迦葉菩薩品〉，即有明示：

> 有人聞是《大般涅槃經》，如來常住，無有變異，常樂我淨，終不畢竟入於涅槃，一切眾生悉有佛性。一闡提人謗方等經、作五逆罪、犯四重禁，必當得成菩提之道。❹

引文中提到三個要義，而三者之意義互有關連。《涅槃經》認為一切諸佛常住不變，畢竟安樂，而諸佛具常樂我淨，且由於佛性的無差別相，故一切眾生終將成佛。

（一）如來常住

釋尊成道以來，經過四十年說法後，在拘尸那揭羅城外的沙羅雙樹林下入滅。對於佛陀自誕生到入涅槃的整個生涯，小乘佛教視為生滅變易的過程，當化緣已盡時，即灰身入滅，乃是無常、苦空、無我、不淨的具體呈現。基於這個根本概念，小乘佛教發展出「有餘涅槃」（Sopadhiśeṣa-nirvāṇa）和「無餘涅槃」（Nirupadhiśeṣa-

---

❹《大般涅槃經》卷 35，《大正藏》卷 12，頁 574 下。

nirvāṇa) 二種涅槃觀。

有餘涅槃為聖者生身所證，無餘涅槃為聖者滅後所證。《南傳大藏經》的「本事」(Itivṛttaka) 對此二種涅槃清楚地解釋說：

> 何謂有餘依涅槃界？比丘眾啊！比丘等證阿羅漢者，為漏盡者，成就淨行，所作已了，重荷已釋，（自身之）目的已遂，滅盡有結，正智解脫，而五根猶存，感快與不快，經驗苦樂，貪瞋痴滅。比丘眾等，此是有餘依涅槃界。
>
> 復次，何謂無餘依涅槃界？比丘眾等，比丘已證阿羅漢，已漏盡者，成就淨行，所作已了，重荷已釋，（自身的）目的已遂，滅盡有結，正智解脫，諸受皆滅，唯一清涼。比丘眾等，此即無餘依涅槃。❶❺

依上引句，有餘、無餘二種涅槃都是屬滅盡有漏、成就淨行、所作已了、正智解脫的境界，而其不同處，乃在於有餘涅槃「五根猶存」，任持最後的依身，能經驗苦樂，貪瞋痴滅。無餘涅槃則「滅盡有結，諸受皆滅」。換言之，因捨棄了五蘊和合的依身，諸受亦隨滅，即所謂的「所作已了，不受後有」。

證入有餘依涅槃的聖者，因有色身的存在，具體且實在，沒有

---

❶❺引自張曼濤，《涅槃思想研究》，收於藍吉富編，《現代佛學大系》，第 34 冊，彌勒出版社，1983 年，頁 63。

什麼爭議。但是，捨色身而不受後有的無餘涅槃者，其存在狀態又
是如何呢？由於對此問題的不同看法，衍生了大、小乘各宗派很大
差異的涅槃觀和佛身觀。因為小乘典籍中，常以類似「滅行無有餘，
如燈盡火滅」 ⓰ 的語詞來描述無餘涅槃，《俱舍論》卷六也說：「如
燈焰涅槃，唯燈焰謝，無別有物，如是世尊得心解脫，唯諸蘊滅，
更無所有」，⓱因此，無餘涅槃常被瞭解為一種虛無的境界。⓲

　　對於世尊捨依身入涅槃，是否如有些人所誤解的所謂進入斷滅
虛無的狀態，原始佛典早已提出澄清。如《本事經》即說：

　　無餘依涅槃界……畢竟寂靜，究竟清涼。隱沒不現，惟由清淨，
　　無戲論體，如是清淨無戲論體，不可謂有，不可謂無，不可謂
　　彼亦有亦無，不可謂彼非有非無，惟可說為不可施設究竟
　　涅槃。⓳

　　究竟的涅槃本質上是寂靜清淨的，而由於其無色身的依存，再
加上無我、無常等根本的佛教教義，入涅槃的佛被否定的認為是「灰

⓰《遊行經》,《大正藏》卷 1，頁 20 上。

⓱《俱舍論》卷 6，《大正藏》卷 29，頁 35 上。

⓲有些西方學者曾將涅槃詮釋為虛無，比利時學者蒲善 (De La Vallee Poussin)
　的 *The Way of Nirvāṇa* 即是一例。

⓳《本事經》卷 3，《大正藏》卷 17，頁 678 上。

滅佛」，為了導正這種誤解，上引的《本事經》就強調涅槃「不可謂有，不可謂無，不可謂彼亦有亦無，不可謂彼非有非無」，給予「絕四句」的定義。有的經典則把它解為「不可記說」，例如《雜阿含經》卷三十二即說：

> 若說如來後有生死者，是則為色；若說如來無後生死，是則為色……。如來者色已盡，心善解脫，言有生死者，此則不然……如來若有若無、若有無、若非有非無後生死，不可記說。❷⓿

自原始佛教至部派佛教，無論是將涅槃描述為「畢竟寂靜，究竟清淨」或「不可記說」，雖然沒有虛無斷滅的涵義，但是因為還是在無我、無常的定義下，❷❶與大乘佛教比較起來，其涅槃觀的積極性較小。

對大小乘涅槃觀的不同，三論宗祖師吉藏曾於《法華玄論》列舉三不同點：

⑴本性寂滅，非本性寂滅異：小乘的涅槃之所以「非本性寂滅」，是因為它認為必待煩惱滅已，才得涅槃。而大乘之涅槃，則認

---

❷⓿《雜阿含經》卷 32，《大正藏》卷 2，頁 226 中。

❷❶《中阿含經》說：「云何無餘涅槃，比丘行當如是，我者無我，亦無我所，當來無我，亦無我所，已有便斷，已斷得捨，有樂不染，合會不著，行如是者，無上息跡，慧之所見，而已得證。」（《大正藏》卷 1，頁 427 下。）

為煩惱不生不滅，生滅當體本來即涅槃。

　　⑵界內界外斷惑異：小乘所證的有餘涅槃斷三界內的一切「子縛」，而大乘所證的無餘涅槃斷三界內外一切「果縛」。

　　⑶具眾德、不具眾德異：小乘的涅槃無身無智，故不具眾德。大乘涅槃具足身、智、人法，故具足法身般若德。❷❷

　　上面第一點所說的生滅（煩惱）即涅槃，就是中觀所強調的「涅槃與世間，無有少分別，世間與涅槃，亦無少分別」，而世間（生死、煩惱）與涅槃之所以無有分別，乃是本性空。正因為大乘的空觀能照見諸法當體即空，故能打破世間與涅槃的差異，自由地悠遊二者之間，而不會像小乘將生死與涅槃截然二分。

　　第三點大小乘涅槃差異處，在於大乘涅槃「具足身、智、人法，故具法身般若德」，這與「猶如燈滅，膏油俱盡」的涅槃觀，有極大不同。如來涅槃「具足身」及「眾德」，也就是大乘《涅槃經》所強調的如來常住和涅槃四德。

　　《涅槃經》的緣起是因佛陀宣布欲入涅槃，眾弟子等悲痛不已，懇請佛陀住世，佛陀教誡他們一切世間法，有生必有死，其性無常，生已不住，所以諸佛終究是要入涅槃的。可是為了怕眾弟子誤以為佛般涅槃是「灰身滅智」的境地，佛陀解釋了如來常住的涅槃真義。例如：〈如來性品〉第四之一提到一般善男信女誤解如來涅槃無常的理由，是因為佛陀曾說過：

---

❷❷《法華玄論》卷 2，《大正藏》卷 34，頁 375 下。

1.滅諸煩惱，名為涅槃，猶如火滅，悉無所有。

2.離諸有者乃名涅槃。

3.如衣壞盡，不名為物，涅槃亦爾，滅諸煩惱，不名為物。

4.離欲寂滅，名為涅槃，如人斬首，則無有首，離欲寂滅亦復
　如是，空無所有。

5.譬如熱鐵，椎打星流，散已尋滅，莫知所在，得正解脫，亦
　復如是，已度嬌欲，諸有淤泥，得無動處，不知所在。❷

　　以上對涅槃的描述傾向否定性，若依字面上意義去瞭解，其結
論會是「如來無常」。但是如果有人以此問難「如來為常住法不變
異」的教義，佛陀的回答是：「若有人作是難者，名為邪難。」佛陀
解釋說：

　　滅煩惱者，不名為物，何以故？永畢竟故，是故名常。是句寂
　　靜，為無有上，滅盡諸相，無有遺餘，是句鮮白，常住不退，
　　是故涅槃名為常住。如來亦爾，常住無變。言「星流」者，謂
　　煩惱也，「散已尋滅，莫知所在」者，謂諸如來煩惱滅已，不在
　　五趣，是故如來是常住，無有變異。❷

---

❷《大正藏》卷 12，頁 387 中～下。

❷同上，頁 387 下。

　　《涅槃經》不但如上面引句辯解涅槃非斷滅，而且更積極主張如來常住身如金剛一樣不壞。〈金剛身品〉世尊說：「如來身者是常住身、不可壞身、金剛之身」，迦葉尊者反問說他不見世尊所說如來的常住金剛身，看到的只是世尊的「無常破壞，塵土雜食等身」。世尊於是再次告訴迦葉說：「如來之身無量億劫堅牢難壞，非人天身、非恐怖身、非雜食身、如來之身非身，是身不生不滅，不習不修，無量無邊，無有足跡，無知無形，畢竟清淨。」❷

　　〈壽命品〉中以「常住五身」表顯如來的常住性，五常是常命、常色、常力、常安樂、常無礙辯才。經中迦葉對於如來既然壽命無量，卻又不能久住世間而要入涅槃，深感不解。佛陀告訴迦葉對如來不應生滅盡想，因為「涅槃即是諸佛法性」，而法性是常法、不變易法❷，因此說如來常住壽命無量，世尊是為了度眾生才示現涅槃相的。總之，佛身不是雜食身、煩惱身、後邊身，或無常身，而是無煩惱身、金剛身、法身、常身、無邊身。

　　《涅槃經》主張如來常住的理由，是對治以涅槃為永遠沉寂的消極涅槃觀。大乘強調的如來身即是法性、涅槃、法身，而同時在涅槃的當下即是生死煩惱，就是所謂的「斷煩惱者，不名涅槃。」在這種涅槃煩惱不二的積極意義下，如來可同時「妙有」地出入涅

---

❷同上，頁 622 下。

❷〈四相品〉說：「如來身界不可壞故，所以者何？以無身聚，唯有法性，法性之性，理不可壞。」（《大正藏》卷 12，頁 636 下。）

槃和世間，繼續其度化眾生的工作。

（二）涅槃四德——常樂我淨

涅槃四德是對原始佛教所強調的無常、苦、空、無我、不淨等根本教義所提出批判式的新詮釋。傳統佛教認為眾生有「四顛倒」，即「無常常想、苦生樂想、無我我想、不淨淨想」，這四種執見是煩惱的根源，也是解脫道的絆腳石。但是《涅槃經》卻做了完全相反的詮釋。〈如來性品〉說：

> 佛告迦葉：善男子，謂四倒者，於非苦中生於苦想。非苦者名為如來，生苦想者，謂於如來無常變異。若說如來是無常者，名大罪苦，若言如來捨此身入於涅槃，如薪盡火滅，是名非苦而生苦想，是名顛倒。❷

無常變異的一切法皆苦，本來是四聖諦中「苦諦」的真義，如果把生滅變異之苦想當作樂想，就是顛倒見，但是《涅槃經》卻說「樂者即是如來，苦者如來無常」。換言之，如來常住是為樂（非苦），但是如果把如來捨身入涅槃視為無常變異法，就是苦想，也就是於「非苦」而生「苦」想，《涅槃經》稱此種想法為顛倒見。同樣地，無我我想，固然是顛倒，而把「我」當「無我」想也是顛倒。

---

❷《涅槃經》卷 7，《大正藏》卷 12，頁 407 上～中。

《經》中解釋說：

> 世間之人，亦說有我，佛法之中亦說有我。世間之人雖說有我，
> 無有佛性，是則名為於無我中而生我想，是名顛倒。佛法有我，
> 即是佛性。世間之人說佛法無我，是名我中生無我想。若言佛
> 法必定無我是故如來敕諸弟子修習無我，名為顛倒。❷⑧

　　佛教基本教義一向強調無我，但是根據以上引文，佛法與外道
均說有我，然而其意義有所不同。外道雖然說有我，但卻說無有佛
性，而且其所說的「我」是執諸法有自性的「我」。但佛法的「佛性
我」是含有空義的我，不同於外道我，所以如果於「無我中而生我
想，是名顛倒」。再者，佛法說有我，即是有佛性的意思，如果外道
說佛法無我（佛性），就是於「我中生無我想」，亦是顛倒。

　　第四種顛倒是「淨不淨想、不淨淨想」，《經》言：

> 淨者即是如來常住，非雜食身、非煩惱身、非是肉身、非是筋
> 骨繫縛之身。若有說言如來無常是雜身……是名顛倒。❷⑨

因為如來的常住身非雜食身、煩惱身，故名為「淨」，若以為如來無

---

❷⑧ 同上。

❷⑨ 《涅槃經》卷7，《大正藏》卷12，頁407上～中。

常是雜食身，即於淨中起不淨想，即為顛倒。總之，凡夫外道對於
生死有為所執的四種謬見──常樂我淨，屬於「有為」的四顛倒，
而「無為」的四顛倒，是指二乘人雖不會誤執有為的四顛倒，卻誤
以為涅槃悟境是虛無的境地，而於涅槃起「無常、無樂、無我、不
淨」的四種顛倒見，不能起涅槃「常樂我淨」的正見。

對傳統無我、無常、苦、不淨的瞭解，《涅槃經》批評它是「知
字不知義」，真正知義應是：

> 無我者名為生死，我者名為如來。
>
> 無常者聲聞緣覺，常者如來法身。
>
> 苦者即一切外道，樂者即是涅槃。
>
> 不淨者即有為法，淨者諸佛正法。❸

此段經文只點出常樂我淨所指為何，但並未解釋為何「我」是指常
住無變的如來，「常」為如來法身，「樂」為涅槃，「淨」為諸佛正
法。《佛性論》卷二則有較詳細的說明❸：如來法身之所以名為「大
常」，是因為「生死涅槃平等通達」，也就是說如來法身離於生死涅

---

❸同上，頁 377 下。

❸《佛性論》稱四德（四無倒）為大常、大樂、大我、大淨波羅蜜，其卷 2：
「辯相分」的「顯果品」中有清楚的闡釋，參見《佛性論》卷 2，《大正藏》
卷 31，頁 799 中～下。

槃二邊。若見生死無常，是為斷見，若見涅槃常住，是為常見。如
來法身離此二見，生死即涅槃，二者「平等通達，不可分別」，入不
二法門，這才是「大常」的真義。

　　《涅槃經》說「樂」是指涅槃，《佛性論》解釋說，這是因為涅
槃即是滅盡一切「苦集相」，和證得一切「苦滅相」，意生身滅不更
生，故可以說「大樂」。上面引文說「我者名為如來」，而《佛性論》
說「一切我無我虛妄執滅息」，名為「大我」，因為它遠離外道的「我
執」和二乘的「無我執」。《涅槃經》說「淨者諸佛正法」（無為法）。
《佛性論》更進一步指出如來法身的「大淨」含通於聖凡的「本性
清淨」和唯佛果才有的「無垢清淨」。

　　〈光明遍照高貴德王菩薩品〉以具「大常」、「大樂」、「大我」、
「大淨」的如來「大涅槃」，揀別二乘的「涅槃」。雖然整部《涅槃
經》中對四德中「常」義的解釋隨處可見，但是〈德王菩薩品〉中
詳細解釋「大樂」、「大我」、「大淨」的意義，卻獨缺「大常」，可能
是疏漏所致。而其對大我、大樂、大淨的詮釋也與《佛性論》不盡
相同。

　　〈德王菩薩品〉謂證入「大涅槃」的如來具「大我」屬性，乃
是因為如來有八種自在：

　　1.如來能示現無量身充滿十方無量世界。
　　2.如來能自在地示現身滿三千大千世界。

3.如來能無礙地來往恆河沙數諸佛世界。

4.如來能令無量眾生所作成辦，也能身處一地而使他土一切眾
　生得見。

5.如來具根自在，故能以一根攝六境，卻不加執取。

6.如來得一切法，但心無得想。

7.如來演說自在，其演說的內容歷無量劫亦不盡。

8.如來如虛空遍滿一切處，以自在力令眾生得見。❸❷

　　《佛性論》以如來法身離我、無我執見為「大我」的義涵，《涅
槃經》則以如來的八種自在力為「大我」的涵義，二經的著重點顯
然不同，但不外乎都是顯現如來的功德屬性，與一般執有自性的
「我」見，完全不同。

　　「大涅槃」蘊含的「大樂」有四種：

1.斷世間凡夫苦樂後之樂：涅槃之性超越苦樂，故名大樂。

2.大寂之樂：涅槃之性遠離憒鬧，故有大寂靜之樂。

3.一切知之樂：證入大涅槃的諸佛皆知一切法，故有大樂。

4.如來之身非煩惱之身，金剛不壞，故名大樂。

　　以上所舉的四種「大樂」，與《佛性論》所說的「大樂波羅蜜」

---

❸❷《涅槃經》卷23，《大正藏》卷12，頁502下～503上。

有些不同，後者是以「苦滅無餘」為大樂，而前者除了以超越苦樂（不苦不樂）的境界為大樂之外，也強調寂靜、智慧（一切知）、不壞身等為涅槃的功德屬性。

「大涅槃」的「大淨」也有四種：

1.斷除二十五有的大涅槃名為大淨。

2.諸佛證入大涅槃之後，諸業清淨。

3.如來身常而且清淨。

4.如來心清淨無漏。

以上所舉的四種「大淨」，與《佛性論》所說「一切煩惱習氣皆滅盡為大淨」的意義相同，但是《佛性論》又特別舉出本性清淨和無垢清淨，更具深意，因後者是從現象上表現，而前者則是從本質上考量。至於常樂我淨四者之間的關連，《涅槃經》有如此說明：

滅內外入所生六識，名之為常，以是常，故名之為我。有常、我，故名之為樂。常、我、樂，故名之為淨。善男子，眾生厭苦斷是苦因，自在遠離是名為我，以是因緣，我今宣說常樂我淨。❸❸

---

❸❸《大正藏》卷 12，頁 596 上。

引文指出如來涅槃的「常德」，乃是由滅凡夫六識所得，而因為此「常」，才能名之為「我」，又因為有「常」、「我」，才能名之為「樂」。最後，因為有常、我、樂，才能名之為「淨」。

綜觀《涅槃經》強調涅槃四德的意義，主要是在於它對小乘佛教的無常、苦、空、不淨的教義提出反省性的反應。經中批判「修習無常、苦、空、無我等想」為「無有實義」，其理由有二：一者如果過分執著無常等見，易誤入斷滅虛無之見，二者若於無常計常、苦者計樂、無我計我、不淨計淨，亦同樣是謬見。因為《涅槃經》認為無常等四法無有實義，故主張常樂我淨等四德，但是它與一般凡夫執著的常樂不同處何在呢？經中將它分成所謂「世間常樂我淨」和「出世間常樂我淨」。世間的「常」是無常計常的「常」（以下類推），故為顛倒見，因其「有字而無義」。而出世間的「常」是就如來法身遍滿而說「常」，此常沒有常相，故不同於世間常，其餘的樂、我、淨亦復如是。總之，這才是常樂我淨的實義。

（三）一切眾生悉有佛性

佛性思想是《涅槃經》的精髓，經中對佛性的意義有詳盡的闡釋，但是《涅槃經》佛性論最大的爭議點，在於是否一切眾生悉有佛性（悉皆成佛），而此爭議主要是涉及一闡提 (icchantika) 是否成佛的問題。因此，在討論佛性義之前，有先瞭解一闡提意義之必要。

「一闡提」是 icchantika（或 eccantika）的音譯，在不同經典，

也出現不同漢譯，如「一闡底迦」、「一顛底迦」、「一闡底柯」、「一闡提迦」等。Icchantika 是由梵文動詞 īṣ 變化而來，意思是「希求、欲樂」。Icchant 是 īṣ 的現在分詞，加上名詞的構成音 ika，即成為「欲樂者」、「多欲者」、「多貪者」等。《玄應音義》解釋說：「言一闡底柯，此云多貪，謂貪樂生死不求出離，故不信樂正法。」❸❹一闡提除了含「多貪」的字義之外，更引申指「斷善根」、「信不具足」、「慧不具足」、「燒種」、「極惡」的眾生。

　　雖然「一闡提」一詞在中期大乘佛教才開始出現於諸經論中，但是若從佛教思想史考查，一闡提的概念，可以說從佛陀時代即已萌芽。提婆達多 (Devadatta) 出佛身血，央掘魔羅 (Aṅgulimāla) 殺人如麻，阿闍世 (Ajātasatta) 弒父囚母，他們都是佛陀時代具有一闡提屬性的代表性人物。佛滅後，佛弟子放逸者更不受約束。第一次結集就是因為跋羅陀慶幸佛陀已入滅，自己可隨心所欲而召開的。以後幾次的結集涉及所謂「大天五事」、「十事非法」等之爭，都與持戒或犯戒、護法或謗法有關，這些爭議也都是後來「一闡提」教義所關心的議題，一闡提的思想顯然已蘊含其中。

　　對於惡質的眾生相，原始和部派典籍都有所描述，例如犯殺、盜、淫、妄等四重禁者，犯殺父、弒母、殺阿羅漢、出佛身血、破

---

❸❹《玄應音義》為唐代玄應所撰，又名《一切經音義》。本書收錄四五八部典籍，凡是難解之字句、名相均加以音譯和註解。參見《玄應音義》卷 23，《中華大藏經》，第 1 輯，第 30 冊，頁 26020。

和合僧等五逆罪者。《阿含經》中依正邪善惡，將眾生分成「正定聚」、「邪定聚」、「不定聚」，邪定聚就是指不行佛道而行邪道者，《俱舍論》則具體指出造五逆罪者為邪定聚眾生。❸❺被編入阿含部的《央掘摩羅經》❸❻把邪定聚和一闡提相提並論：

> 所言邪定者，謂彼一闡提，正定謂如來，菩薩及二乘。
>
> 目蓮應當知，二種甚希有，所謂佛世尊，及與一闡提。
>
> 如來最上處，於上更無餘，第一極卑鄙，所謂一闡提。
>
> 譬如大菩薩，滿十波羅蜜，闡提亦如是，具足十惡行。❸❼

❸❺大乘佛教各宗派依其各自的教義，對三定聚有不同引申的解釋。《瑜伽師地論》，依「本性」和「方便」，將三聚再細分成六聚。華嚴宗以十信以前為邪定、十信為不定、十信以後為正定。日本淨土真宗以修萬善求往生者為邪定聚、自力念佛行者為不定聚、他力信心行者為正定聚。(參見《佛光大辭典》卷上，頁562。)

❸❻在《大正藏》卷2的「阿含部下」中，收錄《央掘摩羅經》的六個譯本，其中三個分別存於《雜阿含經》(卷99，第1077經)、《別譯雜阿含經》(卷100，第16經)、《增一阿含經》(卷38)。另有西晉竺法護譯的《佛說鴦掘摩經》和法炬譯的《佛說鴦崛髻經》，此二譯均為一卷，與阿含中的譯本，內容大同小異，主要是敘述鴦掘摩遇佛後，改過從善，證阿羅漢果的故事。但是，求那跋陀羅譯四卷本的《央掘摩羅經》，除了敘述央掘摩羅的故事之外，經中大談如來藏教義，顯然是屬於如來藏思想系統的早期大乘經典，《大正藏》將它編入「阿含部」並不妥當。

　　除了《央掘摩羅經》之外，早期大乘經典也都陸續提及一闡提。《不增不減經》告誡眾生不可起「增見」、「減見」二種「極惡不善」的邪見，否則，「若起一見，若起二見，諸佛如來非彼世尊……此人以其起二見因緣故，從冥入冥，從闇入闇，我說是等名一闡提。」❸此處一闡提的涵義，從五逆十惡的具體罪行，發展到偏執的抽象邪見。

　　由於教團不斷有行為偏差的僧眾，誹謗佛法的情形也時有所聞，嚴重威脅僧團的清淨和佛法的久住，因此，法滅的危機意識逐漸出現於經典中，而這些惡行的眾生，許多大乘經典就稱他們為一闡提。例如，《佛名經》描述眾生從無始所造的諸惡業等，包括殺生、妄語、輕慢、貪求、嫉妒等等，這些惡業如「薪火熾然，無有休息」，當一個人的「三業微善一切俱焚，善法既盡」時，即名為「一闡提」。❸《大乘阿毘達磨集論》也有類似的說法：「若已斷善者，所有善法由種子成就故成就，亦名不成就。若非涅槃法，一闡底迦，究竟成就雜染諸法，由闕解脫因，亦名阿顛底迦。」❹

　　當如來藏系經論成立之後，一闡提的思想普遍地出現其中，並加以廣泛的討論。正法的護持和眾生的成佛，是如來藏系經論所關

---

❸《大正藏》卷 2，頁 529 下。

❸《大正藏》卷 16，頁 467 下。

❸《佛名經》卷 10，《大正藏》卷 14，頁 225 下。

❹《大乘阿毘達磨集論》卷 3，《大正藏》卷 31，頁 673 下。

心的要點，換言之，如來藏法門有顯著的「扶律談常」的風格。初期如來藏說的倡導者，一方面律身嚴謹，另一方面有強烈的法滅危機意識。例如，《大方等無想經》說：「未來持法弟子如迦葉者，成就大慈，具足淨戒」[41]；其他如《大法鼓經》和《大般涅槃經》中，持律嚴謹的迦葉是佛陀說法主要的對象，這都是暗示如來藏法門持法者嚴守戒律的風格。[42]至於那些與持法比丘相反的非法惡行比丘，如來藏系經論也一再提到，憂慮其對佛法的違害會導致法滅，所以如來藏說的倡導者都成為正法的捍衛者，如《勝鬘夫人經》中有三大願，其中之一就是「護持正法，於所生身不惜軀命」。[43]

　因為如來藏說有扶律談常的特性，其經論普遍論及毀戒惡行的眾生，並稱他們為一闡提。如來藏系經論都主張一切眾生皆有如來藏（佛性），但是否包括一闡提，則各有不同看法。《央掘摩羅經》說一闡提十惡具足，不能證佛道。《無上依經》說一闡提誹謗大乘，墮邪定聚，不得證無上菩提。《楞伽經》也說一闡提「無涅槃性」。《佛名經》中雖然多次描述一闡提的惡行，不過它卻強調一闡提能懺悔罪過，暗示一闡提有解脫的可能性。然而，極力提倡一闡提可以成佛者，只有《大般涅槃經》，但是因為經中前後說法不一，卻也

[41]《大方等無想經》卷 5，《大正藏》卷 12，頁 1099 下～1100 上。

[42]參閱印順，《如來藏之研究》，正聞出版社，1988 年，頁 122。

[43]其他二願是：(1)於一切眾生得正法智，(2)為眾生演說無倦。參見《大寶積經》卷 119，《勝鬘夫人經》，《大正藏》卷 11，頁 673 下。

引起不少爭議。

在整部《涅槃經》提到一闡提者有六十餘處之多❹，對一闡提之特徵和惡行有詳盡的描述。從經中對一闡提的定義，即可看出其重要的特徵：

1. 破戒、作五逆罪

「一闡提輩犯四重禁、五無間罪、誹謗方等、非法說法、法說非法。」(〈師子吼菩薩品〉第十一之六，頁 559 中)

「佛告純陀言：破戒者謂一闡提。……若犯四重作五逆罪，自知定犯如是重事，而心無怖畏慚愧，不肯發露，……如是等人亦名趣向一闡提道。」(〈一切大眾所問品〉第十七，頁 665 中～666 下)

2. 不信佛法、因果

「如來尚為一闡提等演說法要……一闡提者，不信、不聞、不能觀察、不得義理。」(〈梵行品〉第八之六，頁 481 中)

「一闡提輩，若遇善友諸佛菩薩聞說深法，及不遇，俱不離一闡提心。」(〈光明遍照高貴德王菩薩品〉第十之六，頁 519 上)

「一闡提者，不信因果、無有慚愧、不信業報、不見現在及未來世、不親善友、不隨諸佛所說教誡。」(〈梵行品〉第八之五，頁 477 下)

---

❹ 《大般涅槃經》及其他經論有關一闡提的資料，參閱望月良晃，《大乘涅槃經の研究——教團史的考察》，春秋社，1988 年，頁 379～489。

3.誹謗佛法

「一闡提說無方等，以是義故，一闡提輩無心趣向清淨善法。」
（〈月喻品〉第十五，頁 569 下）

「若男、若女、若沙門、若波羅門，說言無道、菩提、涅槃，
當知是輩名一闡提魔之眷屬，名為謗法。」（〈梵行品〉第八之三，
頁 466 中）

4.斷滅善根、不作善法

「何等名為一闡提耶？一闡提者，斷滅一切諸善根，本心不攀
緣一切善法，乃至不生一念之善。」（〈如來性品〉 第四之二，頁
393 中）

5.破壞僧團綱紀

「有一闡提作羅漢像，住於空處，誹謗方等大乘經典……是一
闡提惡比丘輩住阿蘭若處，壞阿蘭若法。」（〈如來性品〉第四之六，
頁 419 上）

「一闡提有五事，沒三惡道：一者比丘邊作非法故，二者於比
丘尼邊作非法故，三者自在用僧祇物，四者母邊作非法故，五者於
五部僧互生是非故。」（〈師子吼菩薩品〉第十一之六，頁 5534 中）

《涅槃經》極力提倡一切眾生皆有佛性，必定可成佛的觀念，
但是其「前分」也一再出現排除一闡提成佛可能性的經文，主要是
因為上舉的惡行所致。《經》中說：「一切眾生皆有佛性，以是性故，
斷無量億諸煩惱，即得成阿耨多羅三藐三菩提，除一闡提。」 ❹

《經》中舉了許多一闡提不能生菩提心的譬喻。例如：

1. 一闡提不能生菩提心，如焦種不能生長。

2. 一闡提不能生菩提心，如明珠置於污泥不能令清。

3. 一闡提不能生菩提心，如必死之人，良醫亦無法救治。

4. 一闡提不能生菩提心，如金剛不壞龜甲及白羊角。

5. 一闡提不能生菩提心，如生盲者，良醫不能癒。

6. 一闡提不能生菩提心，雖普雨法雨於一闡提，仍不能住，如大雨不住於空中。❹

　　與其他惡行邪見眾生相比，一闡提的罪障更重。他們不但不能生菩提心而成佛，幾乎所有行善行，去除煩惱或聽受佛法的可能性也沒有：

　　1.「是大涅槃微妙經典亦復如是，雨大法雨普潤眾生，唯一闡提發菩提心，無有是處。」（〈如來性起品〉第四之六，頁418）

　　2.「所至之處，若至舍宅，能除眾生無邊煩惱，犯四重禁五無間罪、未發心者，悉令發心，除一闡提。」（〈月喻品〉第十五，頁660下）

　　3.「爾時蚖蛇毒蠚諸惡蟲類，魔鬼羅剎咒蠱道，皆生慈心不相

侵害如視一子，唯除一闡提輩。」(《大般泥洹經》卷一，頁 857)

　　根據這個引文，一闡提甚至於不如蚖蛇毒螫等惡蟲類。由於其罪障深重，自己固然無法修善、懺罪、發菩提心，甚於連被救助的可能性也沒有，故經言：

　　譬如良醫善知八種悉能療治一切諸病，唯不能治必死之人。諸佛菩薩亦復如是，悉能救療一切有罪，唯不能治必死之人一闡提輩。❹❼

再者，《涅槃經》卷十四還說如來不為一闡提說法：

　　為中根人於波羅捺轉於法輪，為上根人今於此拘尸那轉大法輪，極下根者如來終不為轉法輪，極下根者即一闡提。❹❽

　　《涅槃經》將殺業分成上、中、下三級：

　　(1)「上殺」者指殺害父母、阿羅漢、辟支佛、菩薩等，犯者墮阿鼻地獄，具受上苦。

　　(2)「中殺」者指殺害凡夫人，乃至一切阿那含，犯者墮地獄、畜生、餓鬼道，具受中苦。

---

❹❼同上，頁 420 中～下。

❹❽同上，頁 447 下。

　　(3)「下殺」者指殺害蟻蟲，乃至一切畜生，犯者墮地獄、畜生、餓鬼道，具受下苦，因諸畜生尚有微妙善根，是故殺者具受罪報。

　　至於殺一闡提，罪該如何？《涅槃經》接著說：

> 善男子，若有能殺一闡提，則不墮此三種殺中。善男子，諸婆羅門等一切皆是一闡提也。譬如掘地刈草砍樹、斬截死屍罵詈鞭韃無有罪報，殺一闡提亦復如是無有罪報。何以故？諸婆羅門乃至無有信等五根，是故雖殺不墮地獄。❹

　　依以上殺業的分類，若有人殺蟻蚊等畜生，尚且要墮三惡道之報，因為這些畜生還有微小善根，但是若殺一闡提，則不屬於三種殺業，無有罪報，因為他們乃屬斷善根之輩。由此可見，《涅槃經》對一闡提有極嚴屬的看法。

　　然而，《涅槃經》對一闡提的看法並非前後完全一致。「前分」十卷的經文中稱一闡提為焦種、善根斷滅者、必死之人、無瘡（沒有瘡的人，毒不能入，此乃比喻全無菩提因緣可能性的人）、非法器、無目（沒有眼睛，不識大乘而加以誹謗的人）、生盲、多羅樹頭

---

❹同上，頁 460 中。此處經文討論造作各種罪業會得到相關的惡報時，特別強調以惡心造的業才有惡報。不過，經文提到「殺一闡提無有罪報」時，並沒有說是明示不以惡心殺為前提，才無有罪報，而反說因一闡提「無有信等五根」，所以雖殺而不墮地獄。

（被砍不能再生）。這些譬喻都是表示一闡提沒有作佛的可能性。雖然「前分」一再強調一闡提不能成佛，但也有一處經文，明言一闡提有佛性：

> 彼一闡提雖有佛性，而為無量罪垢所纏，不能得出如蠶處繭，以是業緣不能生於菩提妙因，流轉無有窮已。❺⓿

以上引文出自《涅槃經》卷九〈如來性品〉第四之六，雖然整卷的內容乃在於強調一闡提不能成佛，但經文畢竟還是明言「一闡提有佛性」，只是他們為無量罪垢所纏，而不能生菩提妙因。既然如此，他們還有沒有補救或改變的可能？〈如來性品〉也有如是說：

> 不定者如一闡提，究竟不移，犯重禁者不成佛道無有是處。何以故？是若於佛正法中心得淨信，爾時即便滅一闡提。若復得作優婆塞者，亦得斷滅於一闡提，犯重禁者滅此罪已，則得成佛，是故若言畢竟不移不成佛，無有是處。❺❶

依據引文，一闡提犯重禁者，若對佛法產生淨信，則可斷滅一闡提的屬性。此時即不再是一闡提，則得成佛，可見還是給予一闡

---

❺⓿《大正藏》卷 12，頁 419 中。

❺❶同上，頁 393 中。

提有條件的成佛可能性。然而,「前分」中像這樣的說法,並不多見,絕大部分還是堅決地否定他們能成佛。但是,續譯部分一闡提觀,則有所不同。《涅槃經》前、後部分一闡提觀不同的原因,依傳統的看法是「其經初後所演,佛性廣略之聞耳,無相遠也」❺,換言之,「前分」的堅持一闡提不成佛,與續譯部分的一闡提定當成佛,並無矛盾之處,只是佛性義廣略不同而已,但是從文獻學角度而言,《涅槃經》的前後分不同的一闡提觀,乃是因為其經集出的時間不同,或出自不同作者所致。

　　續譯部分的一闡提觀,一方面還是沿襲「前分」的看法,但是另一方面,也漸漸出現轉圜的跡象。續譯部分,共有八品。自卷十一至卷二十七為:〈現病品〉、〈聖行品〉、〈梵行品〉、〈嬰兒行品〉,自卷二十一至卷四十為:〈光明遍照高貴德王菩薩品〉、〈師子吼菩薩品〉、〈迦葉菩薩品〉、〈憍陳如品〉。在前四品中,一方面稱一闡提為「最極惡者」、「最極下根者」、「必死之人」、「燒滅善根」,又言一闡提者「不信因果、無有慚愧、不信業報、不見現在及未來、不親善友、不隨諸師所說教誡,諸佛世尊所不能治」❺,但是另一方面也說佛陀會為他們種下後世善因:

　　不可治者喻一闡提,現在世中雖無善果,以憐愍故,為種後世

諸善種子故。❺❹

另者，如果一闡提在受苦時，能生悔改的心，菩薩即為他們演說佛法，令他們生善根：

是一闡提受苦時，或生一改悔的心，我即當為說種種法，令彼得生一念善根，是故此地復名一子。❺❺

《經》中甚至於說一闡提如果從佛、菩薩聞法，即能發正等正覺的心：

世有三人其病難治：一、謗大乘，二、五逆罪，三、一闡提。如果三病世中極重，……從佛、菩薩得聞法已，即能發於阿耨多羅三藐三菩提心。❺❻

〈梵行品〉中提到王舍城的阿闍世王，性殘暴喜行殺戮，甚且弒父，其行徑猶如一闡提。後來阿闍世王生大懺悔心，佛陀因而為他說法。這也就是說如來出於慈悲和智慧，「於一闡提輩善知根性，

---

❺❹同上，頁560下。

❺❺同上，頁459上。

❺❻同上，頁431中～下。

而為說法。」「前分」原來是一直強調一闡提是「斷盡善根者」，但
是此處卻漸漸轉而言一闡提也有善根，他們的善根又如何呢？〈梵行
品〉言：

> 一闡提輩分別有二：一者得現在善根，二者得後世善根。如來
> 善知一闡提輩能於現在得善根者，則為說法。後世得者亦為說
> 法，今雖無益，作後世因。❺❼

如來為一闡提說法，有的能於現世得善根，有的即使現世無法得善
根，由於有佛說法的「後世因」，他們亦可在後世得善根。經文更進
一步將一闡提分成「利根」和「中根」二種；利根者於現世能得開
發菩提，中根者則於後世得。從「前分」所說一闡提斷善根無悔心，
到此處所說一闡提能生悔意和善根，關鍵完全在佛菩薩能為他們說
法，可見這是《涅槃經》前後不同的一闡提觀的主要轉折點。

　　《涅槃經》最後段〈德王菩薩品〉、〈師子吼菩薩品〉、〈迦葉菩
薩品〉三品中，對一闡提有更進一步的肯定看法，最後終於作成了
一闡提可成佛的定論。此三品的一闡提觀簡述如下：

　　（一）〈德王菩薩品〉的一闡提觀有下列要點：

　　1.一闡提亦有佛性。

　　2.諸法不定，是故惡人亦不定。

---

❺❼同上，頁482中。

3. 斷善根與斷佛性意義不同，換言之，斷善根並非表示即是斷佛性。

4. 亦不可執言一闡提有佛性，舉篋篋為喻。

〈德王菩薩品〉對一闡提是否有佛性的疑問，首先有如下的回答：

> 一切眾生悉有佛性，懺四重禁、除謗法心、盡五逆罪、滅一闡提，然後得成阿耨多羅三藐三菩提，是名甚深祕密之義。❺⑧

此處所說的「甚深祕密義」，是指在一切眾生悉有佛性的前提之下，即使那些罪障深重的眾生，只要滅除四重禁、謗法心、五逆罪和一闡提的心性和行為，就可成佛。對這種說法，德王菩薩產生懷疑，於是他問佛陀：「若犯重禁、謗方等經、作五逆罪、一闡提等有佛性者，云何復墮地獄？」再者：「若斷善根名一闡提者，斷善根時所有佛性云何不斷？……如其（佛性）不斷，何故名為一闡提耶？」❺⑨佛陀回答德王菩薩說：

> 善男子，一闡提者亦不決定，若決定者是一闡提終不能得阿耨多羅三藐三菩提。以不決定，是故能得。❻⓪

---

❺⑧同上，頁 488 中。

❺⑨同上，頁 493 中。

　　引文的意思是一闡提的屬性是「不決定」的，正因為其不決定，才有可能改變，而由於其改惡從善，方能得阿耨多羅三藐三菩提。至於如果一闡提不斷佛性，何以他們斷善根？佛陀解釋說：

> 善根有二種：一者內，二者外。佛性非內非外，以是義故，佛性不斷。復有二種：一者有漏，二者無漏。佛性非有漏非無漏，是故不斷。復有二種：一者常，二者無常。佛性非常非無常，是故不斷。❻

　　善根是屬於「內、外」、「有漏、無漏」、「常、無常」等對立的二元的有為法，而佛性是超越一切對立，非內非外、非有漏非無漏、非常非無常、非斷非不斷等不落二邊的無為法，故說一闡提雖然斷善根，但不能說他們斷佛性。且佛陀又說：

> 善男子，「一闡」名信，「提」名不具，不具信名一闡提。佛性非信，眾生非具，以不具故，云何可斷？「一闡」名善方便，「提」名不具，修善方便不具足故名一闡提。佛性非是修善方便，眾生非具，以不見故，云何可斷？❻

---

❻同上，頁 493 下。
❻同上，頁 493 下～494 上。
❻同上，頁 519 下。

與前引文所說同理，一闡提雖然「不具信」、「不具修善方便」、「念不具」、「慧不具」，但是佛性非信非不信、非善非不善、非念非不念、非慧非不慧，因此，不能因為一闡提不具「信」、「善方便」、「念」、「慧」等，便說他們不具佛性。

然而，緊接上文，佛陀卻又強調「一闡提中無有佛性」，此乃明示亦不可執言「一闡提有佛性」，因為雖然一闡提本有佛性，若「不見」佛性，還是難免會墮三惡道。經中並舉箜篌為喻：有一國王因聞箜篌聲清妙無比，心生喜愛，即令大臣取箜篌來，並令箜篌出聲。然箜篌不出聲，國王乃斷其絃、取其皮，直到箜篌斷裂，還是不得其聲。國王怒斥大臣作妄語，大臣告訴國王「應以眾緣善巧方便聲乃出」。佛陀以此箜篌出聲比喻佛性：

> 眾生佛性亦復如是無有住處，以善方便故得可見。以可見故，得阿耨多羅三藐三菩提。一闡提輩不見佛性，云何能遮三惡道罪？善男子，若一闡提信有佛性，當知是人不至三惡，是亦不名一闡提也。❻❸

總之，〈德王菩薩品〉一方面認為一闡提是斷善根者，另一方面又主張一闡提不斷佛性，因為只要他們有朝一日能信有佛性，他們就不再是一闡提，自然就不會墮三惡道，並且可證得阿耨多羅三藐

---

❻❸同上，頁519中。

三菩提。

　　(二) 其次的〈師子吼菩薩品〉更加廣說佛性義，主張一切眾生 (包括一闡提) 悉有佛性，但也保持一些對一闡提的負面觀點。該品以恆河邊七種人比喻七種畏煩惱賊欲渡生死大河的修行者。❻❹第一種人「入水即沉」，一闡提屬於這種人，因為「一闡提者名斷善根。斷善根故，沒生死河不能得出。」他們是因為「六因緣」、「五事」、「後五事」、「三事」等而沉淪三惡道生死河。六因緣，乃是「一者惡心熾盛，二者不見後世，三者樂習煩惱，四者遠離善根，五者惡業障隔，六者親近惡知識。」「三事」是：「一謂如來無常永滅，二謂正法無常變遷，三謂僧寶可滅壞故。」❻❺「六因緣」、「五事」等指的是一闡提在德行的缺失，與「前分」所描述的一闡提沒有什麼不同，但是此處的「三事」，指的是一闡提在見解上的錯誤，即不能信受三寶常住的意思，亦即不能信受《涅槃經》的中心教義。總之，行為和思想的過失都是一闡提沉沒生死海的因素。

　　然而，〈師子吼菩薩品〉還是肯定一闡提「悉有佛性」，皆可成佛。不過，它將「悉有」佛性的「有」分成三種：⑴未來有，⑵現在有，⑶過去有。對一闡提的有佛性，佛陀解釋說：

---

❻❹七種人指：⑴入水則沉。⑵雖沒還出，出已復沒。⑶沒已即出，出更不沒。⑷入已便沒，沒已還出。⑸入已即沉，沉已便出。⑹入已即去，淺處則住。⑺既至彼岸，登上大山無復恐怖。(《大正藏》卷 12，頁 554 上～中。)

❻❺《大正藏》卷 12，頁 554 中～下。

一切眾生過去世有斷煩惱，以是義故，我常宣說一切眾生悉有
佛性，乃至一闡提等亦有佛性。一闡提等無有善法，佛性亦善，
以未來有故，一闡提等悉有佛性。何以故？一闡提等定當得成
阿耨多羅三藐三菩提故。❻

引文的意思是說一切眾生現在有煩惱諸法，故現在沒有三十二
相八十種好等佛的屬性，但是「未來當有」阿耨多羅三藐三菩提。
同樣地，一闡提現在雖無善法，但是他們以佛性性善，未來也必當
得阿耨多羅三藐三菩提。譬如某人家中有乳酪，有人問有酥否？此
人答言有酥，不過他也解釋說現在有酪還不是酥，但如以巧方便加
工，「未來當得酥」，一闡提未來必當成佛也是同樣道理。〈德王菩薩
品〉是以「諸法不定」和「斷善根非即斷佛性」來論證一闡提可成
佛，而〈師子吼菩薩品〉則試圖以時間的因素來化解一闡提不成佛
和成佛的矛盾，其論證所用的理由雖不同，目的都是為了建立一闡
提可成佛的理論基礎。

（三）〈迦葉菩薩品〉有關一闡提的討論，是以善星比丘為極惡
的代表性人物。善星比丘是佛弟子，讀誦十二部經證得四禪，但是
後來因親近惡友，退失四禪，心生邪見，宣說無佛、無法、無有涅
槃、無因果。由於他的惡心和種種惡行，故活生生地墮阿鼻地獄。
佛陀雖然知道善星比丘是個斷善根的一闡提，為了教化他，還是與

---

❻同上，頁 524 中～下。

他共住了二十年。這個故事即明示一闡提屬性者還是有改善的可能。

〈迦葉菩薩品〉中說因為一闡提斷善根，故「殺害蟻子猶得殺罪，殺一闡提無有殺罪」。又說「一闡提雖未來世當有善根，而不能救地獄之苦」，但這並不表示一闡提永遠無法被救贖，因為以佛性因緣則可得救，佛性者非過去、非未來、非現在，是故佛性不可斷。❻❼佛性是常住，非三世所攝，即使一闡提斷了善根，但是因為佛性不斷，還是可再生善根。換言之，眾生根性非定，所以有斷善根的情形，也有善根斷已復生的可能性。這也就是佛陀對像善星比丘一樣的一闡提不曾放棄教化的理由。

〈迦葉菩薩品〉第十二之四再次強調不可定執佛性有無，經說：

> 如來復隨自意語，如來佛性有二種：一者有，一者無。有者，所謂三十二相、八十種好、十力、四無畏、三念處……是名為有。無者，所謂如來過去諸善不善無記、業因果報、煩惱……是名為無。善男子，如有善不善、有漏無漏、世間非世間……是名如來佛性有無，乃至一闡提佛性有無，亦復如是。❻❽

根據上文，如來說一切眾生悉有佛性，是隨自意語而言，而佛性的 「有」 是指佛性含有三十二相、十力等各種功德，而佛性的

---

❻❼同上，頁 562 中。

❻❽同上，頁 574 中。

「無」，是指佛性無各種煩惱果報。但是，這些所謂的有無，其實乃非有無，煩惱非煩惱，換言之，如來佛性的有無是超越有無觀念的，一闡提的佛性有無也是如此。因此，經文接著說：

> 善男子，或有佛性，一闡提有，善根人無。或有佛性，善根人有，一闡提無。或有佛性，二人俱有。或有佛性，二人俱無。善男子，我諸弟子若解如是四句義者，不應難言一闡提人定有佛性定無佛性。⑥⑨

上引經文的「或有佛性」四句辯性，古德有不同的詮釋，在《大般涅槃經集解》僧亮解釋說：

　1.或有佛性，一闡提有，善根人無：此指斷善之邪見，乃障礙之根源，一闡提輩具有，善根人不具。

　2.或有佛性，一闡提無，善根人有：此指善法的緣因力，能除障，善根人才具有。

　3.或有佛性，二人俱有：此指「無記」，因其「非障非除」，故二人俱有。

　4.或有佛性，二人俱無：此指無學果位，故二人俱無。

寶亮對上面「四句」的解釋是：

　一者：指一闡提有「境界佛性」，意思是一闡提雖十惡不赦，但

---

⑥⑨同上，頁574下。

「後時還能厭惡而起緣生之善」，此是就因中說果。

　　二者：指善根人有「緣因佛性」。

　　三者：指二人都具有「正因佛性」。

　　四者：指二人俱無的「果佛性」，此唯諸佛才具有。❼⓿

　　僧亮和寶亮的四句辯佛性的註解，各有其著重點，而寶亮以「境界」、「緣因」、「正因」、「果位」佛性加以區分，很合乎《涅槃經》佛性義的講法。另外，如依《觀音玄義》的性修善惡，則可作如下解釋：

　　一者：一闡提有善根人無者，指「修惡性」。

　　二者：一闡提無善根人有者，指「修善性」。

　　三者：二人俱有者，指「性德性」（亦即正因佛性）。

　　四者：二人俱無者，指二人俱未證入的「果佛性」。

　　一闡提雖然現在有修惡性而無修善性，但並不意味他們永遠如此。藉由佛菩薩的慈悲力和自身本具的「性德性」，未來還是可證得「果佛性」，因此，不可說一闡提定有佛性或定無佛性。

　　根據章安灌頂的《大般涅槃經疏》卷二十八，〈迦葉菩薩品〉的一闡提觀有幾個特點。第一，此品著重在佛性的勝用，因此，能攝受極惡的一闡提和偏邪外道。第二，此品認為一切惡的五蘊皆是佛性，此為因性，而從惡五蘊能生善五蘊，則為果性，亦即五蘊因性通果性。第三，此品闡明一闡提依「正因佛性」能再生善法，並強

❼⓿《大般涅槃經集解》卷 67，《大正藏》卷 37，頁 591 上。

調善惡皆是佛性，故可說佛性「善根人有一闡提無」（修善性），亦可說「一闡提有善根人無」（修惡性）。❼

　　總之，《大般涅槃經》對一闡提的最後定論是佛陀所說的「一切眾生定當得成阿耨多羅三藐三菩提，以是義故，我經中說，一切眾生乃至五逆犯四重禁及一闡提悉有佛性。」而能下此定義的理由，是因為：⑴一切諸法無有定相，眾生根性亦不定，⑵佛性不可斷，正因眾生根性不定，一闡提才能在斷善根之後再生善根。再者，佛性非過去、非未來、非現在，故不可斷，因此，一闡提也不斷佛性，而終有成佛的一日。

三、《大般涅槃經》的佛性義

　　《涅槃經》的中心議題是「如來常住」、「涅槃四德」、「悉有佛性」、「一闡提成佛」，而貫穿這些議題的是它的佛性觀。由於《涅槃經》卷帖繁多，乃經過多次編集而成，難免缺乏連貫性，甚至於有雜亂和矛盾差異之處，而其佛性義也有種種說法，相當複雜，以下從幾個層面剖析佛性義。

（一）《涅槃經》前分的佛性義

　　《涅槃經》是屬於如來藏思想的經典，與其他早期如來藏系經典不同的是《涅槃經》很少使用「如來藏」(tathāgatagarbha) 譯語，

---

❼《大般涅槃經疏》卷 28，《大正藏》卷 38，頁 197 上。

而是大量採用「佛性」一詞。因為《涅槃經》只有零碎的梵文斷簡存在，其餘均已佚失，故無法得知「佛性」的梵文源語。據近代學者從《涅槃經》的漢藏譯本對照考證的結果，推測「佛性」一詞乃譯自 tathāgatagarbha、tathāgata-dhātu 或 buddha-dhātu，其中以 buddha-dhātu 出現次數最多。❼

佛性 (buddha-dhātu) 是佛與界 (dhātu) 的結合。自原始佛教開始，「界」就是個重要的術語，有領域、要素、類別等意思，可以是指具體或抽象的，如色界、十八界、欲界、無心界等。當「界」與大乘佛教的教義結合時，則更廣大其義涵，如《瑜伽師地論》說「界」有「因義」、「種子義」、「本性義」、「種性義」、「微細義」、「任持義」等❼，因此，如來藏系典籍將「如來」或「佛」與「界」連用時，即含有佛的本性、佛的因性、佛的種性。

《涅槃經》首先在其前分揭示佛性說，不過詳細闡明佛性義則是集中在後三十卷的續譯部分。首先，卷七〈如來性品〉第四做了如下的宣示：

> 善男子，我者即是如來藏義。一切眾生悉有佛性，即是我義。如是我義，從本以來常為無量煩惱所覆，是故眾生不能得見。❼

❼參閱水谷幸正，〈如來藏と佛性〉，《佛教大學學報》，第 31 號，頁 54～55；高崎直道，《如來藏思想の形成》，春秋社，頁 137、141、142。

❼參閱《瑜伽師地論》卷 56，《大正藏》卷 30，頁 610 上。

引文明白指出「我」就是「如來藏」,「我」就是「佛性」,二個名詞意義相同,而這個「我」(或如來藏、佛性)身中具有如來的十力、三十二相等功德,但為煩惱所覆,故眾生不得見。接著經文舉「貧女家藏真金」、「力士額珠」、「雪山一味藥」等喻,說明如來以善方便使眾生證見本具的佛性。至於佛性的內涵是什麼呢?

> 一切眾生悉有佛性,以佛性故,眾生身中有十力、三十二相、八十種好。❼❺
> 如來佛性則有二種:一者有,二者無。有者謂三十二相……等無量三昧。無者,所謂如來過去諸善不善無記業因果報、煩惱……是名為無。❼❻

總括而言,佛性即是含有無盡如來德性,但無有任何雜染煩惱。〈師子吼菩薩品〉第十一之六詳細列舉說:

1.大慈大悲名為佛性,何以故?大慈大悲常隨菩薩,如影隨形,一切眾生必定常大慈大悲,是故說一切眾生悉有佛性。大慈大悲者名為佛性,佛性者名為如來。

2.大喜大捨名為佛性,何以故?菩薩摩訶薩者不能捨二十五有,

---

❼❹《大正藏》卷 12,頁 407 中。

❼❺同上,頁 419 上。

❼❻同❻❽。

則不能得阿耨多羅三藐三菩提，以諸眾生當得故……。

3.佛性者名為大信心，何以故？以信心故，菩薩摩訶薩則能具足檀波羅蜜，乃至般若波羅蜜……。

4.佛性者為名一子地，何以故？以一子地故，菩薩則于一切眾生得平等心……。

5.佛性者名第四力，何以故？以第四力因緣故，菩薩則能教化眾生……。

6.佛性者名十二因緣，何以故？以因緣故，如來常住……。

7.佛性者名四無礙智，何以故？以四無礙因緣故，說字義無礙，說字義無礙故，能化眾生……。

8.佛性者名頂三昧，以修如是三昧故，則能總持一切佛法……。

善男子，如上所說種種諸法，一切眾生定當得故，是故說言一切眾生悉有佛性❼。

以上所舉是佛性的功德，一切眾生在成佛時，都可證得，因此而說眾生悉有佛性，可見佛性一方面指因地時眾生具有的成佛潛能，另一方面指果地時如來的一切功德體性。如此的佛性義涵大致沿襲早期如來藏系經論所說，不過，《涅槃經》特別強調佛性是「真我」、「如來秘密之藏」，如經說「如來所說真我名佛性」，而此佛性「即是如來秘密之藏。如是秘藏，一切無能沮壞燒滅。雖不可壞，然不可見。若得成就阿耨多羅三藐三菩提，爾乃證知」 ❼❽。「雪山一味

❼《大正藏》卷12，頁556～557上。

藥」的譬喻中,「一味」比喻佛性,因為被煩惱所出的種種味所覆,
而不可得。同樣地,「如來秘密 (佛性) 其味亦爾,為煩惱叢林所
覆,無明眾生不能得見。」因此如來秘密之藏有二義:一是指隱藏
不顯,佛性顯名法身,隱名如來藏;二是指眾生不解不見而言。

「雪山一味藥」喻中所提到的含有佛性意義的「如來秘密藏」,
在〈壽命品〉中被視同涅槃。佛說:「我今當令一切眾生及我子四部
之眾,悉皆安住秘密藏中,我亦復當安住是中入於涅槃。」 ❼❾換言
之,佛性即是涅槃,因此〈如來性品〉有如是說:「如來者即是涅
槃,涅槃者即無盡,無盡者即是佛性,佛性者即是決定,決定者即
是阿耨多羅三藐三菩提。」 ❽⓿因此,如來 (秘) 藏、佛性、如來、
涅槃等都是同義字。

《涅槃經》的「前分」對此如來秘藏有其獨到的見解,〈壽命
品〉第一之二說:

何等名為秘密之藏?猶如伊字,三點若並,則不成伊,縱亦不
成。如摩醯首羅面上三目,乃得成三點。若別亦不得成。我亦
如是,解脫之法亦非涅槃,如來之身亦非涅槃,摩訶般若亦非
涅槃,三法各異亦非涅槃。我今安住如是三法,為眾生故名為

---

❼❽同上,頁 408 中~下。

❼❾同上,頁 376 下。

❽⓿同上,頁 395 下。

涅槃。 ❽

　　所謂「伊字」是指∴三點，象徵「解脫」、「法身」、「般若」三
法，而此三法的關係既非左右並排，亦非上下縱列形，而是三足相
即的依存。換言之，大涅槃具足此三法，而三法互相圓攝互攝，因
此可以說涅槃即是解脫、法身、般若。同樣的也可說解脫即是涅槃、
法身、般若，餘可類推。三法合成的「如來秘密藏」，顯名法身，隱
名如來藏，法身是佛果，如來藏是佛性，前者就果位，後者就因地
而言，雖然如此，法身與佛性本質無有差別。總之，涅槃、法身、
般若是「相即」而非獨立的，因此上引的經文才會說「解脫之法亦
非涅槃，如來之身亦非涅槃，摩訶般若亦非涅槃」。它的意思是單獨
的解脫、法身，或般若，不能說是涅槃，必須三法兼具始可謂涅槃。
　　關於三法的意義，經中有不少對解脫和法身的解說。〈如來性
品〉列舉了八十五條解脫義，如離諸繫縛、無憂愁、廣大、清淨、
平等、不空空、空不空、無所畏等，這八十五種解脫義亦即是如來
所具的德目，經中特別強調它是「真解脫」，並且說「真解脫者即是
如來」。 ❽
　　至於法身的意義，在本經中亦稱如來身、如來藏、佛性。〈金剛
身品〉說如來身者是常住身、不可壞身、非雜食身，即是法身，接

著它以八十句詳述如來法身的內涵：

> 如來之身無量億劫堅牢難壞，非人天身、非恐怖身、非雜食
> 身……不生不滅、不習不修、無量無邊……無知無形、畢竟清
> 淨……無有去來亦去來……非定非不定、不可見了了見……是
> 空離空，雖不常住非念念滅……非像非相諸相莊嚴……無有知
> 者非不知者……非有為非無為……如來法身皆悉成就如是無量
> 微妙功德。❽❸

　　法身可說是如來無量功德的總稱，就其體而言，法身乃一常住
不變的法則，法性之性，理不可壞。而法性所顯之相，即是常樂我
淨的大涅槃，所以本經說：「如來之身，金剛無壞，非煩惱身，無常
之身，故名大樂，以大樂故，名大涅槃。」❽❹而其隱名的佛性亦具
常樂我淨四德，故言「佛性即如來，如來即是法，法即是常」。
　　至於「般若」在「三德秘密藏」中的意涵，《涅槃經》未多加詮
釋，不過，從「三因佛性」與「三德秘密藏」的相應，可略知「般
若」的意涵。「正因佛性」是中道空，與法身相應，「緣因佛性」是
斷德，與解脫相應，「了因佛性」是智慧，與般若相應，可見「般
若」在三因佛性的架構中扮演啟發和智引了因佛性的作用，藉以證

---

❽❸同上，頁 383 中。
❽❹同上，頁 503 中。

入正因佛性。

(二)《涅槃經》續譯部分的佛性義

1.從「二因」、「三因」論佛性義

　　《涅槃經》「前分」不但沿襲早期如來藏說,更進一步明言我即是如來藏、我就是佛性,此種帶有神我色彩的佛性義,在《涅槃經》續譯部分有淡化的意味。原本在「前分」所說的「眾生中即有十力、三十二相、八十種好」,在〈師子吼菩薩品〉中改成為「一切眾生定得阿耨多羅三藐三菩提故,是故我說一切眾生悉有佛性,一切眾生真實未有三十二相、八十種好」❽。顯然地,佛性由具有本體意味的果性,變成具有潛能意味的因性,這可從以二因、三因闡釋佛性義得知。

　　以因性來闡明佛性義出現於〈師子吼菩薩品〉,它以「二因」來解釋佛性,不過它舉出幾個不同「二因」的組合,涵義並不十分明確。根據〈師子吼菩薩品〉,有下列幾種不同的「生因」和「了因」:

(1)「能生法者是名生因。」

(2)「燈能了物故名了因。」

(3)「煩惱諸結是名生因。」

(4)「緣生父母是名了因 , 如穀子等是名生因 , 地水糞等是名

❽同上,頁 524 中。

　　了因。」

(5)「復有生因,謂六波羅蜜阿耨多羅三藐三菩提。」

(6)「復有了因,謂佛性阿耨多羅三藐三菩提。」

(7)「復有了因,謂六波羅蜜佛性。」

(8)「復有生因,謂首楞嚴三昧阿耨多羅三藐三菩提。」

(9)「復有生因,所謂信心六波羅蜜。」❽

　　根據以上的引文,凡是能生法者都稱之為「生因」,如穀種能生穀物,煩惱諸結能生生死,其意義明顯可知。至於「了因」的意義,經文說是「燈能了物,故名了因」。這是用燈光為事例以說明了因,由於燈有「了物」的作用,引申有「照了」、「顯發」作用者為「了因佛性」。經中說地水糞等為了因,恐不甚貼切,因為相應穀物種子為生因,地水糞等助穀種生長,與其說是了因,不如稱它為「緣因」較為恰當。

　　上面引文中另外又舉出四種生因 (3、5、8、9) 和三種了因 (4、6、7),至於何以如此區別,《大般涅槃經集解》中幾位註疏者的集解,可當為參考。寶亮說:「但使於果力強,便是生因,弱者屬了因。」而僧亮則說:「本無今有,是生也。本有今見,是了也。如無常見常是生,無常見無常是了也。」 ❽因此「六波羅蜜阿耨多羅三

❽同上,頁 530 上。

❽《大正藏》卷 37,頁 554 上～中。

藐三菩提」之所以解為生因，寶亮說是因為「六度取菩提義力強，故名為生因」，道生也說「由六度而成菩提，故曰生也」。同樣的，修首楞嚴三昧，金剛心力強，能速成阿耨多羅三藐三菩提，故也是生因。而信心對於六波羅蜜，是生因，寶亮解釋說：「（信心）大乘行近，故名生也。」

至於屬於了因者有「佛性阿耨多羅三藐三菩提」、「六波羅蜜佛性」、「八正道阿耨多羅三藐三菩提」。由於佛性是常住的，對阿耨多羅三藐三菩提而言，是了因而非生因，[88] 至於「六波羅蜜」為了因，寶亮解釋說是因為在因中修六波羅蜜，以顯了佛性，所以只能說是了因。而「八正道」為了因，僧宗解釋說「八正道偏行，以其義弱，故為了因也」。寶亮也說：「二乘行遠，但得作了因。」[89] 以上就「生因」和「了因」論佛性，生因著重在能生義，而了因則著重在顯了義。

除了「生因」和「了因」之外，〈師子吼菩薩品〉又說有「正因」和「緣因」二種因：

　　善男子，因有二種，一者正因，二者緣因。正因者，如乳生酪。緣因者，如煖酵等，從乳生故，故言乳中有酥。[90]

---

[88] 印順，《如來藏之研究》，正聞出版社，民 77 年，頁 266。

[89] 《大正藏》卷 37，頁 554 上。

[90] 《大正藏》卷 12，頁 530 中。

如上引文所說，酪是由乳所生名為正因，如此則正因與生因意義類似，而乳之能生酪，有賴煖氣和酵母等為助緣，但是除了乳須有助緣才能生酪之外，最重要的是乳中必有「酥性」，否則再多的緣因，也無法使乳變成酪。因此，經文又接著說明：

> 如佛所說有二因者，正因、緣因。眾生佛性為是何生？善男子，眾生佛性亦有二種因：一者正因，二者緣因。正因者，謂諸眾生，緣因者，謂六波羅蜜。❾①

此處言眾生是正因佛性，是就眾生存在的事實而言，而且眾生都有厭苦求樂的渴求。六波羅蜜為緣因，是就修持六波羅蜜可為助緣以顯了正因佛性而言，因此，緣因和了因的作用相同，所以經文說：「世尊！以有性故，故須緣因。何以故？欲明見故，緣因即是了因。」❾②換言之，緣因和了因都有明見或照了的作用。譬如暗中有諸物，為明見故，以燈照了。又如尼拘陀子，須地糞為了因才能成長。不過，要緣因或了因能引起作用，當然要有「眾生」、「尼拘陀子」等的存在為先決條件。以這些譬喻眾生的成佛「因」、「緣」，經文說：

---

❾①同上，頁530下。
❾②同上，頁531中。

　　二因，正因緣因。正因者，名為佛性。緣因者，發菩提心。以

　　二因緣，得阿耨多羅三藐三菩提。❾❸

　　就眾生能得阿耨多羅三藐三菩提的先決條件而言，眾生必須要有佛性，這是「正因」，再加上「發菩提心」的緣因，才能圓滿。

　　以上〈師子吼菩薩品〉中所提到不同二因，綜合而言有生因、正因、了因、緣因，但是因為各種不同組合的二因，其所指各有不同，因此意義不明確，例如有時候生因即是正因，有時候緣因即了因，六波羅蜜是了因，又是生因。總之，相當含混不清。天台智者大師因此將它們綜合成為「三因佛性」——正因、了因、緣因。意義明確且有系統，深具畫龍點睛之效。

　　智者大師的三因佛性的正因佛性是中道第一義空，與三德秘密藏的法身相應，屬性德；了因佛性與般若相應，屬智德；緣因佛性與解脫相應，屬斷德。智者的《觀音玄義》說正因佛性的性德「本有自之」，在果位可稱之為法身，在因位名之為如來藏，而此正因佛性則有待了因的般若觀照和緣因的行行助道，才能顯發法身。❾❹換言之，正因佛性屬「理佛性」或「法佛性」，緣了二因屬「行佛性」或「覺佛性」，前者是客觀潛在的事實，後者是主觀實踐的要素，可

---

❾❸同上，頁 533 中。

❾❹參閱智顗《觀音玄義》卷上〈釋名章〉中解釋了因和緣因的意義。（《大正藏》卷 34，頁 880 中～下。）

見有三因佛性，才能具足眾生得阿耨多羅三藐三菩提的必備條件，而不僅是上引《涅槃經》所說的「以二因緣（正因緣因）得阿耨多羅三藐三菩提」。

2. 從因果論佛性義

十二因緣是大乘和小乘佛教遵行的共法。《大般涅槃經》以十二因緣論佛性有其特殊的論點，當然與小乘佛教論十二因緣有所不同。〈師子吼菩薩品〉第十一之一說：

> 善男子，眾生起見，凡有二種，一者常見，二者斷見。如是二見，不名中道。無常無斷乃名中道。無常無斷即是觀照十二因緣智，如是觀智是名佛性。❾❺

一般人對萬法的看法，不是起常見，就是斷見，此二見是佛教一再駁斥的偏見。無常無斷才是中道，亦是觀十二因緣智，而此觀智即是佛性。但是，小乘人亦修十二因緣觀，與此有何不同呢？經文繼續說：「二乘之人雖觀因緣，猶亦不得名為佛性。佛性雖常，以諸眾生無明覆故，不能得見。」換言之，二乘人由觀十二因緣，可證入人空，或甚至於法空，但卻由於「無明覆故」，不能得見佛性常住。經文更進一步揀別四種觀十二因緣智：

---

❾❺《大正藏》卷 12，頁 523 下。

善男子！觀十二因緣智，凡有四種：一者下，二者中，三者上，
四者上上。下智觀者不見佛性，以不見故，得聲聞道。中智觀
者，不見佛性，以不見故，得緣覺道。上智觀者，見不了了，
不了了故，住十住地。上上智者見了了故，得阿耨多羅三藐三
菩提道。以是義故，十二因緣名為佛性。❾⑥

　　同樣的十二因緣，不同根機者，作深淺不同的觀法，唯有上上
智者，能了了窮見因緣深理，而得無上道，因其見十二因緣即見法，
見法者，即是見佛，而佛者即是佛性，因為諸佛以此為性。上面引
文雖然說「十二因緣名為佛性」，並非指十二因緣本身即是佛性，而
是透過十二因緣觀智得見中道第一義空的正因佛性，如〈師子吼菩
薩品〉第十一之一說：

善男子！是觀十二因緣智慧，即是阿耨多羅三藐三菩提種子。
以是義故，十二因緣名為佛性。善男子！譬如胡瓜，名為熱病，
何以故？能為熱病作因緣故，十二因緣亦復如是。❾⑦

　　十二因緣之所以名為佛性，是因為十二因緣觀智是無上道的因
緣種子，依之得以成佛。譬如胡瓜名為熱病，乃因為它是治療熱病

---

❾⑥同上，頁 524 中。
❾⑦同上，頁 524 上。

的因緣，而非其本身即是熱病。因此，〈師子吼菩薩品〉繼續以多重
因果來論佛性：

善男子！佛性有因，有因因，有果，有果果。有因者即十二因
緣。因因者即是智慧。有果者即是阿耨多羅三藐三菩提。果果
者即是無上大般涅槃。……善男子！是因非果，如佛性。是果
非因，如大涅槃。是因是果，如十二因緣所生法。非因非果名
為佛性。非因果故，常恆不變。❾❽

以上十二因緣能起觀而言，十二因緣名為「因」，至於為何觀十
二因緣的智慧稱為「因因」，僧宗在《大般涅槃經集解》說「此智為
菩提作因，菩提為涅槃作因」，因為是因中之因，故稱「因因」。由
觀智而證得阿耨多羅三藐三菩提，故於觀智而言，菩提是「果」；依
無上菩提的覺悟，而證得涅槃寂靜，於觀智而言，涅槃是果中之果，
故稱「果果」。

為了以因果解釋佛性，本經更以四句分別之。首先經文說佛性
「是因非果」，這是從佛性具有種生義而言，屬於因地的佛性，本具
而未顯。智者大師在《觀音玄義》卷上「釋智斷」解釋說：「是因非
果名佛性者，此據性德緣了皆名為因。」❾❾換言之，「是因非果」的

❾❽同上。

❾❾《觀音玄義》卷上，《大正藏》卷34，頁880下。

佛性是指眾生的性德正因佛性，再加上緣因佛性和了因佛性，從因
地而言性德、緣、了「皆名為因」。

「是果非因如大涅槃」，此乃指涅槃法身。因為涅槃非生滅法，
而是緣了二因圓滿之後的成果，故說是「是果非因」。經文的「是果
非因如大涅槃」，智者大師卻把它說成是「是果非因名佛性」，這是
他獨到的詮釋，與經意並不相違。智者大師解釋說：「是果非因名佛
性者，此據修德緣了皆滿，了轉名般若，緣轉名解脫，亦名菩提果，
亦名大涅槃果果，皆稱為果。」換言之，就佛果位而言，佛性也就
是涅槃法身，故也可以說佛性是果非因。

「是因是果如十二因緣所生法」，這是說觀智於正因而言，它是
果。於菩提而言，它是因。因此，是因亦是果。四句分別的最後又
說「非因非果名為佛性」，顯然與前句「是因非果名為佛性」的說法
有所出入。智者大師解釋說：

> 法身滿足即是非因非果正圓滿，故云隱名如來藏，顯名法身，
> 雖非是因，而名為正因。雖非是果，而名為法身。《經》云：「非
> 因非果名為佛性者，即是此正因佛性也。」❿

佛性為非因非果，是就佛性非生滅法、常恆不變、法身圓滿而
言，正因佛性非因非果，不像生死法受制於生滅因果法。然而，佛

❿同上。

性也並非不能以因果論之，因為它「雖非是因，而名為正因；雖非是果，而名為法身」。總之，從因果論佛性時，到底佛性所指為何，完全依從何立場言之而定，綜合表列如下：

```
十二因緣 ──────────────── 因 － 是因非果 ┐
觀智（觀十二因緣智）──────── 因因 － 是因是果 │
十二因緣不生不滅、不常不斷、非一非二 ── 非因非果 ├ 佛性 － 非因非果
阿耨多羅三藐三菩提 ─────────── 果 ──────│
大涅槃 ──────────────── 果果 － 是果非因 ┘
```

3.以第一義空論佛性義

　　真常系思想的經論常以「如來藏」、「如來藏我」、「大我」、「真我」等來說佛性，但因含有神我意味，常引起爭議。《涅槃經》中雖也有「一切眾生悉有佛性，即是我義」的說法，但它提出以空性論佛性義，大大淡化佛性的存有色彩。〈師子吼菩薩品〉第十一之一云：

> 善男子！佛性者名第一義空。第一義空名為智慧。所言空者，不見空與不空。智者見空與不空、常與無常、苦之與樂、我與無我。空者一切生死，不空者謂大涅槃，乃至無我者即是生死。我者謂大涅槃。見一切空，不見不空，不名中道。乃至見一切無我不見我者，不名中道。中道者名為佛性。以是義故，佛性恆常，無有變易。無明覆故，令諸眾生不能得見。聲聞緣覺見

　　一切空，不見不空，乃至見一切無我，不見有我。以是義道，不得第一義空。不得第一義空故，不行中道。無中道故，不見佛性。 ⓘⓓ

　　引文明白宣示佛性是「第一義空」，而「第一義空」即是中道，故佛性亦是中道，因此要瞭解佛性的意義，必先瞭解何謂「空」、「第一義空」、「中道」。由於此三詞普遍出現在許多不同宗派思想的典籍，其涵義也有所差異，因而影響對此段經文的解讀。首先先討論此段經文的原意，再看看三論宗吉藏及華嚴宗澄觀二人對此經文的詮釋有何不同。

　　從空義論佛性時，《涅槃經》主張「佛性是第一義空，第一義空名智慧」。在解釋佛性為第一義空的意義之前，經文先揀別「空」與中道「第一義空」的不同。經言「所言空者，不見空與不空」，此「空」是落於一邊的偏空，不是中道的第一義空，因為它不是只「見空」而「不見不空」，就是僅「見不空」而「不見空」，前者是指執空者，後者指執有者，可見「不見空與不空」是貶斥語。ⓘⓔ很顯然，《涅槃經》駁斥一般凡夫外道只見常不見無常，只見我不見無我，同時也駁斥二乘人和「執空意菩薩」只見無常不見常，只見無我不見我。這也就是對空宗所謂「空不可得，不空亦不可得」的批評。

ⓘⓓ《大正藏》卷 12，頁 523 中。

ⓘⓔ參閱牟宗三，《佛性與般若》上冊，學生書局，民 75 年，頁 198～202。

與上面所說偏空不同的是具有智慧的第一義空，因為它同時「見
空與不空、常與無常、苦之與樂、我與無我」。換言之，佛性第一義
空見到空的一切生死，同時也見到不空的大涅槃，前者可免於執有，
後者可免於執空，如此才是中道，也才是佛性。總而言之，若以空
義論佛性，則佛性是中道第一義空，它是具見空與不空的空。

吉藏是般若系統三論宗的大師，他的《大乘玄論》卷三論佛性
義尋經門中，曾對上引經文做了註解，但是與《涅槃經》的原義卻
有截然的差異。《大乘玄論》說：

「善男子！佛性者名第一義空，第一義空名為智慧。」斯則一
往第一義空以為佛性，又言：「第一義空名為智慧」，豈不異由
來義耶？今只說境為智，說智為境。復云：「所言空者，不見空
與不空。」對此為言，亦應云：所言智者，不見智與不智。即
「不見空」除空，「不見不空」除不空；除「智」又除「不智」，
遠離二邊，名聖中道。又言：「如是二見不名中道，無常無斷，
乃名中道。」此豈非以中道為佛性耶？是以除不空，則離常邊，
除於空，即離斷邊。不見智與不智，義亦如是，故以中道為佛
性。是以文云：「佛性者，即是三菩提中道種子。」是故今明：
第一義空名為佛性，不見空與不空，不見智與不智，無常無斷，
名為中道。❿

---

❿《大乘玄論》卷3，《大正藏》卷45，頁37中。

　　以上是吉藏站在空宗的立場，對《涅槃經》這段經文的解釋。
從空宗觀點而言，雖然吉藏言之有理，但是如此的詮釋可說是對原
文的曲解，因為他把「不見空與不空」（及其引申的「不見智與不
智」）視為遣執蕩相的第一義空和中道。首先他批評《涅槃經》所說
的第一義空，「非是由來所辨第一義空」（即非空宗所瞭解和主張的
第一義空），因為他說《涅槃經》的「第一義空但境而非智，斯是偏
道」。再者，所言「智慧，亦非由來所明之智慧」，因為「彼明智慧，
但智而非境，斯亦是偏道義，非謂中道」❿。那吉藏所認為的中道
是什麼呢？他認為「不見空除空，不見不空除不空」（換言之，空不
空雙除）之後才是中道，因此他的結論是「第一義空名為佛性，不
見空與不空，不見智與不智，無常無斷，名為中道」。

　　《涅槃經》並不反對「不見空與不空、不見智與不智」等遠離
二邊的說法，這是屬於經文的「所言空者」，但這種「空」並非《涅
槃經》的中道第一義空，因為它是「偏空」，真正智者除了能「不
見」空與不空之外，還要同時能雙「見」空與不空，否則不名中道。
顯而易見，《涅槃經》是站在真常思想的立場，故特別強調「雙見」
的重要性，否則只會見到「真空」而忽略了「妙有」。總之，雖然吉
藏和《涅槃經》對中道第一義空的看法，孰是孰非，難有定論，但
是可肯定的是吉藏對這段經文確實有所曲解。以吉藏的學識當不致
於誤讀此段經文，而是有意忽略《涅槃經》原義，堅持其所謂的「由

---

❿同上，頁37下。

來義」所致。其實《涅槃經》以第一義空解釋佛性，很清楚的是要強調其真常「雙收」的空義，而不是中觀般若「雙遣」的空義。

華嚴宗的澄觀對此段經文亦有其自己的看法，他更將它與「無情有性」的議題相提並論。他在《華嚴經演義鈔》說：

初云：「佛性者名第一義空，第一義空名為智慧」者，即雙標空智，以第一義空該通心境，故明即是智慧，揀異瓦礫非情。從「所言空者」下，經自雙釋二義，「所言空者」，即是牒上第一義空，以空有雙絕，方名第一義空。故云：「不見空與不空」。「智者見空及不空」下，釋上智慧。經文稍略，若具應云：「所言智（慧）者，能見於空及不空」，故此中「者」字，非是人也，是牒詞。此中言「見」，非約修見，但明性見，本有智性，能了空義及不空故，若無本智，誰知空與不空耶！⓱

澄觀與吉藏一樣，認為經文「所言空者，不見空與不空」的「空」，因其「空有雙絕」，方名第一義空，同樣誤解了《涅槃經》的本意。但是，他也指出「佛性者名第一義空，第一義空名為智慧」是雙標「空」和「智慧」，所以他說「所言智（慧）者，能見於空與不空」的「智者」，並非指有智慧的人，而是指「第一義空名為智慧」的「智慧」。澄觀試圖將空和智慧相連以明佛性，而且他說「見

⓱《華嚴經演義鈔》，《大正藏》卷36，頁73上。

於空與不空」的見，不是修見而是明性見，乃本有的智性，能了空義與不空義。換言之，澄觀將此段經文的第一義空的空性著重在「雙遣」上，因此是空如來藏，而智慧則著重在其「雙見」，因此是不空如來藏，而整個佛性即建立在「空智相成」上，他說：

> 空智相成方為真佛性義，則知二藏（空及不空如來藏）亦不相離。以其佛性妄法不染，故名為空，具恆河妙德，故名不空。❿

澄觀同意經中所說的「見一切空，不見不空，不名中道」，所以他強調須雙見空與不空，「方有佛性」，而之所以能見，則在於智慧。由以上之分析可知澄觀的解讀與吉藏和《涅槃經》原義略有異同。澄觀與吉藏都認為第一義空是指空有雙絕的空，然而不同的是吉藏認為這樣的第一義空即是中道佛性，而澄觀則認為它僅是屬於中道佛性的「空如來藏」的部分而已，而有照見作用的智慧屬於「不空如來藏」，而空智相成兼具才能名為中道佛性。換言之，中道佛性具空性和智慧二個屬性。澄觀最後的結論與《涅槃經》原義相符合，但是其解讀第一義空的地方，顯然與經文原義不合。原經文只是說第一義空是佛性，也是智慧、中道，而不是澄觀所瞭解的僅是代表否定性的空有雙絕的偏面空。不過，由於澄觀引申經文的「智者」成代表雙見的「智慧」，故結論與原經文可謂相符合。

---

❿同上，頁 73 中。

　　值得注意的是澄觀引申《涅槃經》這段以第一義空論佛性的經文，來論證他自己對無情有否佛性的看法。他說：

　　《涅槃經》云：佛性者名第一義空，第一義空名為智慧。此二不二以為佛性。然第一義空是佛性性，名為智慧，即佛性相。第一義空不在智慧，但名法性，由在智慧故名佛性。若以性從相，則唯眾生得有佛性，有智慧故。牆壁瓦礫無有智慧，故無佛性。若以相從性，第一義空無所不在，則牆壁等皆是第一義空，云何非性？❿

　　上段的討論已指出澄觀將第一義空與智慧視為佛性的二個屬性。依據這個觀點，澄觀更進一步指出第一義空屬「佛性性」，而智慧屬「佛性相」，當第一義空不含智性時，只能稱為法性，如兼含智慧，才能稱為佛性，不過雖然如此二分，但因「空智相成」，「性相不二」，雖有「性」、「相」、「法相」、「佛性」之分，其實是二而不二的。

　　但是，若以佛性的二個屬性來論草木、牆壁、瓦礫等無情是否有佛性，則澄觀認為若以性從相，則唯有有情眾生才有佛性，因為他們才有智慧，但草木瓦礫因為無智慧，故無佛性。而若以相從性而言，因第一義空性無所不在，則草木瓦礫無不是第一義空。換言

❿《大方廣佛華嚴經隨疏演義鈔》卷37，《大正藏》卷36，頁280上～下。

之，一切草木瓦礫無不含攝於佛性中，因此可以說無情亦有佛性，只是其佛性屬於「法佛性」，而不是「覺佛性」。

　　總而言之，《涅槃經》中以第一義空論佛性的那段經文，基本上揭示了該經真常的佛性觀，但是各宗派的大德，常常依自家的立場加以解讀，而有不同的詮釋，雖各個言之有理，其實與原義不盡相符，原經文強調的是佛性真常妙有的層面，而不是無所得、不著空有佛性義。但是，《涅槃經》中並非完全沒有以遣執蕩相的空義來論佛性，例如同一〈師子吼菩薩品〉中就說「無常無斷」為中道。又說：「佛性者，亦色非色，非色非非色；亦相非相，非相非非相；亦一非一，非一非非一；非常非斷，非非常非非斷……亦空非空，非空非非空。」❿值得注意的是，雖然出現這種以遣相性的文字描述佛性，但如細讀其闡釋，則它還是堅持真常的立場。例如在解釋佛性「亦空非空，非空非非空」時，《經》曰：

　　云何為空？第一義空故。云何非空？以其常故。云何非空非非空？能為善法作種子故。善男子！若有人能思惟解了大涅槃經如是之意，當知是人則見佛性。❿

---

❿《大正藏》卷 12，頁 526 上。明藏「亦苦亦樂，非苦非樂；亦我非我，非我非非我；亦空非空，非空非非空」。但宋、元、高麗藏則無。不過因為隨後經中對此有所闡釋，因此原文應有此段經文。

❿《大正藏》卷 12，頁 526 上～中。

根據上面引句所說，佛性之所謂空，是指其為第一義空，而第一義空的肯定涵義，前面已詳論過。佛性也是「非空」，因其「常」故。再者，因為佛性能作為善法的種子，故非空非非空。「亦空非空，非空非非空」雖是掃蕩語，但是經上面引文的詮釋，還是突顯《涅槃經》中以真常論佛性的特有意義。

4.以有（不空）、無（空）論佛性義

上面所討論之以因果、第一義空等論佛性，著重在佛性「性」上，而以妙德論佛性，則是著重在佛性「相」而言。由於佛性不空，《涅槃經》中常常提到佛性的功德和性能，例如，最常說到佛性具「三十二相、八十種好」等。又如：

善男子！佛性者，所謂十力、四無所畏、大悲三念處，一切眾生悉有三種。❿

十力、四無畏、三念處等都是佛的功德。三念處又作三念住 (trīṇismṛtyupasathānāṇi)，為佛十八種不共法之一，佛以大悲攝化眾生，常住於三念中，無有喜憂之情。第一念住，謂眾生信佛，佛亦不生歡喜之心，常住於正念正智之中。第二念住，謂眾生不信佛，佛亦不生憂惱，常住於正念正智。第三念住，謂無論眾生有信或不信，佛亦不生歡喜或憂惱，常安住於正念正智之中。

---

❿《大正藏》卷 12，頁 525 下。

〈師子吼菩薩品〉第十一之六也列舉了一些佛性功德，如言大慈大悲為佛性、大喜大捨為佛性、佛性者名大信心、第四力（知眾生上下根智力）、四無礙智。⓫這些都是佛體性的特徵，屬佛果功德，但是經中也再強調「眾生者即是佛性」，因為「若離眾生，不得阿耨多羅三藐三菩提」。換言之，佛性不能離眾生有，而且因位眾生佛性所見功德與果位諸佛功德無異。

如果佛與眾生佛性無有差別，則一切眾生何用修道？〈師子吼菩薩品〉有如下的回答：

> 善男子！如汝所問是義不然。佛與佛性雖無差別，然諸眾生悉未具足。善男子！譬如惡心害母，害已生悔，三業雖善，是人名地獄人也。何以故？是人定當墮地獄故。……一切眾生定得阿耨多羅三藐三菩提故。是故我說一切眾生悉有佛性。一切眾生真實未有三十二相八十種好。以是義故，我於此經而說偈：本有今無，本無今有，三世有法，無有是處。⓬

若論佛性有無量功德，則眾生佛性與如來佛性無別，但這並不意指眾生當下已具有無量功德，因此不應有眾生何用修道的疑問。但若以一切眾生「必定當得」各種佛功德和阿耨多羅三藐三菩提而

⓫同上，頁 556 下～557 上。
⓬同上，頁 524 中。

言，則亦可說「眾生身中有十力、三十二相、八十種好」。如此的說法有強烈存有的意味，但為了免使眾生誤解起見，佛陀再次提及「本有今無，本無今有，三世有法，無有是處」。這無非是強調《涅槃經》所講的佛性非執實的「本有論」，而是緣起義之佛性，既不是「本有今無」，也不是「本無今無」。

「本有今無偈」在《涅槃經》中出現過四次❸，其意義值得深究。世親菩薩著有《涅槃經本有今無偈論》，闡釋此偈的意義。本偈首先出現在〈如來性品〉第四之七；佛陀為解答純陀的疑問而說：

> 純陀心疑如來常住，以得知見佛性力故，若見佛性而為常者，本未見時應是無常，若本無常，後亦應爾；何以故？如世間物本無今有，已有還無，如是常物悉是無常……爾時世尊即說偈言：本有今無，本無今有，三世有法，無有是處。❹

「如來常住」、「眾生皆有佛性」是《涅槃經》的主要課題，而純陀對此二個主題卻有所疑問，即不知佛性是否為常，佛涅槃是否

---

❸此偈出現於：⑴〈如來性品〉第四之七，⑵〈梵行品〉第八之三，⑶〈師子吼菩薩品〉第十之一，⑷〈師子吼菩薩品〉第十一之二。根據灌頂的《大般涅槃經疏》，「本有今無偈」四出：「初答常無常，二答得無得，三答破空性，四答有無不定以明中道。」（《大正藏》卷38，頁178上。）

❹《大正藏》卷12，頁422下。

如燈盡火滅，佛滅後有盡或不盡？佛陀以本有今無偈作答，但是隨後經文並未解說偈文的意義，反而是有點答非所問，偏離主題的情形。⓯本偈第二次出現於〈梵行品〉第八之三，當時迦葉菩薩因為不解佛陀先前在婆羅雙樹林為純陀說的「本有今無」偈的意義，請求佛陀再加解釋。佛陀於是回答：

> 善男子！諦聽諦聽！我今當為汝重敷演之。言本有者，我者本有無量煩惱，以煩惱故，現在無有大般涅槃。言本無者，本無般若波羅蜜。以無般若波羅蜜故。故現在具有諸煩惱結，若有沙門、若波羅門、若天、若魔、若梵、若人，說言如來去來現在有煩惱，無有是處。⓰

依上引句，「本有」的是指眾生本有無量煩惱，因此，「今無」大般涅槃，又因「本無」般若波羅蜜，因此「今有」煩惱諸法。但是如來與眾生不同，若言如來過去現在未來三世有煩惱，無有是處。接著經文又舉出幾個例子：

⓯本來純陀的疑問是有關佛性常或無常的問題，但是後面的經文卻轉而討論佛菩薩和聲聞緣覺之間有無差別的議題，因此顯然與所問沒有直接關係。參閱張曼濤，《涅槃思想研究》，彌勒出版社，1983 年，頁 180～182。

⓰《大正藏》卷 12，頁 464 下。

(1)本有：無常無樂無我無淨　　　今無：阿耨多羅三藐三
　　　　　　　　　　　　　　　　　　　　菩提

　本無：本不見佛性　　　　　　　今有：無常樂我淨

　不可言如來三世無常樂我淨

(2)本有：雜食之身　　　　　　　　今無：無邊之身

　本無：三十七道助道法　　　　　今有：雜食之身

　不可言如來三世有雜食之身

(3)本有：一切法中取著之心　　　　今無：畢竟空定

　本無：中道實義　　　　　　　　今有：一切法有著心

　不可言如來於三世說一切法是有相

以上的本無今有，或本有今無是針對一般凡夫或二乘人而言，其煩惱乃「生得」，換言之，凡夫性生得，而聖性或解縛乃「今得」。也就是說「本」是生，「今」是修，對凡夫和二乘人而言，生死是生得，涅槃是修得。因此，急於解脫的凡夫和二乘人，當然是致力於斷除無始以來的生死，修得涅槃寂靜。但是若依這種意義，以為有所謂「本有今無」或「本無今有」的「法」去瞭解大乘，就是謗大乘法，因為其與大乘法不相應。

在《涅槃經本有今無偈論》中，世親說他是為修大乘者顯了分別三種義。三種義即「本有今無」、「本無今有」、「三時有」。若約大乘而言，三種義皆不成立。首先世親駁斥「本有今無」說：

若本有今無者，一切如來等則無解脫，何以故？性不定住故，
以前有後無故，一切真有亦無。真有俗有亦無，何以故？真有
前後無異故，俗有無本故，是故真俗二義不成就。⓱

上面引句的意思是說，無論是「真」（無為法）或「俗」（有為
法），均不可言「本有今無」。換言之，若本有今無，則一切如來均
無解脫，因為解脫「性不定住」。只要前有後無，則「真有、俗有」
皆無，因為「真有前後無異」。而且從因緣法而言，萬物本無，假緣
而生，故言「俗有無本」。因此結論是無論是真或俗，「本有今無」
均不成立。

至於「本無今有」，世親解釋說：

本無今有者，若前是無本而今有，有者則無得解脫。前煩惱未
起，則是離解脫，而後生煩惱，則無解脫。若前無今有者，最
極無生當應得生，如空生花。⓲

世親指出若原本無而現今有，則解脫不屬於這種有，因為若前
煩惱未起，則根本沒有離煩惱而得解脫可言；若後生煩惱則解脫還
為煩惱染，故言「無解脫」。再者，若前無今有，則「最極無生」有

⓱《大正藏》卷26，頁281中。
⓲同上。

生的作用，如空能生花，是義不然，故「本無今有」亦不成立。接著世親駁斥「三時有」：

三時有者，無有是義，若有是三世者，為一義通三世，為一一義各各三世，如此二義亦皆不然。❿

若有三世法者，則不是一法遍三世，就是一一法各各遍三世。但是這二種情形皆不成立。若一法遍三世者，不得一世有三，因為相妨礙故。若「各各世有者，三世各自有，如現世能生果，過去未來何何意不能生？若具能生則無一人得解脫」。總之，三世有亦不成立。

以上是「本無今有偈」的破邪義，它另有顯正義。其顯的正義是「本有今有、過於三世」。「本有今有」是指從發心至涅槃，眾生自性清淨，凡夫法不能令染，聖人法亦不能令其清淨，即使犯四重五逆亦不能令減，若修慧斷惡亦不能令其增長。「過於三世」是指涅槃功德超越三世。世親解釋說：「為生故分別三世，涅槃無生，故不可分別。三世者，未生得生，已生即滅。涅槃無滅故常住。」因為涅槃不可分別和常住，故自在最樂。其「本」清淨，其「用」常、樂、我、淨。

《涅槃經》第三個提及「本無今有」的地方，特別強調涅槃佛

---

❿同上，頁 281 下。

性的常住性。〈光明遍照高貴德王菩薩品〉中德王菩薩認為涅槃與世間法一樣是「本無今有」。佛陀於是說：

> 涅槃之體非本無今有。若涅槃本無今有者，則非無漏常住之法。有佛無佛，性相常住，以諸眾生煩惱覆故，不見涅槃，便謂為無。菩薩摩訶薩以戒定慧勤修其心，斷煩惱已，便得見之。當知涅槃是常住法，非本無今有，是故為常。❿

引文很清楚指出涅槃非本無今有，而是常住的。所謂「有佛無佛，性相常住」是說在聖「有佛」時的涅槃（佛性），與在凡「無佛」時的眾生佛性，其性相功德是常住，而且彼此無有差異的。佛陀接著舉了一個比喻：暗室中的井裡有種種七寶，因暗故不得見。有智之人燃大明燈，於是悉見井中七寶，但是此人並不會錯認水及七寶「本無今有」。涅槃佛性亦非本無今有，而是「本自有之，非遮今也」，而此本自有之的佛性功德是真常不空的，就是經中所說「不空者謂真實善色常樂我淨，不動不變」。

就「不空」論佛性，則佛性有恆河沙無量功德，亦即《勝鬘夫人經》所說的不空如來藏。以「空」論佛性是指佛性之體本自「空卻」染污法，如經中所說「空者，謂無二十五有及諸煩惱、一切苦、一切相、一切有為行」，可見此處之空非勝義空，而是指佛性之體本

---

❿《大正藏》卷 12，頁 492 上。

不具煩惱的空。〈性起品〉第四之二把解脫名之為「不空空」、「空不空」。因為「佛性者即真解脫」，故佛性亦名為「不空空」❷。「空空」是無所有，乃外道所說的解脫屬頑空或斷滅空，但真解脫並非無所有，故名「不空空」。再者因為解脫即是空又是不空，故名「空不空」，也就是空不空如來藏。

5. 以定不定論佛性義

由於《涅槃經》特殊的集成情況，其前後有種種不同的佛性說，因此續譯部分即出現會通的說法。例如，如來隨眾生根機而有不定說法，換言之，如來可「隨他意語」、「隨自意語」、「隨自他意語」而有不同的佛性說。

〈迦葉菩薩品〉強調不可以定有或定無的決定性方式去瞭解佛性，否則就是謗三寶：

> 善男子！若有人言：一切眾生定有佛性，常樂我淨，不作不生，煩惱因緣故不可見，當知是人謗佛法僧。若有人言：一切眾生定無佛性，猶如兔角，從方便生，本無今有，已有還無，當知是人謗佛法僧。若有說言：眾生佛性，非有如虛空，非無如兔角。何以故？虛空常故，兔角無故，是故得言亦有亦無。有故破兔角，無故破虛空，如是說者，不謗三寶。❷

---

❷同上，頁 395 中。

❷同上，頁 580 下。

　　雖然如來藏學系將佛性、涅槃、諸佛功德等視為真常，然而基於一切法無有定相的緣起法，則又不能說定有佛性，否則是違反根本佛法，即謗三寶。同樣的，若說定無佛性和涅槃四德等，亦是謗三寶，因為「涅槃者亦可言定，一切諸法所有涅槃常樂我淨，是故為定。無生老壞，是故為定」❿。然而若堅持「定有」佛性或「不定有」佛性，說「定」或「不定」，都不合「諸法無有定相」。

　　《涅槃經》續譯部分，除了依佛性的「定不定」以會通其不同解說之外，亦從各種眾生根性的不定，來化解經中有關一切眾生是否皆有佛性之爭，如《經》說：

善男子！一闡提者亦不決定，若決定者一闡提終不得阿耨多羅三藐三菩提。……
犯四重禁者亦不決定，若決定者犯四重禁終不得阿耨多羅三藐三菩提。……
作五逆者亦不決定，若決定者作五逆者終不得阿耨多羅三藐三菩提。……❿

　　〈德王菩薩品〉第十之三最後作結論說：

❿同上，頁505上。
❿同上，頁493下～494上。

以是因緣故，諸佛如來無有定相。善男子！是故犯四重禁、謗
方等經，及一闡提悉皆不定。爾時，光明遍照高貴德王菩薩摩
訶薩言：如是如是，誠如聖教，一切諸法皆悉不定，以不定故，
當知如來亦不畢竟入於涅槃。❿

　　若從諸法無定相的原則而言，則一闡提是不一定要永遠是一闡
提，乃至犯四重罪、謗法者、五逆之人、須陀洹、阿羅漢、辟支佛
等，皆悉不定。正因如此，有情眾生在精神和宗教領域方面才有發
展的可能性，也才可說一切眾生皆有佛性。值得注意的是此「定不
定」原則也包括諸佛如來。但是如果「諸佛如來亦復不定」，則會有
德王菩薩所提出的質疑：「若佛不定，涅槃體亦復不定。」若涅槃體
不定，入涅槃已，是否還出？再者，若涅槃性不定，則亦無定有常
樂我淨。

　　對以上德王菩薩所提的問題，佛陀的回答是如來涅槃有定不定。
就如來應機示現而言，「如來非天非非天，非人非非人，非有漏非無
漏，非有為非無為」等無有定相，如來亦可入涅槃，亦可「不畢竟
入涅槃」。但是另一方面，涅槃亦可言定，因為「如來常住不變易
故」，而如來的常住性必定有常樂我淨。總之，佛性等諸法在不定的
原則下，有情眾生不會被限定在某精神領域，而是有無限提升的可
能性，最後終究可成佛。

───────────────────────
❿同上，頁 502 上。

四、結　論

　　《大般涅槃經》在真常思想體系中，屬於中期的經典，《寶性論》曾多次引用它的經文，可見其重要性。然而，《涅槃經》真正發揮其影響力的是在它傳入中國之後。其提倡的一切眾生皆有佛性，如來常住等教義曾形成「涅槃宗」，隋唐之前頗為盛行。最初，道生依據六卷《泥洹經》提出「闡提成佛論」，使涅槃學說一傳入中國即引起重視和爭議。六朝時代涅槃師輩出，或努力弘傳，或為註疏，形成十餘種不同的佛性說，蔚為一時之學。梁武帝亦曾宣講《涅槃經》，並敕命寶亮作《涅槃經義疏》，其後諸家之註疏由寶亮合輯成《大般涅槃經集解》。雖然在天台宗興起之後，涅槃宗漸衰頹，但是其真常妙有的教旨，為天台宗、華嚴宗、禪宗等所遵循，也使佛性思想成為中國佛教的主流，這不能不歸功於《涅槃經》的學說。

第二章

《寶性論》的如來藏思想

　　自西元前一世紀以後，印度佛教界開始陸續傳出大乘經典。經過了三、四百年，由於大乘經典的大量流傳，以及印度論師們加以融會貫通和系統化，遂形成印度大乘佛教三大思想體系：即中觀，瑜伽和真常❶，各成其龐大的理論與實踐體系。中觀的思想建立在

---

❶從思想的演進而言，印度所傳的如來藏系經論可以分成三個時期。西元三世紀初期開始陸續出現主流的經論：《如來藏經》，《不增不減經》，《大法鼓經》，《勝鬘經》，《寶性論》等。其共同特點是指出眾生皆有如來藏，但為客塵煩惱所覆而不自知。如來藏被視為染淨所依止，厭生死求涅槃的動力。此時期的如來藏與阿賴耶思想還沒有明顯交流。但中期的如來藏思想說漸漸與瑜伽思想有所交流，如《大乘莊嚴經論》，《佛性論》，真諦譯的《攝大乘論釋》都反映出這種趨勢，尤其是真諦以第九識阿摩羅識為自性清淨心。《攝大乘論》中無始時來界之「界」，本來指的是染性的阿賴耶識，真諦將它解釋成「以解為性」，試圖會通如來藏學。後期的如來藏思想的特色，是與阿賴耶思想完全會通。例如《楞伽經》的如來藏藏識是「善不善因」，就是結合了如來藏和阿賴耶。而《大乘起信論》更是瑜伽和真常二學派對人性本質探討的大融合。生滅的阿賴耶和清淨的如來藏已是和合非一非異的密切關係了。

「緣起性空」上，所依的經論包括《大品般若經》，龍樹菩薩造的《中論》、《百論》、《十二門論》等。代表有宗的瑜伽系強調的是「境空心有」之唯識思想。此系統下的經論有《解深密經》、《瑜伽師地論》、《攝大乘論》、《成唯識論》等。而高舉「如來藏自性清淨心」的真常系思想，則宣揚人性中本有佛性的存在。《如來藏經》、《勝鬘夫人經》、《大般涅槃經》、《楞伽經》等是其主要的經典依據❷。

　　中觀和瑜伽教理之精華，主要表現於其重要的論典中，而真常系則偏重經典。但這並不表示真常系在印度未出現重要的論典。堅慧 (Sāramati) 造的《究竟一乘寶性論》❸(Ratnagotravibhāga) 就是代表如來藏學主流的一部集大成論書❹。

---

❷雖然真常系思想在印度不像中觀與瑜伽學派有源遠流長的師資傳承，但它確曾在印度以一個獨立的思想體系存在過一段時間。法藏就曾把它稱為「如來藏緣起宗」（《大乘起信論義記》卷上）。印順把此三系分別判為「性空唯名」，「虛妄唯識」和「真常唯心」。

❸依中國所傳，《寶性論》是堅慧所造。然依梵藏本，則「本論偈」是彌勒菩薩造，而「釋論」部分為無著菩薩造。

❹牟宗三先生於其許多著作中闡述，甚至稱揚如來藏思想，尤其是《大乘起信論》之「一心開二門」的思想模式。但他在《中國哲學十九講》中，所說的「在印度晚期雖出現真常經，然卻沒有造出論來。也因為沒有論典，所以不為一般重視理論性推理的人所注意」（頁288），並非事實。其實，《寶性論》正是印度真常系最重要的一部論典。再者，真常系思想也並非沒有受到「重視理論性推理的人所注意」。例如世親就曾著《佛性論》。西藏空宗論師

　　《寶性論》的中文全名是《究竟一乘寶性論》。它有梵文本和藏文譯本。梵文全稱為 *Ratnagotravibhāga Mahāyāno-ttaratantra śāstra*，意思是「寶性分別一乘增上論」❺。有趣的是中譯本取其前字 (*Ratnagotravibhāga*) 而名為《寶性論》，而藏文譯本則取其後字 (*Mahāyānottaratantra*) 而稱此論為《大乘最上秘義論》（簡稱 *Uttaratantra*），由此可略見此二傳統著重點的不同❻。

　　依中國佛教的傳統說法，《寶性論》全論是堅慧 (Sāramati) 所造，但依藏傳，論本偈是彌勒菩薩 (Maitreya) 造的，而「釋論」則是由無著菩薩 (Asaṅga) 所造❼。梵文本亦稱「論本偈」是彌勒造的❽，但

　　Darma-rin-Chen 亦曾造《寶性論》註疏，成為後代詮釋如來藏思想的權威。

❺《寶性論》梵文本，是由 Rāhula Sāṇkṛtyāna 法師於西藏發現。E. H. Johnston 將它校正後，於 1950 年出版。在此之前，對《寶性論》的研究，均限於中譯本和藏譯本。例如宇井伯壽於 1960 年出版了《寶性論研究》(*Hoshoron Kenkyu*)。E. Obermiller 則根據藏譯本出版了 *The Sublime Science of the Great Vehicle to Salvation, Being a Manual of Buddhist Monism, the Work of Ārya Maitreya with a Commentary by Āryāsaṅga*。最早以梵本研究的則是高崎直道的 *A Study on the Ratnagotravibhāga, Being a Treatise on the Tathāgatagarbha Theory of Mahāyāna Buddhism*。

❻Johnston 認為用《寶性論》為名，乃著重在論的思想內容，用《大乘最上祕義論》乃重視論的思想地位。有些西藏宗派主張如來藏思想是屬於第三時教的了義教。

❼藏文有二譯本：⑴ *Theg-pa-chen-po rgyud-bla-mahi bstan-bcos (Mahayana-*

未提及無著釋論。西藏佛教傳統上一直認為彌勒菩薩著有五論：《大
乘莊嚴經論》(*Mahāyāna-sūtrālaṃkāra*)，《中邊分別論》(*Madhyānta-
vibhāga*)，《法法性論》(*Dharma-dharmatā-vibhāga*)，《現觀莊嚴論》
(*Abhisamayā-laṃkāra*) 和《大乘最上秘義論》。但彌勒是否為一歷史
人物，學者之間的看法不一。宇井伯壽認為彌勒是無著的師父，為
一歷史人物，但 Jam-yan-zad-pa 的 *Siddānta* (*Grub-mthaḥ*) 有如下記
載：「龍樹因文殊師利菩薩之啟示，依《虛空藏經》(*Akṣayamati-
nirdeśasūtra*) 而建立中觀學派。同樣地，無著則因彌勒菩薩的啟示，
依《解深密經》(*Saṃdhinirmocana*) 而建立瑜伽學派。」❾ 由此可見，
此二學派均將自己的學說直接溯源於天上的菩薩，以顯其神聖和權
威性。Obermiller 博士因此認為其實五論（包括《寶性論》）均為無
著造的。然而，《寶性論》的如來藏說，與無著所代表的瑜伽系大相
逕庭，因此 Obermiller 的看法很難自圓其說 ❿。西藏格魯派

---

uttaratantra-sastra)。(2) *Theg-pa-chen-po rgyud-bla-mahi-bstan-bcos rnam-par-
bsad-pa* (*mahayana-uttaratantra-sastra-vyakhya*)。前者只有論本偈，後者則包
括釋論。據傳二者都是 Blo-ldan-ses-rab (Matiprajña) 於十一世紀時譯出。

❽在 Saka 殘卷中，曾提及彌勒是造論者。參閱 H. W. Baileg & E. H. Johnston,
"A Fragment of the *Uttaratantra* in Sanskrit," *Bulletin S.O.S.*, Vol. VIII, part 1,
1935.

❾參閱 Obermiller, *The Sublime Science of the Great Vehicle to Salvation*, p. 92.

❿Obermiller 的解釋是：五論的風格相似。甚至在《寶性論》和《現觀莊嚴論》
中可發現同樣的偈頌，至於五論中教義上差異，乃是因為無著思想演進的結

(Gelupa) 大師宗喀巴 (Tson-kha-pa) 也不認為《寶性論》屬於瑜伽系，而應是中觀具緣派 (Mādhyamikaprāsaṅgika) 的作品。

由於從歷史或教義的觀點，均缺乏有力證據證明彌勒造論、無著釋論，故有些學者還是認為中國所傳堅慧造的傳說較為可靠❶。中國史料記載中，最早提到堅慧造《寶性論》的是深信如來藏思想的華嚴宗三祖法藏法師。他在註疏《大乘法界無差別論》(Mahāyānadharmadhatvaiśeṣaśāstra) 時曾言堅慧乃「地上菩薩，於佛滅後七百年時，出天竺大剎利種。聰叡逸群……以己所遊平等法界，傳示眾生，方為究竟廣大饒益，是故造《究竟一乘寶性論》，及《法界無差別論》等」❷。法藏是由提雲般若 (Devaprajñā) 獲知此事。提雲般若出生于闐 (Khotan)，是《大乘法界無差別論》的譯者。因之，至少在七世紀前的中亞，堅慧就已經被認為是《寶性論》的作者。

果。Obermiller 的書中不曾參考中譯所傳堅慧造的說法，故僅能就藏傳提出假設性的解釋。然而，其理由並不能作有力的論證。參閱 Obermiller, *The Sublime Science*, pp. 92〜96.

❶持有此看法者包括：印順，《如來藏之研究》，正聞出版社，1981 年，頁 151〜152；高崎直道，*A Study on the Ratnagotravibhāga*, p. 9 和 p. 62。高崎直道認為論本偈有可能是彌勒造，但釋論則無疑是堅慧造的。參閱 S. K. Hookham, *The Buddha Within: Tathāgatagarbha Doctrine According to the Shentong Interpretation of the Ratnagotravibhāga*, State University of New York Press, 1991, pp. 165〜166.

❷《大乘法界無差別論疏》，《大正藏》卷 44，頁 63 下。

不過，有一疑點，即現藏經所存的《寶性論》只有譯者，而未註明作者何人，而且古代各經錄中亦未有記載❸。吾人對堅慧的年代和師承所知很少。然而，依目前所知的有限資料研判，二種傳說中，堅慧造《寶性論》還是較為可信。

《寶性論》譯者為元魏勒那摩提 (Ratnamati)。但是《開元釋教錄》(730 年) 在記載《妙法蓮華經》、《寶性論》和《寶積經論》的翻譯經過時，說明如下：

> 菩提留支傳本，勒那、扇多參助。其後三德乃徇流言，各傳師習不相訪問。帝以弘法之盛略敘曲煩，敕三處各翻訖乃參校。其間隱沒互有不同，致有文旨時兼異綴，後人合之共成通部。見《寶唱》等錄。所以《法華》、《寶積》、《寶性》等論各有兩本耳。❹

根據《開元釋教錄》的這段記載，最初參與翻譯《寶性論》的有勒那摩提、菩提流支 (Bodhiruci) 和佛陀扇多三人，但因三人意見相左，後魏宣武帝遂敕令三人各譯後再參校。故當時三部典籍各有二譯本，後人再合而為一，故未見有二譯本傳世。《開元釋教錄》自稱上述資料是引自《寶唱錄》(518 年)，但是如果參照其他經錄，則

---

❸參閱高崎直道，*Study*, p. 9。

❹《大正藏》卷 55，頁 540 中。

頗有疑問❶。例如：《歷代三寶記》(597 年) 則說：「《十地經論》十二卷，《寶積經論》四卷。以上二論菩提流支並譯，且二德爭名不相詢訪。其間隱沒互有不同，致綴文言亦有異處，後人始合。」❶《大唐內典錄》亦說勒那摩提譯有「《十地經論》、《究竟一乘寶性論》四卷。《寶積經論》四卷與《十地》二論菩提流支並譯」❶。《開元錄》的成立年代晚於《歷代三寶記》和《內典錄》。它的資料是根據《歷代三寶記》、《內典錄》，而非直接引自《寶唱錄》。但是為何《歷代三寶記》和《內典錄》說勒那摩提和菩提流支合譯的是《寶積經論》和《十地經論》，而非《開元錄》的《寶性論》？高崎直道認為這可能是《開元錄》的作者費長房誤讀二錄所致❶。從三經錄的記載研判，高崎直道的推測很有可能。勒那摩提和菩提流支因教理之爭而不和的事相傳已久，不過這是在合譯《十地經論》時發生的，與《寶性論》的翻譯無關❶。因此，吾人可以論定《寶性論》是由勒那摩

---

❶高崎直道，*Study*, pp. 7～9。

❶《歷代三寶記》，《大正藏》卷 49，頁 86 中～下。

❶《大唐內典錄》，《大正藏》卷 55，頁 269 中。

❶高崎直道，*Study*, pp. 7～9。

❶僧朗、崔光等人曾參與勒那和流支的洛陽譯場。崔光在《十地經論》序中說此論是菩提流支、勒那摩提在洛陽殿內二人同譯，佛陀扇多傳語，帝親筆受。崔光的序僅提到三人合譯，並沒有言及不和的事。倒是湛然的《法華玄義釋籤》如是說：「地論有南北二道者，陳梁已前弘地論師二處不同。相州北道計阿黎耶以為依持，相州南道計於真如以為依持。以（勒那、菩提）二

提單獨譯出，自古並未有另一譯本存在。

一、《寶性論》的內容架構

《寶性論》內容分四卷十一品。基本上包括二大部分：「論本偈」和「釋論」。「論本偈」即是五言四句的偈頌，總共三百偈，乃是以偈頌方式揭示本論的中心思想，即使沒有「釋論」，亦可構成一部獨立的偈頌式論典。「釋論」則包括重複前面的「論本偈」、「註釋偈」和長行的「釋疏」。「註釋偈」是以偈頌方式解釋「論本偈」的意義，「釋疏」則是以長行註解「論本偈」或「註釋偈」。

與梵藏相對照，漢譯的「釋論」部分相當於梵文本，與西藏譯本無著造的「釋論」(Mahāyānottaratantra-vyākhyā) 也一致，但是梵漢本沒有相當於藏譯彌勒造的「本論」(Mahāyānottaratantra-śāstra)。它有四百十一偈，包括「論本偈」和「註釋偈」，但是沒有「釋疏」。總之，中文的「釋論」與梵文本及藏譯 Vyākhyā 一致，梵藏本則沒有相當於漢譯別列的三百句「論本偈」 ❷ 。

論師稟天親，而所計各異同於水火。」(《大正藏》卷 33，頁 942 下。) 也就是說由於對阿賴耶、如來藏、真如等義理看法不同，而使依世親的《十地經論》所成立的地論宗，分成勒那摩提為首的「南道」，和以菩提流支為首的「北道」。「南道」開展出以唯心系的華嚴宗，「北道」則發展出唯識系的法相宗。因為菩提流支思想傾向傳統的瑜伽學說，而《寶性論》唯心的真常思想，非菩提流支所主張，這也可能是他沒有翻譯《寶性論》的原因之一。

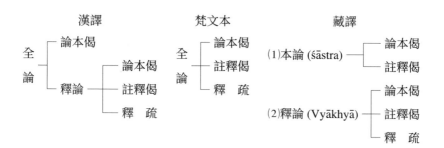

根據上列的梵藏本內容，吾人也許可以推測當時勒那摩提可能也有「本論」和「釋論」分開的二個單行本。勒那摩提本人或者是後人才把它們合成一本，成為三種語言版本中最完整的綜合本。

漢譯的十一品分別為：一、〈教化品〉，二、〈佛寶品〉，三、〈法寶品〉，四、〈僧寶品〉，五、〈一切眾生有如來藏品〉，六、〈無量煩惱所纏品〉，七、〈為何義說品〉，八、〈身轉清淨成菩提品〉，九、〈如來功德品〉，十、〈自然不休息佛業品〉，十一、〈校量信功德品〉。梵文和藏譯本只有五品：一、〈如來藏品〉：包括漢譯的第二至第七的六品，二、〈成菩提品〉，三、〈如來功德品〉，四、〈佛業品〉，五、〈校量信功德品〉。漢譯第一品〈教化品〉的十八偈，梵藏均缺，可能是後人增加的。「釋論」一開始僅以一句「〈教化品〉如向偈中已說」帶過，這可能是原來「論本偈」就沒有這一品，所以當然不會有註釋。其他品的偈頌，則三譯大同小異❷。

---

❷參閱中村瑞隆，《梵漢對照究竟一乘寶性論研究》，山喜房，1961，頁 1～3。

❷中村瑞隆曾作了一個梵藏漢英（Obermiller 的英譯）四譯偈頌對照。參閱其《梵漢對照究竟一乘寶性論研究》，頁 16～30。

　　《寶性論》的主題在於四法：佛性、佛菩提、佛法、佛業，也就是諸佛及眾生依本具的佛「性」(dhātu)，經過實踐的歷程，證得佛菩提 (bodhi)，具足一切佛法 (dharma) 功德，並且從事濟度眾生的行業 (karma)。「釋論」強調三寶性，故將全論分成「七種金剛句」：佛寶、法寶、僧寶、性、菩提、功德、業。因此整部《寶性論》是建立於四法，分成十一品，以「七金剛句」(vajrapāda) 加以廣解。「金剛」象徵難可沮壞，比喻所證義亦復如是。證義雖然「以聞思智難可證得」，但還是得藉名字章「句」來詮釋其理，所以「釋論」說金剛句能做隨順正道、智證的根本。

　　為了證明七金剛句的符合經說，「釋論」作者引《陀羅尼自在王經》(Dhāraṇīśvarāja-sūtra) 作為經證。此經的序分中說明七句的前（佛、法、僧）三句，後四句則在「菩薩如來法門差別分」中廣說。「釋論」以偈頌說七金剛句的次序❷：

　　　　從佛次有法，次法復有僧。

　　　　僧次無礙性，從性次有智。

　　　　十力等功德，為一切眾生，

　　　　而作利益業，有如是次第。

至於七金剛句的意義，「釋論」則廣引不同的經典加以解釋：

---

❷《寶性論》卷 1，《大正藏》卷 31，頁 822 中。

佛義:「所言如來者,非可見法,是故眼識不能得見故。」

法義:「所言法者,非可說事,以是故非耳識所聞故。」

僧義:「所言僧者,名為無為,是故不可身心供養禮拜讚歎故。」❷❸

以上三義漢譯未明引自何經。梵文本說是引自〈堅固意品〉(Dṛḍhādhyāśayaparivarta)❷❹。它對三寶的定義側重否定式含有般若味道的表達。「釋論」所以引用它,可能取其「難證義」。

眾生義:「言眾生者,乃是諸佛如來境界……即是第一義諦。第一義諦者,即是眾生界。眾生界即是如來藏。如來藏者即是法身。」❷❺

這段經文是引自《不增不減經》❷❻。「釋論」的開頭偈七金剛句的第四項是(佛)性 (dhātu)。在長行註釋中,卻說是「眾生」。可見作者將佛性與眾生等同視之。其引用《不增不減經》正是很恰當的經證。

---

❷❸《寶性論》卷 1,《大正藏》卷 31,頁 821 中。

❷❹藏本指引自 Sthirādhyāśaya-parivarta。參閱高崎直道,Study, p. 143 的註 15。

❷❺《寶性論》卷 1,《大正藏》卷 31,頁 822 中。

❷❻漢譯沒有註明此段經文出處。《不增不減經》沒有藏譯本。

　　菩提義：「阿耨多羅三藐三菩提者，名涅槃界。涅槃界者，即是
　　　　　　法身。」❷

　　功德義：「如來所說法身義者，過於恆沙不離不脫不思議佛法如
　　　　　　來智慧功德。」❷

此處的功德義在於強調出纏的法身，和在纏的如來藏都本具「不離
不脫」如來智慧功德。至於有哪些功德，「釋論」引自《大集經》的
〈寶女品〉(*Ratnadārikā-parivarta*) 說有六十四種功德❷。

　　業義：「如來不分別，不分別無分別，而自然無分別，如所作業
　　　　　自然行故。」❸

「釋論」依《陀羅尼自在王經》說佛業有三十二種❸。以上就是整

---

❷《寶性論》卷 1，《大正藏》卷 31，頁 821 上。此段引自《勝鬘夫人經》，《大
　正藏》卷 12，頁 220 下。

❷《不增不減經》，《大正藏》卷 16，頁 467 上。

❷六十四種佛功德，包括十力、四無畏、十八不共法、三十二相。《大正藏》
　卷 31，頁 844 下。

❸這段經文梵本說是引自 *Tathāgataguṇajñāna-cintyaviṣayavatāra-nirdeśa*。《度
　諸佛境界智光嚴經》有類似的說法：「如果不作意思惟以無功用，亦不分別
　以成其事。」《大正藏》卷 10，頁 915 中。

❸《陀羅尼自在王經》，《大正藏》卷 13，頁 26 中～27 中。

部《寶性論》的七個主題的組織、內容和涵義。作者先在第一卷以
長行引經據典地給予略解，在其後的各品再予廣說。全論雖然分七
金剛句、十一品，然而幾乎全論的四分之三的篇幅用於註解前四句
（佛、法、僧寶、性），尤其是性 (dhatu) 這項。可見《寶性論》的
宗旨著重在闡揚佛性（如來藏）與眾生的關係，重要的是要眾生體
悟本具的清淨三寶因性，隨之而來的當然就是「自然無分別」的菩
提、功德和業用了。

二、《寶性論》所依的經論

　　《寶性論》是印度如來藏思想最主要的論典❷。它成立之前已
有許多提倡（或蘊涵）真常思想的經典出現。《寶性論》根據這些經
典，以佛「性」(dhatu) 為主軸，串連了生佛不二的因位（眾生在纏）
和果位（眾生出纏）。其所引用的經典有二十餘部之多❸，而所引用
的經文幾乎佔了「釋論」的三分之一。如此大量的引經據典，雖然
可稱之為言之有據，但也不免有人要認為它只不過是經文的匯集❹。

---

❷屬於如來藏思想的印度論典，除了《寶性論》之外，還有《大乘法界無差別
　論》(Mahāyānadharmadhatvaviseṣaśāstra)，《佛性論》(Buddhagotraśāstra)，
　《大乘起信論》等，但《起信論》是否為疑偽則尚未有定論。

❸宇井伯壽說《寶性論》共引用了二十一部經和二部論典，參閱其《寶性論研
　究》，1960 年，頁 272～353。

❹高崎直道，*Study*, p. 32。

不過，綜觀全論，它還是能做到貫通許多大乘經典，藉以有系統地
闡明它的重點——如來藏說。

《寶性論》的主題所依據的經論如下：

1. 《陀羅尼自在王經》：七金剛句。

2. 《大集經》的〈寶女品〉：六十四種佛功德。

3. 《如來藏經》(*Tathāgatagarbha-sūtra*)：如來藏的九喻。

4. 《如來莊嚴智慧光明入一切佛境界經》(*Sarva-buddha-viṣayāvatāra-jñānalokalaṃkarasūtra*)：佛業九喻。

5. 《大乘莊嚴經論》(*Mahāyānasūtrālaṃkāra*)：佛菩提八義。

6. 《不增不減經》：如來藏的「無差別」義。

7. 《勝鬘夫人經》：空如來藏和不空如來藏。

除了上述的經論，《寶性論》的主要依據還包括：《大般涅槃經》
(*Mahāyāna-parinirvāṇa*)，《華嚴經·如來出現品》(*Tathā-gatotpattisaṃbhava*)，《大集經》中的〈寶髻品〉(*Ratnacūḍa-sūtra*)、〈海慧菩薩品〉(*Sāgaramatiparipṛcchā*)、《無盡意菩薩經》(*Akṣayamati-nirdeśa*)、《大乘阿毘達磨論》(*Mahāyāna-abhidharma sūtra*) 等。《法華經》(*Sadharmapuṇḍarīka*) 雖沒有直接的引文出現，可是它的一乘思想也是《寶性論》的如來藏依據，般若系統的經典中，被引用的有《金剛經》(*Vajracchedikā*) 和《八千頌般若經》(*Aṣṭasāhasrikā*)。另外的經典尚有《六根聚經》(*Ṣaḍā-yatana-sūtra*)，《佛華嚴入如來德智不思議境界經》(*Tathāgataguṇajñāna-cintyaviṣayavatāra-nirdeśa*) 等等。

　　《大乘阿毘達磨論》和《大乘莊嚴經論》是《寶性論》引用的二部論。值得注意是此二論皆是屬於瑜伽學派的論典,《寶性論》中的三身、二障（煩惱障、所知障）、有垢真如、無垢真如等觀念,與瑜伽學是可以相通。然而《寶性論》並沒有引用它們的主要教義,如「阿賴耶識」、「三自性」、「八識」、「三無性」、「四智」等。《寶性論》是高唱「一性皆成」的論典,當然更不會引用瑜伽學系「五性各別」的種子說了❸。

　　上舉的經論是《寶性論》思想的來源,其中最重要,且是引用最多的有《如來藏經》、《不增不減經》和《勝鬘經》。以下略述其中教義。

（一）《如來藏經》

　　《如來藏經》是部簡短但是主題很明確的典籍,法炬於晉惠帝(290-306) 時譯出。梵本已佚失。現存二個中譯本:一為東晉佛陀跋陀羅 (Buddhabhadra) 的《大方等如來藏經》,二為唐不空 (Amoghavajra) 的《大方廣如來藏經》。從最早譯出的時間推算,《如來藏經》應成於二百五十年以前❸。在它之前已有一些意含如來藏思想的大乘經典出現❸,但它是第一部很明確地宣揚如來藏法門的

---

❸印順,《如來藏之研究》,正聞出版社,1981 年,頁 160～162。

❸同上,頁 110～111。

❸譬如:《華嚴經‧如來性起品》、《小品般若經》等。

經典，可見其重要性。

　　「一切眾生皆有如來藏」是此經要宣示的主題。它以象徵性的九種譬喻來表顯：(1)萎華中諸佛，(2)群蜂中美蜜，(3)皮殼中堅實，(4)糞穢中真金，(5)地中珍寶藏，(6)果內種子，(7)弊衣裹真金，(8)賤女懷輪主，(9)泥模中寶像。經文一開始，佛現神變，出無量數的千葉蓮華，大如車輪，花內皆有化佛。這些蓮花同時綻放，放出無量光，燦爛無比。在須臾之間，佛以神力使蓮花變萎，而花內出現化佛結跏趺坐，放出無數百千光明❸。「萎華」比喻眾生諸煩惱，「化佛」比喻眾生之如來藏。此為根本喻，其他八喻意義相似，只是用不同事物為喻而已，無非為表達眾生心中皆有如來藏的存在。

　　《如來藏經》解釋眾生中有如來藏的意義說：

1.「一切眾生，貪欲恚癡諸煩惱中，有如來智、如來眼、如來身，結跏趺坐，儼然不動。」❹
　「如來知見、力、無所畏，大法寶藏，在其身內。」❹
　「佛藏在身，眾相具足。」❹

---

❸《如來藏經》，《大正藏》卷 16，頁 457 上～中。

❹同上，頁 457 中～下。

❹同上，頁 458 中。

❹同上，頁 459 上。

一方面，經中強調雖然在現實世界中，眾生身中充滿貪瞋癡等煩惱，但眾生身中的如來藏又同時具足如來智、如來身、知見、力、無所畏等無量清淨德性。

> 2.「一切眾生，雖在諸趣煩惱身中，有如來藏常無染污，德相備足，如我無異。」❷
>
> 「彼（眾生）如來藏清涼無熱，大智慧聚，妙寂泥洹，名為如來應供等正覺。」❸

另一方面，《如來藏經》也強調眾生如來藏所具的智慧德相，與佛無異，甚至把如來藏稱之為「妙寂泥洹」、「如來應供等正覺」。《寶性論》根據以上：1.眾生身中具佛德，2.其德相與佛無異的教義，引申說明如來藏有三義：一、法身遍滿，二、真如無別，三、佛種性實有❹。所謂「眾生身中具佛德」，乃是因為圓滿的佛德遍眾生的緣故。而眾生如來藏德相與佛無異，乃是因二者本性真如無差別，而生佛不二的形而上依據，即在於他們有共同的體性——佛種性。

　　《如來藏經》以簡潔、淺顯易懂的譬喻，表達單一的訊息——「一切眾生皆有如來藏」，開創了一個嶄新、能激發自信、自尊的法

---

❷同上，頁 457 下。

❸同上，頁 458 下。

❹《寶性論》，《大正藏》卷 31，頁 828 中。

門。它不作形而上的辯證，沒有認識論上的解說，有的是解脫論的保證。如《經》說：「如來以佛眼觀察……令彼有情欲瞋癡貪無明煩惱藏悉除遣放，而為說法。由聞法故，則正修行，即得清淨如來實體。」 ❹

　　這部如來藏法門的「小」經，在如來藏思想的發展、佛教的大眾化立下了大功，意義非凡！而如來藏說的理論化和系統化，則是其他如來藏學系經論的工作了。

（二）《不增不減經》

　　《不增不減經》是菩提流支於西元 525 年譯出，亦是一部簡短的經典。雖然如此，《寶性論》引用此經有九次之多，可見它是如來藏說的重要典籍。如其經名所示，本經的主題在於表顯眾生界的（在聖）不增（在凡）不減，並把眾生界與法界等同化。《經》言：

　　　不離眾生界有法身，不離法身有眾生界。眾生界即法身，法身
　　　即眾生界。舍利弗，此二法者義一名異。 ❹

經中更進一步說：

　　　甚深義者，即是第一義諦。第一義諦者，即是眾生界。眾生界

---

❹《如來藏經》，《大正藏》卷 16，頁 461 下。
❹《不增不減經》，《大正藏》卷 16，頁 467 上。

者，即是如來藏。如來藏者，即是法身。❹

　　《如來藏經》只宣稱「一切眾生皆有如來藏」，但並未解釋如來藏的意義。《不增不減經》則直稱如來藏即第一義 (paramārtha-satya)，眾生界 (sattva-dhātu)，法身 (dharmadhātu)，四者異名同義，明顯地將人人易懂、通俗化、具體譬喻式的如來藏說，提升到理論化的層次。《經》中依眾生界從三方面解說如來藏的意義：

> 眾生界中示三種法，皆真實如不異不差。何謂三法？一者，如來藏本際相應體及清淨法；二者，如來藏本際不相應體及煩惱纏不清淨法；三者，如來藏未來際平等恆及有法。❹

第一義是說由於如來藏的本質，原來就與真如法界自體的清淨法「相應」，因此如來藏也是自性清淨，此即《勝鬘經》所說的「如來藏不空」義——一切眾生皆有如來智慧德相。第二義是說如來藏雖然被煩惱不清淨所纏，其本質上與煩惱是「不相應」的，所以《勝鬘經》說是「如來藏空」義。第三義指如來藏的平等、恆有法，不但真實普遍地存在，而且是「一切諸法根本、備一切法、具一切法，於世法中不離不脫真實一切法、住持一切、攝一切法」❹。因為如來藏

---

❹同上。
❹同上，頁 467 中。

為一切諸法之根本，而且能「住持」、「攝」一切法，故《勝鬘經》
稱它為生死依與涅槃依。總之，《不增不減經》從眾生界的在聖不增
在凡不減，使如來藏與法界、第一義諦等相關連，又依眾生界說如
來藏的三特性，強調心自性清淨 (cittaprakṛti-prabhasvaratā)、煩惱的
外爍性，和如來藏的能為一切染法和淨法的依持。這些是此經內容
的特色，很顯然地，已從素樸的如來藏的解脫論層次，提升到形而
上的層次來討論（當然，其最終意趣還是定在解脫）。經文雖然深睿，
文字卻很精簡。《寶性論》引用它的基本理論架構給予深入的發揮。

（三）《勝鬘經》

　　《寶性論》中引用《勝鬘經》達二十七次之多❺⓪，居各經論之
冠，可以想像其被依賴和重視的程度了。由於其內容包含如來藏、
一乘、法身等重要大乘教義，自古以來有許多註疏❺①，現代西方佛

---

❹⑨同上，頁 467 下。

❺⓪《勝鬘經》被引用的二十七次經文：〈一乘章〉八回，〈法身章〉三回，〈空
　義隱覆真實章〉三回，〈顛倒真實章〉三回，〈自性清淨章〉十回。參閱市川
　良哉，〈寶性論の引用經典〉，《印度學佛教學研究》卷 19–1，1970 年 10 月，
　頁 214。

❺①中國古德最重要的註疏有：慧遠的《勝鬘經義記》、窺基的《勝鬘經述記》、
　吉藏的《勝鬘寶窟》，日本有聖德太子的《勝鬘經義疏》，現代的有印順的
　《勝鬘經講記》。

學學者也有專門的研究❷。除了經中傳統的大乘教理是現代佛學學者的研究重點之外，此經主角勝鬘夫人的身分——在家女性菩薩——的象徵意義，也是學者們所重視和強調的。❸

　　《勝鬘經》是以勝鬘夫人發願「攝受正法」開始。所謂「攝受正法」即是對：1.正法的理解。2.正法的教示（演說）。3.正法的護持。至於什麼是「正法」、何人是「攝受正法者」，則是本經演繹的主題。換言之，《勝鬘經》從攝持「正法」出發，引申到二乘涅槃的不究竟，闡揚一乘而說到如來藏。如經說：「攝受正法者是摩訶衍（一乘）。」❹「阿羅漢辟支佛有餘過，非第一清淨，言得涅槃者，是佛方便。」❺二乘之「有餘過」，是因為他們為「無明住地」煩惱所覆障，故只能證得「有餘過解脫」、「有餘清淨」。但他們如能迴心向大乘，即可入佛乘。所以經說：「聲聞緣覺乘皆入大乘。大乘者即是佛乘，是故三乘即一乘。得一乘者，得阿耨多羅三藐三菩提。阿

❷Alex Wayman and Hideko Wayman, tr., *The Lion's Roar of Queen Śrīmālā: A Buddhist Scripture on the Tathāgatagarbha Theory*, New York: Columbia University Press, 1974; Dianna Paul, *The Buddhist Feminine Ideal Queen Śrīmālā and the Tathāgatagarbha Theory*, Missocula: Scholar Press, 1980.

❸參閱印順的《勝鬘經講記》，Dianna Paul, *The Buddhist Feminine Ideal Queen Śrīmālā*。

❹《勝鬘經》，《大正藏》卷12，頁219中。

❺同上，頁219下。

耨多羅三藐三菩提者，即是涅槃界。涅槃界者，即是如來法身。」 ⑤
總之，《勝鬘經》要強調的是正法＝大乘＝一乘（佛乘）＝如來藏。

《勝鬘經》說明如來藏的本質和意義，可分為下列幾個重點：

1.「如來藏者，是如來境界，非一切聲聞緣覺所知。」 ⑤

2.「如來法身不離煩惱藏名如來藏。」 ⑧也就是說眾生位中為
煩惱所纏的法身叫做如來。相反的，把依附在如來藏的煩惱去除，
就是果位的如來法身。

3.如來藏與煩惱之間是 「依存」，而非 「本具」 的關係，如
《經》 說：「有二種如來藏空智。世尊！空如來藏 (śūnya-
tathāgatagarbha)，若離、若脫、若異一切煩惱藏。世尊！不空如來藏
(aśūnya-tathāgatagarbha) ， 過於恆河沙不離、 不脫、 不異不思議佛
法。」 ⑨煩惱是客塵、外爍的，故稱「空（卻煩惱的）如來藏」，而
心性含攝無量功德，故曰「不空（清淨功德法的）如來藏」。

4.如來法身具常、樂、我、淨四波羅蜜，作是見者是名正見。

5.如來藏是生死和涅槃（有為法和無為法）的所依 (niśraya)、所
持 (adhara)、建立（基礎，pratiṣṭhā）。如來藏不但是生死和涅槃消極
性的依持，它還是眾生厭苦樂求涅槃的積極性動力。 ⑥

---

⑤同上，頁 220 下。

⑤同上，頁 221 中。

⑧同上，頁 221 下。

⑨同上。

6.如來藏是法界藏、法身藏、出世間上上藏 （出世間法藏，lokottaradharma-garbha）、自性清淨藏 (prākṛtipariśuddhadharmagarbha)。換言之，如來藏＝法界＝法身＝出世間法＝自性清淨法。

7.眾生為煩惱所染而自性仍清淨，自性清淨心仍有染污，這兩個屬於本體論的問題，《勝鬘經》認為難可了知，因為它是屬於不思議如來境界。佛弟子唯有 「隨信增上、依於明信隨順法智」，才是「入大乘道因」。對佛所說的如來藏義理要有信心，對自己具自性清淨也要有信心，這都是《勝鬘經》所強調的。

（四）《涅槃經》

以上是《寶性論》引用屬於如來藏思想主流的三個重要經典。另外，在《不增不減經》、《勝鬘經》不久之後成立的《大般涅槃經》也是重要的經據。《涅槃經》的如來藏思想基本上與前二經相似，而重點在於「如來常住」、「一切眾生悉有佛性」、法身四德等。不過，它也特別討論到一闡提 (icchantika) 是否成佛的問題，最後以靠佛菩薩的慈悲濟助，及需時長遠才能成佛，做為一闡提亦可成佛的最後定論。《涅槃經》對如來藏思想的最大貢獻在於以 「佛性」 (buddhadhātu) 解釋如來藏的本質。dhātu 通常翻譯成 「界」，有 「性」 義、「類」 義、「因」 義。buddha 與 dhātu 合成 「佛界」 或 「佛性」，意謂佛的體性。《涅槃經》中「佛性」取代了「如來藏」，成為「一切

---

❻如來藏染淨的依持說，可說是如來藏緣起論的根據。

眾生皆有佛性」，全面地將眾生與佛歸屬同「類」別，有相同的成「因」、體「性」，無異地使如來藏思想更趨成熟。《涅槃經》另一特色是「我」(ātman) 與如來藏的結合。如經說：「我者，即是如來藏義；一切眾生悉有佛性，即是我義。」❻❶如來藏、我、佛性變成異名同義詞了。不過，這個「我」並非婆羅門教的神我，因為「佛性者實非我也；為眾生故，說名為我」❻❷。真正的佛性是「第一義空」、「中道」。如《涅槃經》說：

> 佛性者名第一義空，第一義空名為智慧。所言空者，不見空與
> 不空。智者見空與不空、常與無常、苦之與樂、我與無我。空
> 者一切生死，不空者謂大涅槃，乃至無我者即生死。我者謂大
> 涅槃。見一切空，不見不空，不名中道。乃至見一切無我不見
> 我者，不名中道。中道者名為佛性。❻❸

引文中的「第一義空」的「空」，與「所言空者」的「空」，顯然所指不同。前者是真常系中與佛性同義的「空」，後者是指空宗的「空」。《涅槃經》批判空宗的「空」，「不」能同時具「見空與不

---

❻❶《大般涅槃經》卷 7，《大正藏》卷 12，頁 407 中。

❻❷《大般涅槃經》卷 27，《大正藏》卷 12，頁 525 上。

❻❸同上，頁 523 中。印順和牟宗三對此段經文都有所解釋。參閱印順，《如來藏之研究》，頁 259；牟宗三，《佛性與般若》，學生書局，頁 197～200。

空」。因為它強調空性是「絕無戲論的無諍論處」，不但不空不可得，空亦不可得。智者（當然是指真常論者）能見空（一切煩惱生死）和不空（大涅槃）。如果只見一切空而不見不空，就不能叫做中道，而佛性名為中道，因為它能見空與不空、常與無常、我與無我等，所以佛性才能稱之為第一義空。《涅槃經》中道佛性的最大意義，在於可說佛性有、無、亦有亦無、非有非無。一方面，為對治斷滅見，可說有佛性，另一方面，為對治我的常見，亦可說無。如經言：

> 若有人言：一切眾生定有佛性，常樂我淨，不作不生，煩惱因緣故不可見，當知是人謗佛法僧。若有說言：一切眾生都無佛性，猶如兔角，從方便生，本無今有，已有還無，當知是人謗佛法僧。若有說言：眾生佛性，非有如虛空，非無如兔角，……是故得言亦有亦無。有故破兔角，無故破虛空，如是說者，不謗三寶。❻❹

總之，《涅槃經》的佛性論沿襲如來藏說傳統的有性論，卻也同時儘量淡化了神我色彩，免於落入有我的謬見。

（五）《大乘莊嚴經論》

《大乘莊嚴經論》(*Mahāyāna-sūtrālaṃkāra*) 是《寶性論》引用

---

❻❹《大般涅槃經》卷36，《大正藏》卷12，頁580下。

的二部屬瑜伽論中之一。論典引用少的原因，一來是有關如來藏說的論典寥寥無幾 ❻，二來在《寶性論》成立之前，含有如來藏說的中觀、瑜伽學派論著也不多。《莊嚴經論》的作者傳說為彌勒造，世親釋；亦有傳說是無著造。無論是彌勒或無著造，本論屬瑜伽系殆無疑問。此論共有二十一卷，主題在於從瑜伽觀點闡釋大乘菩薩道。

《寶性論》引用《莊嚴經論》的地方全出自卷十〈菩提品〉。如：

1.《寶性論》：「如清淨真空，得第一無我；諸佛得淨體，是名得大身。」 ❻

《莊嚴經論》：「清淨空無我，佛說第一我；諸佛我淨故，是故名大我。」 ❻

2.《寶性論》：「如空遍一切，而空無分別，自性無垢心，亦遍無分別。」 ❻

---

❻瑜伽學派經少論多，而如來藏學說則大多以經典形式出現，此經多論少的情況，反映出如來藏學系的師資傳承不顯，這也就是有人認為印度大乘佛教僅有中觀和瑜伽，如來藏學系不曾存在過的原因。

❻《寶性論》卷 3，《大正藏》卷 31，頁 829 下。

❻《大乘莊嚴經論》卷 3，《大正藏》卷 31，頁 603 下。此偈的文字和意義與《寶性論》所說偈一致。不過，梵文本的《寶性論》沒有此偈，故兩偈是由中譯本相比較得知。此偈《莊嚴經論》的梵文如下：Śūnyatāyāṃviśuddhāyāṃ nairātmyān mārgalābhataḥ/buddhāḥ śuddhatmalābhitvād gatā ātmamahātmatām//

❻《寶性論》卷 3，《大正藏》卷 31，頁 832 中。梵文原文如下：Sarvatrānugataṃ yadvan nirvikalpātmakaṃ nabhaḥ/citta-prakṛti-vaimalya-dhātuḥ

　　《莊嚴經論》：「如空遍一切，佛亦遍一切，虛空遍諸色，諸佛遍眾生。」⑥⑨

　　《寶性論》引第一偈說明如來清淨自在，故可以名之為「大身」（大我），但是不可因此言有類似神我的存在，因為法身無我相無法相，也不可言無，因為法身有真如我體⑦⑩。第二偈《寶性論》引用以說明如來藏十義中的「遍一切處」。除了直接引句或類似文句之外，《寶性論》也有與《莊嚴經論》相同的論法和法義⑦⑪，雖然如此，兩論基本上還是站在各自的立場來論說如來藏。例如「轉依」一詞在二論中意義即有不同⑦⑫。轉依之梵文是 āśrayaparāvṛtti，或 āśrayaparivṛtti。傳統瑜伽學派的轉依 (āśrayaparāvṛtti) 意指無漏法界 (anā-sravadhātu)，而 āśraya（依）指阿賴耶識 (ālayavijñāna)。《寶性論》中的轉依 (āśrayapārivṛtti) 是用於描述法界或菩提，āśraya 則是指如來藏或種性 (gotra)。雖然瑜伽和真常系的轉依最後指向真如實相，但是所轉的「依」(āśraya) 卻很不同。瑜伽學系的轉依是要阿賴耶識轉染成淨，做本質上的徹底改變，所謂的轉識成智，而真常系的轉依只要把依附在本淨的如來藏上的染污煩惱「滅去」(abstration) 即

---

sarvatragus tathā//

⑥⑨《大乘莊嚴經論》卷 3，《大正藏》卷 31，頁 603 上。

⑦⑩《寶性論》卷 3，《大正藏》卷 31，頁 803 上。

⑦⑪印順，《如來藏之研究》，頁 160～162。

⑦⑫高崎直道，*Study*, pp. 41～54。

可❼，如來藏本身無須轉變。

（六）與《寶性論》同時或晚出的有關如來藏思想的經論

印度佛教經論中屬於如來藏思想，有一些未曾被《寶性論》引用過。其中較重要的有：1.《大乘法界無差別論》(*Mahāyā-na-dharmadhatvaiśeśa-śāstra*)，2.《無上依經》(*Anuttarāśraya-sūtra*)，3.《楞伽經》(*Laṅkāvatārasūtra*)，4.《佛性論》(*Buddhagotra-śāstra*)，5.《大乘起信論》(*Mahāyānaśraddotpāda-śāstra*)。其中除《楞伽經》之外，皆只有中譯本。

《法界無差別論》乃堅慧造，唐提雲般若譯。其內容與《寶性論》相近，主題是「菩提心」(bodhicitta)。它以十二義說明菩提心：⑴果，⑵因，⑶自性，⑷異名，⑸無差別，⑹分住，⑺無染，⑻常恆，⑼相應，⑽不作義利，⑾作義利，⑿一性。❼此十二義與《寶性論》的如來藏十義相類似。例如：依染淨之不同，二論都舉眾生、菩薩、佛三種不同「分位」（《寶性論》作「時差別」）。

《法界無差別論》：「不淨眾生界，染中淨菩薩，最極清淨者，是說為如來。」

---

❼Gadjin M. Nagao, "*What Remain in Śūnyatā: A Yogācāra Interpretation of Emptiness*," in Minoru Kiyota, ed., *Mahāyāna Buddhist Meditation*, pp. 66～82.
❼《大乘法界無差別論疏》，《大正藏》卷31，頁892上。

《寶性論》:「有不淨雜淨,及以善淨時,如是次第說,眾生菩薩佛。」

在講到菩提「因」時,《法界無差別論》說:

信為其種子,般若為其母,三昧為胎藏,大悲乳養人。❼❺

《寶性論》也說:

自性常不染,如實空淨水,信法及般若,三昧大悲等。❼❻

再者,二論提到「果」義時,均舉「常樂我淨」為涅槃果,即「諸佛所有轉依相不思議法身」。《法界無差別論》的「一性」義,與《寶性論》的「無差別」義,將「菩提心」(如來藏)與法身、如來、聖諦第一義、涅槃四者「無差別」地視同「一性」。從二論相對照,可看出二者的法義和論法相似。《法界無差別論》可說是《寶性論》的部分節本。因為二論關係如此密切,而《法界無差別論》是堅慧所造,這可做為《寶性論》作者亦是堅慧的一個佐證。

　　《無上依經》 是部帶有論典形式的經典。 梁真諦 (Paramartha)

---

❼❺同上,頁 892 中。

❼❻《寶性論》卷 3,《大正藏》卷 31,頁 828 上。

譯，共有二卷、七品： 1. 〈校量功德品〉、 2. 〈如來界品〉、 3. 〈菩
提品〉、 4. 〈如來功德品〉、 5. 〈如來事品〉、 6. 〈讚嘆品〉、 7. 〈囑
累品〉。第一〈校量功德品〉本是一部獨立之經典，在中文、藏文都
有譯本❼。中文的同本異譯是玄奘譯的《甚希有經》(Adbhutasūtra)。
它的立題在於讚嘆建如來舍利寶塔 (stupa) 的不可思議功德。如來藏
思想與舍利塔崇拜之互相關連並非偶然。大乘佛教之興起與舍利崇
拜關係密切❼。佛教徒憶念佛陀功德自然亦讚嘆崇拜代表佛功德的
舍利。如來舍利又叫做「如來界」(Tathāgatadhātu)。而代表一乘
(ekayāna) 思想的如來藏，亦名「如來界」。所以讚嘆如來舍利（界），
亦就是稱嘆如來藏。經中在回答「何者是如來界？云何如來為界不
可思議」時就說：「一切眾生有陰入界，勝相種類內外所現。無始時
節相續流來，法爾所得，至明妙善⋯⋯眾生界自清淨，客塵之所污
濁，諸佛如來作是思惟，客塵煩惱不入眾生清淨界中，煩惱垢為外
障覆。」❼可見《無上依經》是從如來舍利的崇拜切入如來界、眾
生界的不二，接著再從菩提、如來功德、如來事業等方面解說如來
界（藏）的意義。

---

❼藏文本是德格版 (Tohoku) 的 No. 319。

❼A. Hirakawa, "The Rise of Mahāyāna Buddhism and Its Relationship to the
Worship of *Stupa*," *Memoria of the Research Department of the Togo Bunko*, 22,
1963, pp. 57～106.

❼《無上依經》卷上，《大正藏》卷 16，頁 469 中。

　　《無上依經》的第二至第五品——〈如來界品〉、〈菩提品〉、〈如
來功德品〉、〈如來事品〉，與《寶性論》的四法——「佛性」、「佛菩
提」、「佛功德」、「佛業」正好相吻合，但內容稍有出入。〈菩提品〉
的十義，即是《寶性論》的如來藏十義和菩提八義的綜合。試將同為
堅慧造的《寶性論》、《法界無差別論》與《無上依經》對照如下❽：

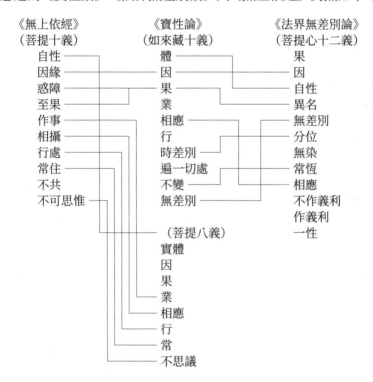

《無上依經》中〈菩提品〉的自性義，大致與《寶性論》的菩提「實
相」 義相似， 不過， 值得注意的是 《無上依經》 根據轉依

❽中村瑞隆，《梵漢對照究竟一乘寶性論研究》，頁51。

(āśrayaparivṛtti) 解說菩提自性❽，這是《寶性論》所沒有的。關於「如來功德」，《無上依經》說百八十種功德，而《寶性論》則舉六十四種功德。關於「如來事業」，《寶性論》依《智光明莊嚴經》(Jñānālokālaṅkārā-sūtra) 的九種譬喻❽，強調如來不生不滅，從事「無功用」、「不休息」的利益眾生事業，《無上依經》則舉十八種佛事業。

無疑地，《無上依經》是闡釋如來藏思想的論典式經典。它與《寶性論》的關係，學者們幾乎都認為《無上依經》是依《寶性論》的內容和架構而造❽。除了上述二者相同的內容之外，高崎直道另舉兩個理由證明《無上依經》仿《寶性論》而造。第一，《無上依經》有許多經文，事實上是出自《寶性論》裡引用其他經典的經文。高崎指出十七處之多。第二，《寶性論》廣引各經論，卻不曾引用《無上依經》，唯有《佛性論》引用過《無上依經》。由以上的推斷，

---

❽轉依法有四種相：⑴生緣起，⑵滅盡緣，⑶正熟思量所知法果，⑷最清淨法體。（《無上依經》，《大正藏》卷 16，頁 471 下）皆出《瑜伽師地論》、《顯揚聖教論》。（參閱印順，《如來藏之研究》，頁 155）。

❽九喻是：⑴帝釋影像喻佛身的示現，⑵天鼓喻佛口說法，⑶雲雨喻佛心的遍至，⑷梵天喻化身之變現，⑸日喻佛智遍照，⑹如意珠喻意密，⑺響喻口密，⑻虛空喻身密，⑼地喻佛地。

❽持此看法的學者包括：⑴高崎直道，Study, pp. 49～53。⑵中村瑞隆，《寶性論研究》，頁 50～53。⑶印順，《如來藏之研究》，頁 155。

《無上依經》可能成立於《寶性論》之後，《佛性論》之前。

《佛性論》(*Buddhagotra-śāstra*) 被中國佛教認為是如來藏思想權威代表典籍之一，世親造，真諦譯❽。只有漢譯本，梵藏均缺。其思想與《寶性論》有密切關係，不過其最大的特色是融合了如來藏說與瑜伽學說，屬於後期如來藏學。《佛性論》共分四分：「緣起分」、「破執分」、「顯體分」、「辯相分」。其中「顯體分」以「三因」詮釋佛性的體性，以瑜伽「三自性」融合如來藏說，再以「三義」解說如來藏。「三因」是：

> 三因者： 1.應得因， 2.加行因， 3.圓滿因。應得因者，二空所顯真如；由此空故，應得菩提心及加行等，乃至道後法身，故稱應得。加行因者，謂菩提心；由此心故，能得三十七品、十地、十波羅蜜助道之法，乃至道後法身，是名加行因。圓滿因者，即是加行；由加行故，得因圓滿及果圓滿。❽

「應得因」以無為的真如為體，「加行因」、「圓滿因」以有為的願行為體。「應得因」中具有三性：1.住自性性（凡夫位），2.引出性（有學位）， 3.至得性（無學位）。如來藏系經論中，沒有像《佛性論》的三因說，它主要是參照《瑜伽師地論》中「菩薩地」的三持說而

❽《佛性論》傳說為世親菩薩造頗有爭議。許多學者認為真諦才是真正作者。
❽《佛性論》卷 2，《大正藏》卷 31，頁 794 上。

來 ❻。另外，「三性品」中廣明三自性、三無性的意義，這也是《寶性論》不曾提到的瑜伽教義。

「顯體分」中的「如來藏品」以三義說明如來藏的意義與《寶性論》的如來三義有相通地方。 1. 「所攝藏」，因為「一切眾生悉在如來智內，故名為藏」，也就是「佛果能攝藏一切眾生，故說眾生為如來藏」，這就是《寶性論》所說的「法身遍滿」義。 2. 「能攝藏」，意謂「果地一切過恆沙數功德，住如來應得性時，攝之已盡」。這與《寶性論》的「眾生有如來種性」義合。也就是說在眾生因位時，已具攝「果地一切恆沙數功德」，與佛種性無異。 3. 「隱覆藏」者指「如來性住道前時，為煩惱隱覆，眾生不見，故名為覆」 ❼，煩惱覆蓋如來性的「隱覆藏」義，與《寶性論》的「真如無差別」義有所不同。《佛性論》是比照阿賴耶識的三義來定義如來藏。瑜伽學系認為阿賴耶識具有「能藏」、「所藏」、「執藏」三義。「執藏」謂執持自我，屬煩惱性，所以隱覆藏和執藏涵義相同。由此可見二論著重之不同。《寶性論》完全從真常清淨法界或菩提的觀點論如來藏，《佛性論》則從瑜伽學眾生界的觀點兼及如來藏的染污面。雖然如此，二者之基本論點還是一致的。

《楞伽經》(Laṅkāvatārasūtra) 是另一部與如來藏思想有關的經典，求那跋陀羅 (Guṇabhadra) 於宋元嘉年間（約 433 年）翻譯。《寶

---

❻印順，《如來藏之研究》，頁 209。

❼《佛性論》卷 2，《大正藏》卷 31，頁 795 下～796 上。

性論》和無著、世親的論書中均不曾引用。由此可推論《寶性論》
必定早於《楞伽經》成立。《楞伽經》將如來藏與阿賴耶識完全會通
起來。例如《經》說：

> 善不善者，謂八識。何等為八？謂如來藏名識藏心、意、意識，
> 及五識身。❽❽
>
> 此如來藏識藏，一切聲聞、緣覺心想所見，雖自性清淨，客塵
> 所覆，故猶見不淨。❽❾

《楞伽經》結合了代表清淨的如來藏，和代表染污的阿賴耶識成為
「如來藏識藏」的最大意義，在於試圖解決《勝鬘經》所沒有回答
的問題：「自性清淨心而有染者，難可了知！」❾⓪如來藏說強調自性
清淨，無明煩惱從何而生不易解說。另一方面，阿賴耶種子識為依，
強調染污，轉雜染為清淨的本然性亦難解說。《楞伽經》融攝種子與
真如於同一「藏識」，即是為解決由染轉淨，淨中有染的理論困難。
《大乘起信論》的「一心開二門」之意義亦由此可見。《楞伽經》與
《大乘起信論》是如來藏說更進一步的發展。

---

❽❽《楞伽阿跋多羅寶經》卷 4，《大正藏》卷 16，頁 512 中。

❽❾同上，頁 510 下。

❾⓪《勝鬘夫人經》，《大正藏》卷 12，頁 824 下。

三、《寶性論》的如來藏義

　　《寶性論》是將如來藏思想系統化最重要的論典❾。雖然論中引用大量的經論，還是有其義理特點。以下列舉數點詳加探討。

（一）一切眾生皆有如來藏

　　《寶性論》一開始即讚嘆三寶，如其論名所示，特別重視三「寶性」，而三寶是依法身而生，如論中偈說：

> 真如有雜垢，及遠離諸垢，佛無量功德，及佛所作業，如是妙境界，是諸佛所知，依此妙法身，出生於三寶。❾

真如法身的妙境界不可思議，「唯佛所知」，但為了眾生，三寶依法身而生。依《寶性論》的說法，三寶無非是眾生的菩提因，而菩提因的依據則建立在「一切眾生有如來藏」(sarvās tathāgatagarbhāḥ) 的先決基礎上。為什麼說「一切眾生有如來藏」？其意義為何？它的佛法理論依據何在？《寶性論》從三個層面回答這些如來藏的基本問題。如「論本偈」說：

---

❾《佛性論》雖也是如來藏思想系統化的要典，但是其如來藏說已與瑜伽學說會通。

❾《寶性論》卷 1，《大正藏》卷 31，頁 813 下。

佛法身遍滿，真如無差別，皆實有佛性，是故說常有。❸

「釋論」解釋說：

有三種義，是故如來說一切時，一切眾生有如來藏。何等為三？一者如來法身遍在一切諸眾生身❹。偈言佛法身遍滿。二者如來真如無差別❺。偈言真如無差別故。三者一切眾生皆悉實有真如佛性❻。偈言皆實有佛性故。❼

以上兩偈及註解點出了如來藏學的三大要素：法身 (dharma-kāya)、真如 (tathā) 和（佛）種性 (gotra)。從此三者與眾生的密切關係來證成「一切眾生有如來藏」：1.法身：佛的法身遍滿一切眾生身中，2.真如：眾生與佛的真如無差別，3.佛種性：一切眾生具有。

1.法身遍滿義

法身是真理 (truth)、實在 (reality)、圓滿的佛果 (nirvāṇa)。其本質上含有智慧、慈悲、力等特性，自然地遍滿一切。所以「眾生界

---

❸同上，頁 828 上。

❹sarvasattveṣu tathāgata-dharmakāya-parispharaṇārthena.

❺tathāgata-tathatā-vyatirekārthena.

❻tathāgata-gotra-saṃbhavārthena.

❼《寶性論》卷 1，《大正藏》卷 31，頁 828 中。

中無有一眾生離如來法身在法身外、離於如來智在如來智外，如種
種色像不離虛空中」❾❽。即如《論》中偈所說：

> 譬如諸色像，不離於虛空，如是眾生身，不離諸佛智。以如是
> 義故，說一切眾生，皆有如來藏，如虛空中色。❾❾

換言之，由於在法身（如來智，Buddhajñāna）的遍照之下，「一切眾
生入於佛智」(buddhajñāratargarmat sattvaraseḥ)，在這個意義之下，
說「一切眾生有如來藏」。如《楞伽經》說：「如來藏自性清淨，轉
三十二相，入於一切眾生身中。」❿

　　從法身的遍滿、佛智的不離或入眾生身的事實，可以說一切眾
生有如來藏，但是「法身遍滿眾生」，「佛智不離眾生身」意義又是
什麼？這可以有不同的詮釋。有一種詮釋是：由於法身（智）遍滿
（或入）眾生身中，眾生自然地具足如來法身、佛智。如《華嚴經》
說的：「如來智慧無處不在……無相智慧、無礙智慧，具足在於眾生
身中。……如來智慧在其身中，與佛無異。」⓫這樣的解釋與傳統
如來藏說一致，但是這多少含有一元論、神我 (ātman) 的傾向。有人

---

❾❽《寶性論》卷 4，《大正藏》卷 31，頁 838 下。

❾❾同上。

❿《楞伽阿跋多羅寶經》卷 2，《大正藏》卷 16，頁 489 中。

⓫《大方廣佛華嚴經》卷 35，《大正藏》卷 9，頁 623 下～624 上。

因此作另一種詮釋，例如西藏 Rangtongpas 的 Gyaltsab 則認為所謂如來「法身遍滿」（遍照）眾生，就像佛業的遍及眾生，眾生可蒙受法身遍滿的薰陶和影響或佛業的利益 ，但這不意味眾生就自然具足如來智或佛業❷，而「與佛無異」。

西藏佛教有二個立場不同的詮釋經論的學派：自空派 (Rangtongpas) 和他空派 (Shentongpas)。 自空派主張諸法自性空 (Rangtong)，例如，格魯派就是主張從自性空的立場去瞭解和詮釋佛典。他們認為自性空是屬於「二轉法輪」(Second Dharmacakra) 的了義說。Rangtong 的意思是「自性空」(self-emptiness)，如經典所說的「一切法空」。 一切法由於緣起的組合 ，沒有永恆不變的自體 (Essence)，故說自性空，以自性空立場詮釋如來藏思想的學者，包括十三、四世紀的 Ngog、十四、五世紀薩迦派的 Rongton、十五世紀格魯派的 Gyaltsab。

Shentong 的意思是「他性空」(Emptiness of Other)。Shentong 指的不是一切法，而是實相 (Utlimate Reality)❸，因為它雖「真（他）空」，卻「妙有」的存在著。換言之，他空派雖也說空，可是所指的是「他空」，而非「自空」。「他空」是指實相、真如之外，其他染污法是空無的，而不是「自」身清淨法的「空」。他空派認為他性空屬於「三轉法輪」 (Third Dharmacakra) 的了義說❹。 其代表人物包括

❷Hookham, *The Buddha Within*, pp. 13～18, 317～323.
❸真如、涅槃、法身等都是它的異名。

Dolpopa、Rangjung Dorje、Mikyo Dorje 等。

　　自空派從「二轉法輪」的立場闡釋如來藏思想，雖然可以淡化神我色彩，但是卻與如來藏學系的本意不同，如來藏學要強調的特點就是肯定眾生具如來稱性功德。《寶性論》廣引各經論，就是要強調這一點。如它引《華嚴經》說：「一切眾生界中終無有一眾生身中而不具足如來功德及智慧者，但眾生顛倒，不知如來智遠離顛倒，起一切智、無師智、無礙智。」 ⑩ 總之，由於如來法身與凡夫眾生的本質無異，從如來位論眾生，故說一切眾生有如來藏。

2. 真如無差別義

　　真如有二種，如「論本偈」說：「真如有雜垢，及遠離諸垢。」即所謂「有垢真如」(samala tathatā) 和「無垢真如」(nirmala tathatā)。眾生處煩惱中，真如佛性未離諸煩惱所纏，故眾生位的真如叫「有垢真如」，亦即如來藏。當「如來藏轉身到佛地得證法身，名如來法身」。因為諸佛清淨無染，遠離塵垢，故佛果位的真如叫做「無垢真

---

⑩ 西藏佛教中幾乎所有早期中觀學派都認為「二轉法輪」的自性空是最究竟了義說，故他們亦可稱為自空派，只有十四世紀後的一些宗師如 Rangjung Dorje, Dolpopa, Long Chenpa 等，才主張「三轉法輪」才是了義說。根據傳統說法，「一轉法輪」佛陀針對聲聞眾教示四聖諦、無常、無我等教義。「二轉法輪」針對大乘信者教一切法空的道理。「三轉法輪」教示真如有不可分、無限的佛德。

⑩《寶性論》卷 2，《大正藏》卷 31，頁 827 中。

如」。二種真如的「相」雖不同,「性體」是無差別的,就像糞穢中的真金一樣。如《論》說:

> 以性不改變,體本來清淨,如真金不變,故說真如喻。
>
> 一切諸眾生,平等如來藏,真如清淨法,名為如來藏。依如是義故,說一切眾生,皆有如來藏,應當如是知。⑩

如來藏學說中最基本的一個教示,就是眾生如來藏染而不染。許多如來藏系經論一再強調這個觀念。《如來藏經》說:

> 我以佛眼,觀一切眾生,貪欲恚癡諸煩惱中,有如來智、如來眼、如來身,結跏趺坐儼然不動。
>
> 一切眾生,雖在諸趣煩惱身中,有如來藏常無染污,德相備足,與我無異。⑩

儘管煩惱在外相上污染清淨心,但是清淨心的自性不為所染,這是常恆不變的真理,所以說「此法性法體性自性常住,如來出世若不出世,自性清淨本來常住,一切眾生有如來藏。」⑩總之,因為眾

---

⑩同上,頁 838 下。

⑩《如來藏經》,《大正藏》卷 16,頁 457 中〜下。

⑩同上。或見《寶性論》卷 4,《大正藏》卷 31,頁 839 中。《寶性論》引用的

生的有垢真如與如來的離垢真如在本質上無差別，所以說一切眾生有如來藏。

3.實有佛性義

「實有佛性義」的梵文是 bauddhe gotre tatphalasyo-pacārat。中譯「論本偈」解釋「實有佛性義」時說：「依一切諸佛，平等法性身，知一切眾生，皆有如來藏。」中譯的「依一切諸佛，平等法性身」，梵文沒有相當的字句❿。對照梵文本，「實有佛性」義的「佛性」，其原文是 Buddhagotra，指的是佛的種性 (gotra)，而不是佛體性 (buddhatva)。

種性 (gotra) 是佛典中常出現的名詞，有多種涵義。它最原始的用法，是指從古到今存在於印度社會的種性制度，用以區分階級類別的，如婆羅門種性、剎帝利種性、吠舍種性等，其歸屬是以血統來決定。佛典中用的種性亦含有種類或類別（Class 或 Category）的意思，但並非以血統或外在社會階級為區分，而是指內在精神、智慧、心靈領域的不同。最顯著的例子是瑜伽學系主張的聲聞、緣覺、菩薩、無性、不定等五種眾生。由於他們種性的不同，其精神心靈的發展也就不一樣。此意義下的種性象徵族性 (gotra=kūla)、脈傳

梵文如下：esā kula-putra dharmānāṃ dharmatā utpādād vā tathāgatānāṃ anutpādād vā sadaivaite sattvās tathāgatagarbhāḥ (Johnston, *The Ratnagotra-vibhāga Mahāyānottaratantraśāstra*, p. 73)。

❿高崎直道，*Study*, p. 197。

(gotra=vaṃsa)、和種因 (gotra=bīja)❿。例如《華嚴經》的〈十住品〉說：「菩薩種性，甚深廣大，與法界虛空等，一切菩薩從三世諸種性中生。」❶大乘的族脈 (Lineage) 是由諸佛與佛弟子世世相承。一方面佛弟子（菩薩）須具有「佛家族」的種性，另一方面諸佛種性也是個成佛的「生因」。

《寶性論》中提到的種性，亦含多義。「論本偈」在解釋「實有佛（種）性義」時說：

佛性有二種，一者如地藏，二者如樹果，無始世界來，
自性清淨心，修行無上道，依二種佛性，得出三種身。
依初譬喻故，知有初法身，依第二譬喻，知有二佛身，
真佛法身淨，猶如真金像，以性不改變，攝功德實體，
證大法王位，如轉輪聖王，依止鏡像體，有化佛像現。⓬

上引偈中明言佛種性有二種象徵性的意義：一者如地藏，二者如樹果。這是《寶性論》引《如來藏經》的九喻來譬喻如來藏三義。

❿D. Seyford Ruegg, "The Meaning of the Term *Gotra* and the Textual History of the *Ratnagotravibhāga*," *Bulletin of School of Oriental and African Studies*, 1976, pp. 341～344.

❶《大方廣佛華嚴經》卷 8，《大正藏》卷 9，頁 444 下。

⓬《寶性論》卷 4，《大正藏》卷 31，頁 839 中。

《論》說：「法身及真如，如來性實體，三種及一種，五種喻示現。」⑬這是指譬喻「法身」者有三喻：佛、蜂蜜、堅實。譬喻「真如」有一喻：糞穢的真金。譬喻「如來（種）性」的有五喻：地（中寶）喻、果樹（芽）、（弊衣裏）金像、（貧女懷妊）輪王、（鑄模中）寶像。由此五喻可看出種性含有「族脈相傳」、「礦藏」（Mine 或 Matrix，由此探出寶物）、「種因」(bīja) 的意義。《論》解釋說：「以五種喻能作三種佛法身因，以是義故說如來性因。此何義？此中明性義以為因義。」⑭《寶性論》更舉《大乘阿毘達磨經》(Mahā-yāna-abhidharma sūtra) 的一偈作為經證：⑮

　　無始世來性，作諸法依止，依性有諸道，及證涅槃果。⑯

此偈明白顯示佛種性為諸法的「因」。

⑬同上，頁 838 中。

⑭此句的如來「性」用的是 dhātu。atas tat-prāptrye hetus tathāgata-dhātur iti hetv-artho-tra dhātv-arthaḥ 在《寶性論》中，garbha, gotra, dhātu 為同義均有「因」義。

⑮《寶性論》卷 4，《大正藏》卷 31，頁 839 上。

⑯此偈引自《大乘阿毘達磨經》。此經已佚失，無法得知其梵文原文。不過，此偈曾被世親的《釋攝大乘論》，和堅慧的《唯識三十頌釋》所引用。其「無始世來性」的「性」原文是 dhātu（界）。此處「性」和「界」通用以示「因」義。

五喻各自的象徵意義如下：

第五地 （中寶） 藏喻：指偈中所說的 「自性清淨心」
(prakṛtiṣṭha)。地中寶藏雖埋於地中無始來的寶性不變，就像眾生的
自性清淨。心雖覆蓋在煩惱中，亦是無始中自然清淨。這就是如《佛
性論》所說的「住自性住」(prakṛtiṣṭha-gotra)。

第六果樹（中芽）喻：指偈中所說的「修行無上道」，果樹中的
芽雖隱含有成長為果樹的屬性，它還是須經過生長的階段，就像眾
生種性含有「無上道」的因素，還是須經過「修行」的階段。此所
謂「修行無上道」的「習種性」(samu-dānīta-gotra) 相當於《佛性論》
所說的「引出性佛性」。

第七弊衣裏金像喻：此喻由種性出生佛法身 (Dharmakā-ya)，因
為「真佛法身淨，猶如真金像，以性不改變，攝功德實體。」 ❼此
喻的金像和第五喻的地中寶藏一樣，雖都為染污所覆，淨性不改變。

第八貧女懷輪王喻：此喻由種性出生報身 (Saṃbhogak-āya)。如
偈言「證大法王位，如轉輪聖王」。眾生如貧女懷妊生王子，亦懷佛
種性，終將「證大法王位」，具足福德智慧，證得報身。

第九鑄模內金像喻：此喻由種性出生化身 (nirmāṇakāya)。如偈
說「依止鏡像體，有化佛像現」。金像譬喻由種性出生的化身。金像
的形狀和大小隨鑄模而成，同樣的，佛化身亦隨眾生的需要而變現。

總而言之，種性有三種字義：1.族脈 (Lineage 或 Family)。 2.種

❼同❶。

因 (Seed 或 Germ)。 3.藏 (Mine 或 Matrix)。《寶性論》所引用的五喻似乎也都涵蓋這三個意義。如貧女懷輪王喻的種性有「族脈」義，果樹芽喻的種性有「種因」義。其他三喻則有「藏」義。因種性含多義，而《寶性論》也引不同的比喻來說明種性，卻也引起如來藏思想上一個重要的爭議，即佛種性（或如來藏）是本有或始有。《寶性論》說「佛性有二種，一者如地藏，二者如樹果」。前者喻「住自性性」的自性清淨心體（本有）。後者喻「引出性」的「修行無上道」歷程（始有），這是說果芽雖有可能成長果樹，它必須經過成長過程，所以並非必然的。依佛性本有說，眾生本自覺悟，不假造作，終必成佛，因此成佛有其先天的必然性，然而佛性本有說易落入一元化的有我論。相反的，依佛性始有說，則眾生覺性，待緣始起，修行證悟，當來作佛。如此雖可避免有我論的色彩，但也失去成佛先天的必然性。 由於印度佛教如來藏學經論對於如來藏本體的定位問題沒有明確的定論，留給中國佛教「百家各鳴」的佛性說。 ⓲

　　眾生皆有如來藏是如來藏經論共同的主題，各用不同的內容加以闡釋。《寶性論》以「法身」、「真如」、「種性」三層面說明之。總括言之，法身遍滿義，是從果位而言：佛→眾生。佛種性義，是從因位而言：眾生→佛。真如無差別，是約眾生與佛無差別說：眾生＝佛。總之，無論從哪個層面而言，眾生皆有成佛的因性，而這個因性在因位上就叫做如來藏，結論當然是「一切眾生皆有如來藏」。

⓲賴永海，《中國佛性論》，上海人民出版社，1988 年，頁 89～97。

（二）自性清淨心與煩惱

在探討人性的本質上，如來藏學說將人性認定在清淨上，而且是本淨的。「自性清淨心」自然成為如來藏說的根本教義。在現實世界中，眾生並未全然表現本性的清淨面，因此「心性本淨，客塵所染」變成眾生最佳寫照。理論上，自性清淨心意義為何？與煩惱的關係如何？如何去染顯淨等等問題，都是如來藏系經論需要闡釋的課題。

自性清淨心並非大乘或如來藏說的專有用語。其淵源可溯自《阿含經》。例如《增支部》說：

1. 比丘眾，此心極光淨，而客隨煩惱雜染，無聞異生不如實解，我說無聞異生無修心故。
2. 比丘眾，此心極光淨，而客隨煩惱解脫，有聞聖弟子能如實解，我說有聞聖弟子有修心故。⑲

---

⑲印順，《如來藏之研究》，頁 69。原文如下： 1. Pabhassaram idaṃ, bhikkhave, cittaṃ, tañ ca kho āgantukehi upakkiliṭṭam taṃ assutavā puthujjano yathābhūtaṃ nappajānāti Tasmā assutavato puthujjana-ssa cittabhavanā natthi ti vadāmi ti Pabhassaram idam, bhikkhave, cittam, tan ca kho agantukehi upakkilesehi. 2. Vippamuttam taṃ sutavā ariyasavako yathabhūtaṃ pajānāti. Tasmā sutavato ariyasā vakassa cittabhāvanā atthi ti vadāmi ti. （引自 *Anguttaranikaya*, VI, 1～

以上兩段經文比照了「無聞異生」及「有聞聖弟子」的心都是極光淨，但前者卻「隨煩惱雜染」，而後者能「隨煩惱解脫」，其原因可列示如下❿：

心明淨 ┬→ 凡夫：煩惱所染（不如實解←無修心←無聞）
　　　　└→ 聖人：煩惱所染（如實解←有修心←有聞）

《阿含經》的心性說要點是：1.心是極光淨 (pabhassara)，2.是受隨煩惱 (upa-kleśa) 所染的，3.隨煩惱和心清淨的關係是客塵 (āgantuka) 的，4.去除煩惱的方式是聞、修、解。由上可見，雖然《阿含經》中的「自性清淨心」意指「自性」(prakṛti) 清淨，表現其主體性（與煩惱的客體性相對），但它還是屬於較靜態 (Static) 的存在，不像後期如來藏系的「自性清淨心」（如來藏）屬於動態 (Dynamic)。換言之，《阿含經》所說的心性雖清淨，並不起什麼積極的作用❶，不像《勝鬘經》所說的如來藏能起「厭苦欣涅槃」的作用。因此，上引的《增支部》強調凡夫眾生要從聞思、修心、如實知見心性清淨，

　2.) 漢譯阿含經典中未見有類似經文。然在《舍利弗阿毘達磨論》卷27，有類似的文句：「心性清淨，為客塵染。凡夫未聞故，不能如實知見，亦無修心。聖人聞故，如實知見，亦有修心。」（《大正藏》卷28，頁697中。）

❿高崎直道，《如來藏思想》I，法藏館，1988年，頁221。

❶水野弘元將阿含的心性清淨，譬喻為心明淨如白紙，意謂其含有被動的特性。參閱其〈心性本淨の意味〉，《印度學佛教學研究》，第20期，1972年3月，頁8～16。

以達到煩惱解脫。《阿含經》 的心性說表現素樸的修心實踐論，不過，其心性清淨與塵煩惱說給予往後佛教的心性論立下了基本的模式。

繼承阿含「心性清淨」的部派佛教有大眾部 (Mahāsaṁ-ghika) 和分別說部 (Vibhajyavāda)，其依循阿含的說法，認為心本性清淨，客塵煩惱所染。未斷煩惱前，是性淨相染的，但無論是解脫前的染污心，或之後的不染污心，其心體不變。如《大毘婆沙論》說：

> 聖道未現在前，煩惱未斷故，心有隨眠。聖道現前，煩惱斷故，心無隨眠。此心雖隨眠、無隨眠時異，而性是一。如衣、鏡、金等，未浣、磨、鍊等時，名為有垢衣等。若浣、磨、鍊等已，名無垢衣等。有無垢等，時雖有異而性無差別，心亦如是。❿

引文所舉的垢衣、磨鏡、鍊金等譬喻，與《如來藏經》的九喻有同樣的象徵意義，均為表現性淨與煩惱的關係。

說一切有部反對大眾部和分別說部的心性本淨說，批評其違背佛教傳統無我論的「正理」，判定性淨說為「非了義」說❿。《成實論》也說：

❿《大毘婆沙論》卷 22，《大正藏》卷 27，頁 110 上。
❿《阿毘達磨順正理論》卷 72，《大正藏》卷 29，頁 733 上～中。

心性非是本淨，客塵故不淨，但佛為眾生謂心常在，故說客塵
所染則心不淨。又佛為懈怠眾生，若聞心本不淨，便謂性不可
改，則不發淨心，故說本淨。❿

《成實論》的思想屬於經量部 (Sutrantika)，不主張心性本淨說，而
認為佛典中之有本淨說，乃是佛為鼓舞懈怠眾生的方便說。此理由
雖與《寶性論》所舉佛說如來藏五個理由之一的為「有怯弱」眾生
說相合❿，但真常論者絕不同意心性本淨說是不了義。事實上，《寶
性論》自稱「究竟一乘」、「大乘最上秘密」(Mahāyānottaratantra)，
意謂如來藏（心性本淨）說才是最究竟了義說。

　　大乘佛教興起後，繼續弘傳心性本淨說，而且給予各自獨特立
場的詮釋。例如般若系統，就從其基本教義「空」的立場來解說自
性清淨心。如《小品般若波羅蜜經》說：

菩薩行般若波羅蜜多時，應如是學：不念是菩薩心，所以者何？
是心非心 (acitta)，心相本淨故。❿

---

❿《成實論》卷 3，《大正藏》卷 32，頁 258 中。

❿《寶性論》雖說為怯弱心眾生說真常如來藏，但也是為「執著虛妄法」、「謗
真如佛性」者說的，可見《寶性論》並不承認如來藏只是「各各為人生善悉
檀」而已。參閱印順，《如來藏之研究》，頁 72～74。

❿《小品般若波羅蜜經》卷 1，《大正藏》卷 8，頁 537 中。

引文中把心性清淨解釋為「非（無）心」。「非心」義心空、心不可得、超越有無。所以在舍利弗問到「是心為有心非心性不？」時，須菩提答道：「非心性中，有性無性既不可得，如何可問是心為有心非心性不？」❿換言之，如果「非心」是心性清淨，那此「非心」（即自性清淨心）是否存在？須菩提的回答是「非心性」中，「有性」、「無性」皆不可得，如何能問「非心」的心是否存在呢？舍利弗又追問：

> 「何等名為心非心性（非心性是什麼）？」善現（須菩提）答言：「於一切法無變異、無分別，是名非心。」❿

依般若空義，「心」固然不可得，「非心」亦不可得。如此推論，則自性清淨心亦不可得，非有非無。般若法門中一切法「本性空」，而就此基礎上言「本性淨」。這正是《大智度論》所說的「畢竟空即是畢竟清淨」。❿因此，般若經論在解釋心性本淨時，雖說心清淨，但一再強調它的本性空。如《大智度論》說：

> 心中實心相不可得。是心性不生不滅，常是淨相。客塵煩惱相

---

❿同上。

❿同上。

❿《大智度論》卷 63，《大正藏》卷 25，頁 508 下。

著故，名為不淨心。心不自知，何以故？是心心相空故，是心本無有實法。❿

般若法門之把心視為自性清淨，乃建立於其自性空上。這種說法當然符合般若教理，但還是不全符合真常系的觀點。真常系的自性清淨心含「空」與「不空」兩個層面。清淨心性固然可說「空」於煩惱，但它的清淨莊嚴功德是不空的。再者，《大智度論》說：「以人畏空，故言清淨」❿，視心清淨說為方便說，這也與真常說的根本意趣相左。

除了《般若經》之外，《大集經》也是特別討論到自性清淨心的經集❿，因此《寶性論》引用不少。例如：《寶性論》在論及如來藏能如實知自性清淨心，如無價摩尼珠淨善光明，雖墮泥中經千年，出泥清洗後，乃不失本清淨無垢體。〈海慧菩薩品〉接著說：

菩薩摩訶薩亦復如是，如實知見一切眾生自性清淨光明淨心，而為客塵煩惱所染。大海慧！諸菩薩善生如是心，彼諸煩惱不

---

❿同上，頁 203～204 上。

❿同上，頁 508 下。

❿《大集經》共有十七品。其中論及自性清淨心者，有下列各品：〈寶女品〉、〈海慧菩薩品〉、〈虛空藏菩薩品〉、〈寶髻菩薩品〉、〈無盡意菩薩品〉。參閱高崎直道，《如來藏思想の形成》，春秋社，1974 年。

> 染眾生自性淨心,是諸煩惱客塵虛妄分別心起,而彼諸菩薩復
> 生是心,我今畢竟令諸眾生遠離客塵煩惱垢,為之說法。⓭

此段經文中的「自性清淨客塵煩惱」說,是承續《阿含經》的說法,不過,此處更加強調它的實踐意義。菩薩不但自己如實知見自性清淨,而「煩惱無體虛妄分別而有」,並且更進一步以之教化引導眾生。可見如來藏說已漸漸將對義理的證悟轉化成實踐的動力。下列的偈頌更清楚地表達這意向:

> 眾生本來清淨心,了之此說名為慈。⓮
> 一切諸法本性淨,是故修集於慈悲。⓯

由此可見,如來藏自性清淨心應可視為修證的潛能 (Potential) 和動力,而不是實在一元論 (Monism)。

　　《虛空藏菩薩所問經》是《寶性論》廣引的一部經。其自性清淨論的特點在於以虛空為喻,表顯本性淨和煩惱空,如《經》說:

⓭《寶性論》卷 3,《大正藏》卷 31,頁 834 中;《大集經・海慧菩薩品》,《大正藏》卷 13,頁 68 上。

⓮《佛說海慧菩薩所問淨印法門經》,《大正藏》卷 13,頁 483 中。

⓯《大集經・瓔珞品》,《大正藏》卷 13,頁 51 上。

> 一切眾生心本性，清淨無穢如虛空，凡夫不知心性故，說客煩
> 惱之所染。❿
>
> 凡夫者是緣生法，譬如染纈或處受色或處不受，有情心行亦復
> 如是。……善男子，夫煩惱者無有方所，亦無住處，復無積聚，
> 從不如理作意和合而生。若如理觀察是雜染性則為清淨。❿

正因為心性和煩惱沒有絕對不變的自性存在，故眾生可轉雜染為清
淨。《虛空藏菩薩所問經》中，佛陀甚至授記惡魔波旬 (Māra) 當證無
上菩提，就是基於此理論基礎。這種法門經中稱之為「自性清淨光
明門」(prakṛtivisuddhi mukhaṃ dharmā lokamukham)。《經》說：

> 清淨心不為客塵煩惱所染。所有非如理作意業煩惱蘊處界等，
> 一切皆是因緣和合故有，因緣若闕則不生起。彼清淨性無有因
> 緣，亦無和合，亦不生滅，如虛空性。非如理作意如風，業煩
> 惱如水，蘊處界如地，由是一切諸法無有堅牢，根本無住本來
> 清淨。善男子，是名自性清淨法光明門。菩薩由證此法門故，
> 不為一切諸煩惱垢之所染污……則超魔境。❿

---

❿《大集經・虛空藏菩薩品》，《大正藏》卷 13，頁 90 中。

❿《大集大虛空藏菩薩所問經》卷 8，《大正藏》卷 13，頁 643 中。

❿同上，頁 643 下。

　　這段經文是佛陀應天人所問如何「超魔境」，而說的「自性清淨法光明門」。要證入此法門，首先要瞭解「清淨心不為客塵煩惱所染」。此說法剛好與《阿含經》及其他大乘經典所說「自性清淨客塵所染」相反。其實，兩種說法並非不同，只是前者是從煩惱的空性而言。一切「非如理作意」(ayoni śomanasikāra) 的煩惱，蘊處界都是無自性，因緣和合的存在。引文中將蘊處界喻如地，煩惱如水，非如理作意為風，而「大地依水而住，大水依風而住，大風依空而住，虛空無所依住」❸。因此，「一切諸法無有根本，都無所住，以假言說故，言有而無實。」〈虛空藏菩薩品〉以虛空為喻，並以四界（地、水、風、空）相互為依，說明煩惱等諸法之無所住、有言無實，而結論是「一切諸法性常淨」。總之，「自性清淨客塵所染」是針對清淨自性的染污表「相」而言，而「清淨心不為客塵煩惱所染」是針對清淨自性的本「性」而言。下面的偈頌很清楚地說明此義：

　　一切眾生心本性，清淨無穢如虛空。
　　凡夫不知心性故，說客煩惱之所染。
　　若諸煩惱能污心，終不可淨如垢穢。
　　諸客煩惱障覆故，說言凡夫心不淨。❹

---

❸《大集經・虛空藏菩薩品》，《大正藏》卷 13，頁 124 下。

❹同上，頁 90 中。

凡夫不知心的本性清淨如虛空，以為被煩惱所染污。若果真煩惱能
污心，就不能說心的本性淨，而且難於再回復清淨。然而，現實告
訴我們，眾生還是煩惱不斷，這是因為清淨心被「煩惱障覆」（不是
本質上被污染），所以說「凡夫心不淨」如同明鏡被塵沙所覆蓋，而
不會被污染一樣。用現代的科學語言來說，所謂煩惱染污清淨本性
是物理作用，而不是化學作用。因此，「自性清淨客塵所染」，強調
的是「相染」，而「清淨心不為客塵煩惱所染」強調的是「性淨」。
二說合起來就是指現實世界中眾生的「性淨相染」。從以上的討論可
見《阿含經》的心性說只素樸地做了「心性本淨客塵所染」的前提
式宣示，並未在理論上深入說明本性淨與煩惱的關係，而《大集經》
進一步探討了兩者之意義和關係。《寶性論》因此廣引《大集經》的
心性論。

　　《寶性論》的心性清淨說，依據阿含和初期大乘心性論的基礎
而發展。其著重的問題點在於清淨心的「自性」和「清淨」意義的
詮釋。首先，《寶性論》把自性清淨心的「自性」與「法性」、「法
界」、「法身」、「如來藏」都視為同義詞。它引《勝鬘經》說：

　　世尊！如來說如來藏者，是法界藏、出世間法身藏、出世間上
　　上藏、自性清淨法身藏、自性清淨如來藏。⑭

---

⑭《寶性論》卷4，《大正藏》卷31，頁839上。

因為自性清淨心與如來藏、法身等意義相同，由此引申其本性與法身一樣，也有常住 (nitya)、樂 (sukha)、我 (ātman) 等屬性。

其次，《寶性論》解釋清淨時說：

> 清淨者略有二種，何等為二？一者，自性清淨；二者，離垢清淨。自性清淨者，謂自性解脫，無所捨離，以彼自性清淨心體，不捨一切客塵煩惱，以彼本來不相應故。離垢清淨者，謂得解脫。又彼解脫不離一切法，如水不離諸塵垢等而言清淨。以自性清淨心遠離客塵諸煩惱垢，更無餘故。❷

從清淨與煩惱的離、捨而言，清淨可分成「自性清淨」(prakṛti-viśuddhi) 和「離垢清淨」(vaimalya-viśuddhi)。「自性清淨」（如來藏）是眾生位，因為它「不捨一切客塵煩惱」。「離垢清淨」是佛位，因為它「遠離客塵諸煩惱」。其實，眾生也是自性清淨，因此《無上依經》把自性清淨視為通相，離垢清淨視為別相❸。也就是說無論佛或眾生，其同具本性淨。眾生雖有煩惱，本性不變，而佛雖已離垢無煩惱，卻也「不離一切法」。因此在凡在聖均無增減。如《寶性論》中所說的：

---

❷同上，頁 841 中。

❸《無上依經》卷上，《大正藏》卷 16，頁 472 上。

不減一切法者，不減煩惱。不增一法者，真如性中不增一法，
以不捨離清淨體故。❹❹

從勝義諦雖可言在聖不增在凡不減，但從世俗諦中凡聖卻有
不同，那又如何解釋清淨心為煩惱所染呢？《寶性論》引《勝鬘
經》說：

世尊！剎尼迦 (kṣaṇika) 善心，非煩惱所染。剎尼迦不善心，亦
非煩惱所染。煩惱不觸心，心不觸煩惱。云何不觸法而能得染
心？然有煩惱，有煩惱染心。自性清淨心而有染者，難可了知。
如是等《勝鬘經》中廣說。❹❺

引文的意思是說，心是剎那變化的，無論是善心或不善心都生
滅不已。既然如此，善心或不善心都不能為煩惱所染，心也不能觸
煩惱。但是現實人生中，既有煩惱，又有被煩惱所染的心，理由何
在？引文中的回答是「難可了知」。事實上，《勝鬘經》說有二事「難
可了知」：1.自性清淨心難可了知，2.自性清淨心為煩惱所染亦難可
了知。❹❻眾生為什麼會有清淨的本性，是屬於形而上的人性論問題。

---

❹❹《寶性論》卷 4，《大正藏》卷 31，頁 840 上。
❹❺《寶性論》卷 2，《大正藏》卷 31，頁 824～825 上。
❹❻《勝鬘經》，《大正藏》卷 12，頁 222 上。

佛陀對於形而上的哲學問題（即佛教所說的「無記」），一向保持默然，不作理論性無謂的討論，因此這些問題不是邏輯理論和思辯所能圓滿解釋的，所以乾脆說「難可了知」。再者，「難可了知」也表示自性清淨心教義的難於徹證。因此，如來藏學派特別強調「信」的重要。

至於「自性清淨心為煩惱所染難可了知」，如果勉強要從理論上分析，可分兩個方面來瞭解。一者，所謂「自性清淨心為煩惱所染」，是指煩惱覆蓋自性清淨心，而不是在本質上使其污染。煩惱是「憑依」在清淨心上而存在，煩惱既不能染污清淨心，清淨心也不是煩惱的生因。如果以主性（自性清淨心）和客性（煩惱）去瞭解兩者的關係，則「自性清淨心為煩惱所染」就不是那麼「難可了知」的問題了。二者，雖然清淨和煩惱的主、客性可以理解自性清淨心不染而染、染而不染的真正意義，但是如果要追問覆蓋在自性清淨心上的無明煩惱的起源，這就是屬於「難可了知」的問題了。一般哲學和佛教對於人性中的染污面（性惡）的起源雖都提出不同的理論和詮釋[147]，但要真正的悟解，從佛教的觀點而言，需要從理論的範疇進入體證的層次。

總之，自性清淨心是自《阿含經》以來，一直都是心性論中很重要的課題。大乘之前的心性說定下了「自性清淨客塵所染」的模

---

[147] 《大乘起信論》就以「忽然念起」以說明無明的起源，但似乎亦未能解釋清楚。參閱本書頁238～243。

式。此時期清淨的意義大都指心如白紙般的明淨，從「心淨則眾生淨，心染則眾生染」的觀點強調修心的重要。大乘初期的般若經典以自家一切法空性的立場融會自性清淨說，使得空與本性淨成為同義詞。《大集經》中一方面以虛空喻眾生心本性清淨，另一方面則強調煩惱之不能染清淨心，因煩惱只是「依自性清淨心住」，如塵垢依虛空而住，卻不能染虛空一樣。《寶性論》的自性清淨心說除了承襲以前的心性說之外，並且系統化了真常系心性說的特點，清淨心由被動靜態轉成主動能「厭生死欣涅槃」的動力。再者，自性清淨心的涵義漸漸擴大成為如來藏、法界、法身的同義詞。因此，自性清淨心不但如白紙似的明淨，且蘊含無量清淨佛功德。至於自性清淨無量功德的存有，以及它與煩惱的關係，這些形而上的理論問題，因為屬於「無記」性，《寶性論》認為是難可了知而未加討論，但強調要如實知見地「信」樂如來藏法門。

（三）信與如來藏法門

「信」(Śraddhā) 是大小乘佛教均注重的實踐德目。如五根（信、精進、念、定、慧）就是以信為首。《大智度論》也說：「佛法大海，信為能入，智為能度。」關於所信之法，諸經論各有其強調者。《雜阿含經》舉佛法僧聖戒等四證淨信。《俱舍論》則舉四諦、三寶、善惡業果報等。然而，如來藏說經論更加強調信之重要，其原因和信的涵義均值得注意。大約西元三世紀起，如來藏經典開始陸續流傳

起來。其帶有神我色彩的如來藏說——「一切眾生皆有如來藏」、「佛藏在身，眾相具足」，與傳統佛教無我論確有不同說，難免受到批評。如來藏經論一方面加以辯解，另一方面也極力強調信受如來藏說的重要。如《十法經》(Daśadharmaka)❶說：

信如來藏，不老不死、無量無邊、不生不滅、不常不斷。❶

《十法經》主題在於說明菩薩以十法安住大乘。十法中的第一法是「信成就」（成就正信），而要達到信成就，須信受十一種法，而其中之一就是信不生不滅、不常不斷的如來藏。《大般涅槃經》更說：

佛性者名大信心。何以故？以信心故菩薩則能具足檀波羅蜜乃至般若波羅蜜。一切眾生必定當得大信心故，是故說言一切眾生悉有佛性。大信心者即是佛性。❶

《勝鬘經》是如來藏系中很強調信的經典。《經》中首先提出

---

❶《十法經》收入《大寶積經》第九經。現有二個漢譯本。⑴《大寶積經》卷28，《大乘十法會》第九，元魏佛陀扇多譯。⑵《佛說大乘十法經》，梁僧伽婆羅譯。二者均收於《大正藏》卷11。

❶《大乘十法會》，《大正藏》卷11，頁151上。

❶《大般涅槃經》卷32，《大正藏》卷12，頁556下。

「攝受正法」即是攝受如來藏說。為了攝受正法，佛子應不惜捨身、捨命、捨財。這可能暗示如來藏說在當時遭受反對或批評，故須加強信心，並不惜捨生命護持。另一個強調信受如來藏說的原因是如來藏義甚深，非凡夫能知，如《勝鬘經》說：

> 如來藏甚深故，說聖諦亦甚深，微細難知，非思量境界，是智者所知，一切世間所不能信。❺

由於如來藏的甚深義，世間眾生難知，甚至不容易起信，故《勝鬘經》強調唯信佛語。如《經》說：

> 有二法難可了知。謂自性清淨心難可了知。彼心為煩惱所染亦難可了知。如此二法，汝及成就大法菩薩摩訶薩乃能聽受。諸餘聲聞唯信佛語。❺

眾生自性何以清淨？而清淨心何以又有污染？這兩個問題是如來藏說的主要課題；但都非凡夫能了知，既然如此，就信受佛所說有關如來藏的教義即可。換言之，它們不是屬於思辯的理論問題，而是屬於信仰體證的層次。如《勝鬘經‧真子章》說：

❺《勝鬘經》，《大正藏》卷 12，頁 221 中。

❺同上，頁 222 下。

未來世中，我弟子隨信增上，依於明信隨順法智，自性清淨心，
彼為煩惱染污而得究竟。是究竟者入大乘道。信如來者，有是
大利益，不謗深義。⓭

《勝鬘經》說有三種善男子善女人，能入甚深的如來藏大乘道，故
被稱為「真（佛）子」。第一類為能「自成就甚深法智」者；第二類
為能「成就隨順法智」者；第三類是「於諸深法不自了知，惟仰世
尊，非我境界，唯佛所知，是善男子善女人惟仰如來。」⓮前二類
眾生指菩薩和二乘人，第三類指一般凡夫。後二類眾生尤應信受佛
語。

　　將如來藏思想組織、綜合、系統化的《寶性論》對信受如來藏
說的強調，更是不遺餘力，它甚至將最後一品完全做為校量信的功
德。該品開頭即言：

　　佛性佛菩提，佛法及佛業，諸世間淨人，所不能思議。
　　此諸佛境界，若有能信者，得無量功德，勝一切眾生。⓯

偈中提及的佛性、佛菩提、佛法（功德）、佛業等四法是《寶性論》

⓭同上。
⓮同上。
⓯《寶性論》卷4，《大正藏》卷31，頁846下。

的主題，正是如來藏法門要眾生信解的內容。至於如何信解此四法
呢？《論》中的「註釋偈」解釋說：

> 身及彼所轉，功德及成義，示此四種法，唯如來境界。
>
> 智者信為有，及信畢竟得，以信諸功德，速證無上道。 ⓲

偈中的信有三義：「信為有」(astitva)，「信畢竟得」(śāktatva)，和「信
諸功德」 (guṇavattva) ，其源自傳統佛教信的三相：「信實有」
(abhisaṃpratyaya)，「信有德」(prāsāda)，「信有能」(abhilāṣa)。《阿毘
達磨集論》(*Abhidharma-samuccaya*) 言：

> 信者，於有體、有德、有能，忍可清淨希望為體，樂欲所依為
> 業。謂於實有體，起忍可行信，於實有德，起清淨行信，於實
> 有能，起希望行信。謂我有力、能得、能成。 ⓳

《顯揚聖教論》亦有同樣的說法：

> 信者 ， 謂於有體 、 有德 、 有能 ， 心淨忍可為體 。 斷不信障
> 為業。 ⓴

⓳《阿毘達磨集論》卷 1，《大正藏》卷 31，頁 664 中。

也就是說對有「有體、有德、有能」三者，要有忍可，心淨和希望
的心態去信仰。至於「有體、有德、有能」所指為何，二論沒有明
示。《成唯識論》則解釋如下：

> 信差別，略有三種：1.信實有，謂於諸法實事理中，深信忍故。
> 2.信有德，謂於三寶，真淨德中，深信樂故。 3.信有能，謂於
> 一切世出世善，深信有力，能得能成，起希望故。❶

由以上的引文，可知雖然瑜伽學系和如來藏學系都說「信」有「實
有、有德、有能（得）」三相，但是其意義有一個重大差別，即二學
派對「信實有」的解釋不同。《成唯識論》說「信實有」是指信「諸
法實事理」。換言之，一切真實佛法的事理都是信忍的內容。而《寶
性論》的「智者信為有」的對象是佛性和佛菩提。具有融通瑜伽和
真常色彩的真諦譯《攝大乘論釋》，更直截了當地把信與佛性串連：

> 信有三處：一信實有，二信可得，三信有無窮功德。信實有者，
> 信實有自性住佛性。信可得者，信引出佛性。信有無窮功德者，
> 信至果佛性。❷

---

❶《顯揚聖教論》卷 1，《大正藏》卷 31，頁 481 中。

❷《成唯識論》卷 6，《大正藏》卷 31，頁 29 中。

❸《攝大乘論釋》卷 7，《大正藏》卷 31，頁 200 下。

由上引文可見，「信」的內容已從一切真實佛法，轉向強調佛性的信仰，而且與真常系各經論中的如來藏（佛性）義可相銜接。再者，《攝大乘論釋》如此詮釋信與佛性的關係，也可作為如來藏與瑜伽學系相涉的例證。以下試以《攝大乘論釋》的「信」三義與《寶性論》和《佛性論》的如來藏（佛性）義相比對。❻

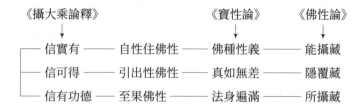

以上信與佛性的關係是建立在信的全體（眾生）上。首先，眾生必須堅信自身「實有」「能攝」如來清淨功德的「自性住佛性」。再者，眾生要相信藉由修行畢竟「可得」「隱覆」在眾生心中與佛「真如無異」的「引出性佛性」。最後，眾生也必須相信自己證得的「至果佛性」是「有無窮功德」的法身「所攝藏」。信之三義的關鍵在於「信可得」，因為要啟動「自性住佛性」而達到「至果佛性」的因素，在於相信此成佛過程有可得性，當然，從可得性到真正的實現，勢必透過實踐修行的歷程。總之，如來藏思想中，自性住佛性是本具，透過動態的引出性佛性的實踐功夫，最終一定可到達至果佛性的圓

❻高崎直道認為「信實有」應與「所攝藏」、「法身」相照應，而「信有功德」的對應是「能攝藏」的佛性。筆者認為應正好相反。參閱高崎直道，〈如來藏說における信つ構造〉，《如來藏思想》I，法藏館，1988 年，頁 257～258。

成，但是此成佛過程之成就，首先必須對它具有完全的信心。

《寶性論》的「論本偈」在解釋如來藏的「因」義時說：

自性常不染，如寶空淨水，信法及般若，三昧大悲等。❿

前半偈的意思是說如來法身 （或在纏如來藏），如同如意寶珠、虛空、淨水般的清淨，而其成就的四要素是信、般若、三昧和大悲。四要素以信為本，但彼此息息相關，故偈說：

大乘信為子，般若以為母，禪胎大悲乳，諸佛如實子。❿

《寶性論》舉四類眾生有四種障，故「不能證、不能會、不能見如來之性」。他們是：1.一闡提，2.外道，3.聲聞，4.緣覺。因謗大乘法而有一闡提障，對治法是信解大乘法。外道障是因橫計身中有我，對治法是修行般若。聲聞障出於怖畏世間諸苦，修行三昧是對治。緣覺障在於背捨利益眾生，修行大悲可對治。至於「信解」是對治什麼和信受什麼呢？《寶性論》引《勝鬘經》說：

凡夫眾生於五陰法起顛倒想，謂無常常想，苦有樂想，無我我

---

❿《寶性論》卷 3，《大正藏》卷 31，頁 828 上。

❿同上，頁 829 中。

想，不淨淨想。世尊！一切阿羅漢辟支佛空智者，於一切智境
界及如來法身本所不見。若有眾生，信佛語故，於如來法身起
常想、樂想、我想、淨想，世尊！彼諸眾生非顛倒見，是名
正見。❶

引文中說凡夫眾生一方面要「信」佛說的大乘法，因為它可對治於
五陰法所起的「四顛倒想」：無常當成常想、苦當樂想、無我我想、
不淨淨想，另一方面也不可對佛所說的「常想樂想我想淨想」視為
顛倒，因為它是正見。此二種看似矛盾的說法有一個很大不同：無
常常想等顛倒見是針對凡夫身心的「五陰法」而言，而常樂我淨則
是針對佛「法身」而言。法身具常樂我淨四德是如來藏說的特點，
由於它易被認為是顛倒見，違背佛教基本教義，不易被信受，故一
再強調信佛語的重要。《寶性論》為了表顯佛說常樂我淨是正見，進
一步說「四德」可對治「四顛倒」，即：1.信大乘修行證得第一淨波
羅蜜，可對治著取世間不淨的一闡提。2.修持般若證第一我波羅蜜，
可對治於五陰中見有神我的外道障。 3.修行諸三昧證得第一樂波羅
蜜，可對治世間苦的聲聞障。 4.修行大悲證得第一常波羅蜜，可對
治樂住寂靜捨棄眾生的緣覺障❶。從以上《寶性論》的闡釋，可見
如來藏思想把傳統體證消極性的無常、苦無我、空，轉向體證積極

---

❶同上，頁 829 中～下。

❶同上，頁 829 中～830 上。

性的常、樂、我、淨，而這首先須建立信仰，如《論》說：

　　唯依如來信，信於第一義，如無眼目者，不能見日輪。❻

偈中「第一義」當然是指如來藏說。「釋論」在解釋此偈時，舉四類
眾生（凡夫、聲聞、辟支佛、初發心菩薩）「不識如來藏如生盲人」。
值得注意的是，此處所舉的四類與上述四顛倒眾生不同的是，它特
別指出初發心菩薩為「散亂心失空眾生」，批評他們「離空如來藏
義，以失變物修行」，不能真正瞭解空如來藏和不空如來藏義，因為
「自性清淨法界如來藏」，非散亂心失空的初發心菩薩的境界，故應
信受佛所說如來藏「第一義」。

　　總之，《寶性論》論主從三寶、佛性、菩提、功德、業等方面論
釋如來藏思想後，特別聲明「我此所說法，為自性清淨，依諸如來
教，修多羅相應」❼，這是為了怕如來藏說受到質疑，而強調所說
的自心清淨等教義並無違背佛法，完全依如來教，與修多羅相應，
給予如來藏的合（佛）法性，故凡夫不可懷疑，只要信受，以其功
德就可證無上道。從以上討論可見如來藏說的成佛之道，亦是循傳
統佛教的「信解行證」進行，但須注意的是如來藏所強調的信的內
容，與其他學派是有所不同的。

---

❻同上，頁 839 中。

❼同上，頁 847 中。

（四）空智與不空智

　　如來藏思想中最大爭議點之一是空如來藏和不空如來藏之內容和意義為何。如來藏系的經論雖有自己的解釋，但是後代論師，尤其是前面所提到西藏佛教的「自空派」和「他空派」，對如來藏空不空義都有深入的探討。❶基本上，如來藏思想對初期大乘一切法空說採批判的態度，指其為「不了義說」、「有餘說」，而主張「有異法是空，有異法不空」。❶根據這個基本的論點發展出空不空如來藏法門。

　　《寶性論》引用《勝鬘經》，認為如來藏有二個屬性，即「空如來藏」（śūnyatā-tathāgatagarbha）和「不空如來藏」（aśūnyatā-tathāgatagarbha）。《論》說：

> 《勝鬘經》言：世尊！有二種如來藏空智。世尊！空如來藏，若離、若脫、若異、一切煩惱藏。世尊！不空如來藏，過於恆沙不離、不脫、不異不思議佛法。❶

---

❶兩派的代表人物及其著作，分別是自空派 Gyaltsab 的 *Dartik*，和他空派 Dalpopa 的 *Ri Chos nges don rgya mtsho*。

❶《央掘摩羅經》卷 2，《大正藏》卷 2，頁 527 中。

❶《寶性論》卷 4，《大正藏》卷 31，頁 840 上。

引文中說有二種「空智」，而所謂空智是指對「第一義空」有如實了知、證悟的智慧 (prajñā)。《寶性論》說有三類眾生未能正確體解空義，亦即無空智：　1.墮身見者 (satkāyadṛṣṭipatitaka)，　2.顛倒見者 (viparyāsabhirataka)，　3.空亂意者 (śūnyatavikṣiptacittaka)。一般墮身見的凡夫，執持五陰身實有，不能得見「法界藏」，非其行境。顛倒見眾生不見「出世間藏」、「法身藏」，空亂意者不能得「自性清淨藏」。墮身見凡夫與顛倒見的二乘是一般大乘經典駁斥的對象，而如來藏又特別批判「散亂心失空眾生」對空意的誤解，這當然是指那些初發心菩薩不能知見如來藏的真義。故《寶性論》說：「散亂心失空眾生者，謂初發心菩薩離空如來藏義，以失變壞物修行，名為空解脫門」❼。換言之，空亂意的初發心菩薩認為「實有法斷滅後時得涅槃」，不知修行「空如來藏」。另一方面，空亂意初發心菩薩又「以空為有物」，離色等法之外，更有個空存在，因此修行以得空，這些人同樣是不知空義。換言之，失空眾生不是誤以「虛無」為空性，就是錯認「實有」為空性，兩者皆是謬見。那麼《寶性論》認為如何才是真正的空義呢？《寶性論》說：

不空如來藏，謂無上佛法，不相捨離相，不增減一法。

如來無為身，自性本來淨，客塵虛妄染，本來自性空。❼

---

❼同上。

❼同上。

偈頌強調真正的空義必須含（如來藏的）空與不空。前一偈指不空如來藏，後一偈指空如來藏。「不空如來藏」乃如來藏本具「無上佛法」，無始來不曾相捨離過，此真如性中不增（清淨）不減（煩惱）一法，因為其清淨體不變，如此如實知見就能證得「不空智」。

　　「空如來藏」乃指如來藏雖有客塵煩惱，但由於煩惱的「本來自性空」，故不影響如來藏的「自性本來淨」，如此如實知見就能證得「空智」。總而言之，空智與不空智的知見，即是了解虛妄法不減，真實法不空，如此，能遠離有無、空有兩邊，契入中道，證第一義空性。否則，若執一切法空，或執有個空，就是所謂散亂心失空眾生了。

　　如來藏思想體系的教義中，最引起爭議的可能就是如來藏的空、有問題。依般若思想而言，一切諸法因緣生，故自性空 (svabhāva-śūnyatā)。中觀學的自性空有二種涵義：一者消極性地否定一切法的真實存在（或者說僅有虛妄的存在），二者積極性的無限、無礙的展開，這就是《中論》所說的「以有空義故，一切法得成。」如來藏空義雖然含有自性空的積極意義——如來藏是成佛可能性的無限展開，但是不盡相同，因為它是「他性空」(parabhāva-śūnyatā)，換言之，如來藏（真如）並非「自空」，而是「他空」。如來藏的非自空，乃因它與「無上佛法不相捨離」，而「他空」指如來藏自身外一切其他染污法皆空。

（五）依與轉依

佛教雖然主張無我，但面臨到「輪迴者是誰？」、「受報者是誰？」這類問題時，也不得不提出不同的說法。部派佛教有的主張「不可說我」(anabhilāpya-pudgala)，「勝義我」(paramartha-pudgala)，瑜伽學系提出阿賴耶識。真常系則以如來藏為前生到後生，從生死到涅槃的依止。如《勝鬘經》說：

> 生死者，依如來藏，以如來藏故，說本際不可知。世尊！有如來藏故說生死，是名善說。生死者此二法是如來藏。……如來藏者，離有為相，常住不變，是故如來藏是依、是建立。世尊！不離不脫不異不思議佛法，世尊！斷脫異外有為法依持建立之者是如來藏。❻

如來藏淨心為生死依是說生死煩惱依住如來藏上。如《寶性論》引《無上依經》說：「陰界入依業煩惱住，諸煩惱依不正思惟住，不正思惟依於佛性自性清淨心住。」❼由於如來藏「離有為相，常住不變」，故僅是生死業煩惱的憑依因，而非生因，就像灰塵依存在鏡子上，但是並非鏡子能生灰塵。如《論》說：

---

❻《勝鬘經》，《大正藏》卷 12，頁 222 中。

❼《寶性論》卷 3，《大正藏》卷 31，頁 833 上。

不正思惟風，諸業煩惱水，自性心虛空，不為彼二生。❻

不正思惟引起的煩惱屬有為的因緣法，故其本性空，因之有去除或
轉變的可能。從生死煩惱轉為涅槃解脫，就是所謂的「如來藏轉
依」。但是其意義與瑜伽學說的轉依有所不同。

　　如來藏轉依就是使有垢真如（如來藏）「轉」為無垢真如。《寶
性論》解釋說：

　　無垢如者，謂諸如來，於無漏法界中遠離一切種種諸垢，轉離
　　穢身得淨妙身。❻

煩惱諸垢無始來與如來藏共存，要顯淨妙身，只要遠離諸煩惱，就
可「轉身得清淨」。故如來藏轉依的過程，首先要相信煩惱本空不可
得和如來藏本具清淨法。其次，只要去除或「遠離煩惱」，就可「轉
成」離垢清淨如來藏、法身、真如。雖然說是如來藏轉依（或轉
得），其實，一切功德本具的如來藏出煩惱藏，其本質並無轉變。

　　瑜伽學系中轉依 (āśrayaparavṛtti) 是很重要的教義。轉依的依是
指阿賴耶識。轉依意謂轉識成智，即轉換（捨）阿賴耶識後，轉得
智慧佛法身。阿賴耶識與如來藏不同的是後者有本具清淨功德，而

❻同上，頁 832 下。
❻同上，頁 841 下。

前者卻沒有。因此，從煩惱到解脫的過程中，就要將阿賴耶識轉變成為清淨智，作本質上的改變。如真諦譯的《攝大乘論》說：

> 轉依者，對治起時，此依他性由不淨品永改本性，由淨品永成本性。⑰

根據《成唯識論》轉依有二種：⑱

「依」，乃指「依他起性」，是染淨法之所依。染謂虛妄遍計所執，淨謂真實圓成實性。「轉」謂「轉捨轉得」，亦即轉捨不淨的遍計所執，使它「永改本性」後，轉得「永成本性」的清淨圓成實性。

另一種轉依的「依」，乃指「唯識真如」，它是生死涅槃之所依。而轉依並不是轉變此真如，而是「離顛倒，悟此真如，使得涅槃畢究安樂。」⑲《成唯識論》進一步解釋說：

> 由數修習無分別智，斷本識中二障麤重故，能轉滅依（真）如生死，及能轉證依（真）如涅槃。此即真如離染性，（真）如雖性淨而相雜染。故離染時假說新淨。即此新淨說為轉依。⑳

---

⑰《攝大乘論》，《大正藏》卷31，頁148下，玄奘譯曰：「轉依謂依他起性，對治起時，轉捨雜染分，轉得清淨分。」
⑱《成唯識論》卷9，《大正藏》卷31，頁51上。
⑲同上。

以上《成唯識論》所說的二種轉依，前者是瑜伽唯識學系所主張，
後者為真常如來藏所講的轉依。瑜伽系轉依的特色在於以三性說明
轉依。它將依他起性視為染淨依，但依他起性本身並無所謂染或淨，
因為染是指因依他而起的根本識中遍計所執性的二障。眾生由修行
後，捨滅此二障煩惱，就能轉得依他起的圓成實性涅槃。因此轉依
的過程包括將根本識中的二障煩惱轉捨後，使根本識轉變成清淨涅
槃。而真常如來藏的轉依是「轉滅」依真如而存在的生死煩惱，「轉
證」依真如存在的涅槃，而不同瑜伽轉依的是因為如來藏真如性淨，
所以事實上，轉依只是去除如來藏中的煩惱，自然顯現其本具的清
淨涅槃。故引文中說轉依就是「真如離雜染性」，假說為「新淨」。
其實，轉依出纏的新淨原本就是在纏如來藏，並非如來藏本身有什
麼轉變，也非轉得外來的清淨，就像蒙塵的鏡子，只要去除灰塵，
就可顯現鏡子的明亮。

四、結　論

總而言之，真常與瑜伽學系均以轉依來說明從生死煩惱到解
脫涅槃的過程。不同的是瑜伽著重「轉唯識性」——從染轉成淨的
根本改變，而真常則強調「顯如來性」——去染以顯現本具的清
淨性。[180]

---

[180]同上。

[181]轉依的梵原語有 āśrayaparivṛtti 或 āśrayaparavṛtti，涵義有所不同。考據各經

　　以上討論的「如來藏義」,「自性清淨心」、「信」、「空智與不空智」、「轉依」等是《寶性論》四法(性、菩提、功德、業)中「佛性」和「佛菩提」的重要教義。除此之外,「佛法」中所舉如來的十力、十八不共法、三十二相等六十四種功德,與其他諸經論並無不同,此處不予重述,而「佛業」,《寶性論》則以帝釋鏡像、天鼓、雲雨、梵天、日、摩尼珠、響、虛空、地等來譬喻如來不休息地教化眾生,顯示了佛性思想的積極性最終目的。

　　綜觀整個《寶性論》內容,所要表達的無非鋪演一條成佛之道。其基礎建立在「一切眾生有如來藏」的信心上,於佛性能起信之後,再經過修行的歷程,終究可圓證無量功德的法身(菩提),並且起無盡教化眾生的業用。此「成佛之道」最大特色,在於它有一個非常積極和肯定的「起點」(佛性),它不但鼓舞無數佛弟子趨向佛道,而且使他們在佛道上,把自己與其他的人、事、物產生同體性的認同。天台宗的「草木成佛」、禪宗的「狗子有佛性」等,就是佛性論的延伸和影響。

論,瑜伽學系大多用 āśrayaparavṛtti,而真常學系則用 āśrayaparivṛtti。詳見高崎直道,《如來藏思想》II,法藏館,1989 年,頁 169～189,和 *A Study on the Ratnagotravibhāga*, pp. 41～45。

第三章

《佛性論》的佛性說

印度佛教闡揚真常系如來藏思想的經論，除了主流的三經一論❶之外，《佛性論》是很重要的典籍。有關《佛性論》的著者和譯者，宋、元、明版《大藏經》，都是說「天親菩薩說，陳三藏法師真諦譯」。《佛性論》既無梵本，亦無藏譯本存在。關於此論譯出的地點和年代，諸經錄記載不多。武邑尚邦的《佛性論研究》中，推斷譯出的年代大約在 558 年左右❷，而宇井伯壽則推測在 557 年至 569 年之間❸。

傳統上佛教一直認為《佛性論》的作者是天親菩薩（又名世親，

❶真常思想的三經一論是：⑴《如來藏經》，⑵《不增不減經》，⑶《勝鬘夫人經》，⑷《寶性論》。另外，《大般涅槃經》、《大乘起信論》等也是有關佛性論的重要經典。

❷武邑尚邦的推測，乃依據《開元釋教錄》卷 7，記載《佛性論》是陳代譯出，陳代始於西元 557 年。再者，與如來藏思想關係密切，而且也是真諦譯出的《無上依經》，據《歷代三寶記》卷 9，乃譯於「永定二年南康淨土寺」。永定二年即 558 年。因此，武邑尚邦認為《佛性論》即在 558 年前後完成的。（參閱武邑尚邦，《佛性論研究》，百華苑，1977 年，頁 6。）

❸宇井伯壽，《寶性論研究》，岩波書局，1959 年。

Vasubandhu），但是有些現代佛教學者則對此說存疑❹。高崎直道和
Hattori 均認為《佛性論》的真正作者是真諦 (Paramartha)。其理由是
《佛性論》的內容，與《寶性論》有很多雷同的地方。以真諦熟知
《寶性論》的程度而言，很有可能《佛性論》是他參照《寶性論》
而寫成。再者，《佛性論》曾多處引用含如來藏思想的《無上依經》。
此經唯有中譯本，譯者又是真諦，而且內容也與《寶性論》關係密
切。以上高崎直道等所舉的理由，只能說是真諦造《佛性論》的旁
證，要確定其推斷，恐怕還需要更有力的證據方可成立。

　　真諦之所以被認為可能是《佛性論》的作者，其來有自。真諦
學的特色在於融合如來藏說和瑜伽學 (Yogācāra) 的阿賴耶說。他常
在其翻譯的瑜伽典籍中，加入如來藏思想的字句。例如，在他翻譯
世親造的《攝大乘論釋》，如與玄奘譯本，或藏本相比較，就可發現
真諦確實隨自己意思引入如來藏說❺。而《佛性論》中「顯體分」，
也可以清楚地看出其作者是以「三自性」、「三無性」等瑜伽學理論
來解說、比對如來藏學。再者，《大乘起信論》也是一無梵文原典、
真諦譯的含有會通如來藏和瑜伽思想的重要論典。以上種種難免令

---

❹這些學者包括高崎直道、印順等。印順在《如來藏之研究》中說：「《佛性
　論》……傳為世親造，恐未必是。」（《如來藏之研究》，頁 8。）

❺例如，真諦在《攝大乘論釋》對阿賴耶識的說明，加入自己的解說：「此即
　此阿黎耶識；界，以解為性。此界有五義。」真諦試圖將阿賴耶始的「界」
　是以此「解」為性。

人覺得真諦為了闡揚如來藏和瑜伽的融合思想，可能是這些典籍的作者。不過，《佛性論》之中有十七處「釋曰」、「記曰」，以註解本文❻。如果真諦是《佛性論》的作者的話，不會有「釋曰」、「記曰」的情況出現。較有可能的推測是真諦在翻譯的過程中，加入自己對論文的註解，故有「釋曰」等的字樣出現。

　　《歷代三寶記》中除了記載真諦的譯作之外，亦記有真諦自己的著述二部：《無上依經疏》四卷，《佛性義》三卷，可惜的是二者均已佚失。《佛性義》可能是《佛性論》的註疏，而現存《佛性論》中的「釋曰」、「記曰」，很有可能是出自真諦的《佛性義》。總之，到目前為止，有關《佛性論》的作者是否為真諦，尚無定論。但是，可以肯定的是真諦與《佛性論》關係密切。

　　佛性思想是中國佛教的中心思想。佛性的意義、普遍性（是否一切眾生皆有佛性）、成佛的實踐過程等，都是中國佛教自古以來所探討的問題。《佛性論》因此有相當的重要性。歷代祖師在辯證佛性問題時，也常常引用此論。例如，唐朝靈潤與神泰論辯「眾生皆有佛性」時，就曾引用《佛性論》中的「三因佛性」說❼。歷代祖師亦有《佛性論》的註疏，但是現在僅存日僧賢洲的《佛性論節義》❽。

---

❻參閱武邑尚邦，《佛性論研究》，頁 7～38。

❼請參閱本書第五章。

❽賢洲的《佛性論節義》全文登於武邑尚邦《佛性論研究》一書後面的附錄

　　《佛性論》內容最大的特點，在於它是融入了瑜伽學的如來藏
說，這跟它的作者無論是世親或真諦的學派背景有關。不過，它的
中心思想還是循正統如來藏學。綜觀全論，《佛性論》有下列的思想
重點❾：

　　⑴超越空性，從肯定的進路強調正覺的積極內涵。

　　⑵引入瑜伽系三自性、三無性、轉依等概念，以會通佛性的意
義和實現。

　　⑶佛性論建立在不二真如的形上架構，有別於神我的一元論。

　　⑷佛性非凝然的本體存在。佛性的體證是佛法實踐過程的圓成。

　　⑸基於佛性普遍性存在的理論，對人性，甚至於其他一切眾生，
持肯定樂觀的看法。

　　以下將依上述《佛性論》的理論特點詳加討論。

一、佛性說的意趣和辯正

　　「佛性」 一詞現已被視為 「如來藏」 的同義詞。 如來藏
(Tathāgatagarbha) 是如來 (tathāgata) 和藏 (garbha) 的複合字。如來又
含有「如去」(tathā-gata)，和「如來」(tathā-āgata) 兩個意義。前者
意指修「如」實法而「去」（由生死去涅槃），後者指乘「如」實法

中，本文所引用《佛性論節義》的地方，皆出自該書。另外，唐辯空、惠
　證、誓空、神泰亦曾有註疏，但均已佚失。

❾Sallie King, *Buddha Nature*, State University of New York Press, 1991, p. 27.

而「來」(由涅槃來生死)。「藏」(*garbha*) 亦有二義：⑴胎（兒）藏 (Embryo)，⑵母胎 (Womb)。因此，如來藏可以意謂⑴如來的母胎 (Womb of the Tathāgata)，或⑵胎兒如來 (Embryonic Tathāgata)。前者象徵如來的「因性」，後者象徵如來的「果性」。佛性與如來藏意義相通，但佛性並不是譯自如來藏 (Tathāgatagarbha)，buddhatā，或者 buddhatva。根據學者對照有佛性一詞的梵文原典，發現「佛性」是譯自 buddhadhātu（佛界）。❿Buddhadhātu 含有二義：⑴佛之體性——the Nature （dhātu=dhamatā，界 = 法性）of the Buddha，⑵佛之因性——the Cause（dhātu=hetu，界 = 因）of the Buddha。以前者而言，佛性是眾生之能成佛的先天性依據，而後者是眾生能真正成佛的動力，這也就是《佛性論》中所說的三因佛性。其意義留待下節討論。

　　《佛性論》內容分成四分：「緣起分」，「破執分」，「顯體分」，「辯相分」。以佛性為中心議題的《佛性論》作者，並沒有直接了當地以「何謂佛性」作為論文的開始，而是首先探討「佛陀為什麼要說佛性」（佛何因緣說於佛性），接著在「破執分」就外道、小乘、

---

❿*buddhatā, buddhatva* 的中文意思是佛性，但是當做專有名詞的「佛性」卻不一定譯自 *buddhatā* 或 *buddhatva*。參閱 Takasaki Jikido, "Dharmatā, Dharmadhātu, Dharmakāya and Buddhadhātu－Structure of the Ultimate Value in Mahāyāna Buddhism, " *Indogaku Bukkyogakukenkyo*, Vol. 14, March, 1966, pp. 78～94；篠田正成，〈「佛性」とその原語〉,《印度學佛教學研究》卷 11，1963 年，頁 223～226。

大乘執空見者對佛性的偏執加以評破。論主之所以採取如此的進路
有二個原因，第一：由於佛性思想含有非常強烈的肯定義涵，佛性
常被誤解成有神我色彩的實體性存在。《佛性論》作者因此不先論述
佛性「是」什麼，而先澄清佛性「不是」什麼，然後再在這個基礎
上建立正確的佛性意義。第二：《佛性論》作者認為佛性不是靜態的
形而上本體。他強調佛性是動態的修行歷程和圓成，因此，他先說
明佛陀教示佛性的意趣，以突顯佛性在宗教實踐和解脫論
(Soteriology) 上的重要性。

　　佛陀為何說佛性呢？《佛性論》說佛陀為使眾生去除五種過失、
生五種功德而說眾生皆有佛性❶。除五過失是：

　⑴為令眾生離下劣心

　　有眾生不知自身本具佛性，必當成佛，而對自己生下劣想，不
肯發菩提心。佛陀說眾生皆有佛性，能使這些眾生遠離下劣心和自
卑感，生起自信心。

　⑵為離慢下品人

　　有些人曾聽聞佛說眾生有佛性後，能發菩提心，卻自認自己能
發心，而他人不能，因而生起輕心。為對治這些高慢心重的人，佛
說一切眾生皆有佛性。

---

❶《佛性論》卷 1，《大正藏》卷 31，頁 787 上。《寶性論》的〈為何義說品〉
　亦舉同樣的五過失。《無上依經》中亦言「自性清淨客塵煩惱」的道理可生
　五德：⑴尊眾生心。⑵恭敬大師心。⑶般若。⑷闍那。⑸大悲心。

⑶為離虛妄執

眾生有二種「虛妄執」過失：⑴本無，⑵客⓬。「本無」者謂在如如理中，本無人我，但眾生作人我執。若執人我則起無明，無明起業，業則起果報。其實此三者本無，故謂虛妄執。所謂「客」者，指有為法，皆念念滅，初剎那為舊，次剎那為客，即起即謝。若於其中起實有想，即是虛妄執。為去除此執，佛陀說佛性。但是，為何說佛性能去除性屬本無和客塵的虛妄執呢？那是因為「佛性者，即是人法二空所顯真如」⓭。

此句話是《佛性論》詮釋佛性最重要的宣示。作者很明確指出佛性不是具自性的本體存有，而是徹證人（我）空和法空之後所顯的真如。在二空所顯的真如中無能所，自然亦無佛性的自性可得。若通達此理，即可離虛妄執。

⑷為除誹謗真實法

「真實法」指體解人法二空所生的法身清淨智慧功德。佛性思想一再強調一切眾生本具自性清淨功德，但是若執清淨智慧功德為實有，即是「誹謗真如」。因此，《佛性論》作者強調「若不說佛性，則不了空」，相反過來亦可說：「若不說空，則不了佛性（真如）。」

⑸為離我執

由於眾生固執虛妄法，不識真實如來功德，於他人又不能起大

⓬《佛性論》卷 1，《大正藏》卷 31，頁 787 上。

⓭同上，頁 787 中。

悲心,佛陀於是說佛性,使眾生知虛妄過失,法身真實功德,於他人起大悲,無有彼此的分別心,而離我執。

佛說佛性以除五過失的同時,可生五種功德:⑴正勤心。⑵恭敬事。⑶般若 (prajñā)。⑷闍那 (jñāna) ❹。⑸大悲。五功德可對治五過失。由於正勤心努力修持,可對治自卑下劣的心態。視一切眾生如佛的恭敬心,可對治輕慢意。由般若可翻妄想執。闍那俗智所顯實智及諸功德,可對治誹謗真實法,而從大悲流露出的意念平等心,可滅除我執。總之,佛陀教示眾生皆有佛性的目的是激發其自信而發心修行,恭敬愛念他人,從般若和大悲的實踐證得佛果。由此可見《佛性論》的作者把佛性視為佛法實踐的歷程。因此他在「緣起分」對「佛何因緣說於佛性」的這個問題做如下的總結:

> 由佛性故,觀一切眾生,二無所有,息自愛念……由般若故,滅自愛念,由大悲故,生他愛念。由般若故,捨凡夫執,由大悲故,執二乘執。由般若故,不捨涅槃,由大悲故,不捨生死。由般若故,成就佛法,由大悲故,成熟眾生。由二方便,住無住處,無有退轉,速證菩提,滅五過失,生五功德,是故佛說一切眾生皆有佛性。❺

---

❹闍那 (jñāna) 意謂「權智」。賢洲的《佛性論節義》解釋說:「若唯般若治妄想執,不生闍那,則墮二乘地。不能得如來一切種智及百四十不共法等過恆沙數功德故。」(《佛性論節義》卷 1,頁 8。)

二、破除對佛性義的執見

（一）對小乘執見的評破

　　《佛性論》作者於「緣起分」中把「眾生皆有佛性」在宗教解脫論上的意義和目的說明清楚之後，接著在「破執分」展開對小乘、外道和部分大乘對佛性觀念誤解的評破，因為他認為先把這些謬見去除之後，才能建立正確的佛性實義。

　　小乘部派對佛性有無的看法，主要有下列二種依據：

　　⑴佛說：眾生不住於性，永不涅槃故。

　　⑵《阿含經》說：佛十力中，性力所照，眾生境界，有種種性，乃至麁妙等界不同，故稱性力。所以者何？一切眾生有性無性異故。有佛性則修種種妙行，無佛性者，則起種種麁惡❶⑯。

　　小乘諸部派根據上述的兩種經文，對佛性的有無有不同結論。例如分別說部 (Vibhajyavāda)，不信有無性眾生，因為「一切凡聖眾生，並以空為其本，所以凡聖眾生，皆從空出。空是佛性，佛性即大涅槃」。但是若依一切有部 (Sarvāstivāda)，則眾生沒有性得佛性，只有修得佛性，因而分別眾生成三種：⑴定無佛性。⑵不定有無。⑶定有佛性。

---

❶⑮《佛性論》卷 1，《大正藏》卷 31，頁 787 中。

❶⑯《佛性論》卷 1，《大正藏》卷 31，頁 787 下。

　　對小乘有情無性的執見，《佛性論》以「五難六答」的論難加以評破。這些問答與《瑜伽師地論》「攝決擇分聲聞地」、《顯揚聖教論》卷二十中所提問題相同。有趣的是《瑜伽論》和《顯揚論》的「五難六答」❶是為了建立「無性有情論」而設，而《佛性論》則是巧妙地應用此二論的問答來建立與它們相反的「悉有佛性論」。由於《佛性論》傳統上被認為是世親所造，而世親又是屬於瑜伽學系，因此有人對世親《佛性論》中的佛性觀存疑。《一乘佛性權實論》會通說：

> 或信世親菩薩，破無性說，謂瑜伽為邪執。或信慈氏菩薩破有性之論，謂佛性非真譯。不知佛性論破有部等無，瑜伽破分別部有。非是世親菩薩指瑜伽為邪執，慈氏菩薩斥涅槃之佛性。❶

　　引文中試圖淡化世親和彌勒彼此間對佛性的歧見，其辯解世親僅破有部的無性說，而彌勒僅是破分別說部的有性論。此說恐難令人信服，因為其將佛性有無論爭過於簡單化。況且，《佛性論》不僅

---

❶《瑜伽論》和《顯揚論》的「五難六答」分別是五難：⑴說無疑起難。⑵有情無根難。⑶諸界互轉難。⑷應具諸界難。⑸無應轉有難。六答：⑴教理並違答。⑵假設非例答。⑶非喻無理答。⑷互喻無別答。⑸背法不齊答。⑹縱轉不成答。詳見《瑜伽師地論》卷 67，《大正藏》卷 30，頁 669 中。

❶ 引文出自賢洲之《佛性論節義》卷 1，頁 12。

破有部等的無性論，同時也強調去除對佛性的執有。

《佛性論》對小乘無性有情說的「五難六答」是：

第一難：無性有情說之疑難

有佛性論者首先問難：「云何有無性眾生，永不涅槃？」無性論者的問答是：因為眾生有種種麁妙善惡不同，故知有無性和有性之分。

第二難：有情無根難

有佛性論者問難：如果汝認為眾生因有麁妙不同，所以有無性眾生，則汝也應信有無根眾生❶，因為由眾生之有根無根，才有種種麁妙境界。若汝說不會有無根眾生，吾亦可說沒有無性眾生。

無性論者答辯說：不可以有根、無根來例比有性、無性，因為無根者若是眾生，則有「泰過」和「不及」二過失。「泰過」過失是謂若無六根而還是眾生，則一切無情草木石等皆是眾生。「不及」過失是說：眾生本來就應具六根，既無六根，何能稱眾生，故「無根眾生」這個名詞根本不能成立。因此不能以有根、無根，而是以有性、無性說眾生之麁妙。

對以上的論辯，有性論者的答辯是：若立無根眾生有二過失，則立無性有情亦有二過失。「泰過」過失是：眾生因違人空故起無

❶根 (indriya) 共有二十二：眼、耳、鼻、舌、身、意、男根、女根、命根、樂、苦、捨、喜、憂（五受根）、信、勤、念、定、慧（五根）、未知當知根、已知根、具知根（三無漏根）等，可見不會有無根眾生。

明，進而造業受報。若不違人空，則無無明業報等，亦即可超凡入聖。但是若說眾生無佛性，則「但聖為凡，無凡得聖」，就成「泰過」過失。「不及」過失在於：「若謂有眾生無佛性者，既無空性，則無無明。若無無明，則無業報。既無業報，眾生豈有，故成不及。既不信有無根眾生，那忽信有無性眾生，以二失同故。」❷❶引文的意思是說因為佛性即空性，如無佛性即無空性。若無空性，就不會對空性有所執著或誤解。既然無空執，則不會起無明等等，乃至無有眾生，如此則有「不及」過失。因此，既然不信有無根眾生，亦不可信有無性眾生。

第三難：諸界互轉難

有性論者論曰：人有剎帝利、婆羅門、六道等性，故在輪迴中，或先為剎帝利，後作婆羅門、或人或天或畜生，可見無決定相，諸界可互轉，如此的話，則應可有無性眾生因努力修行而得涅槃。

第四難：應具諸界難

有性論者又難云：如剎帝利等眾生，因性具一切界，即可生為剎帝利，或吠舍，或天等諸界，則無般涅槃法的眾生（一闡提者），何故不有般涅槃法（證得佛界）呢？無性論者答道：有般涅槃和無般涅槃二界，彼此是相違或不相違耶？若相違，則難「無般涅槃法，何故不有般涅槃法者」，不應道理（因為此二命題本來就是相違）。若不相違，則「補特伽羅是無般涅槃法，亦是有般涅槃法者」，不應

---

❷❶《佛性論》卷 1，《大正藏》卷 31，頁 788 上。

道理（因無別體故）。有性論者反辯云：若言有無二性相違，則「應一有一無。是義不可。若無涅槃性眾生，則不應有涅槃性。汝言具二性，義亦不然。何以故？如剎帝利無婆羅門性，二性相違，決定無故。後則不得為婆羅門，乖世道故。又若俱有性義者，後時決得，若不具性義者，後決不得。若一人具此二義，定何所屬？」 ❹ 引文中的意思是若無性論者言「有」「無」二性相違，則有「乖世道」，因為若剎帝利無婆羅門性（二性相違故），則後決不得為婆羅門，但這有違事實。又者，若言二性不相違而具二性，則眾生可同時具有佛性，後時必得涅槃，反之，則不得。而若一人具此二性，到底是「何所屬」呢？

第五難：無應轉有難

有性論者難曰：眾生無有佛性是定無或不定無？譬如大地，初無金性，後時或有，有已更無。立無佛性亦如是否？若如此者，則「得二乘性竟，後更不得（大乘），得大乘性竟後應更失。」亦即雖修得解脫等功德後更失，則修道無用。決定論者所謂的「決定立性並成無用」，實在有違佛法。有性論者再難說：若立無定性眾生住於下性，是人性不定故，若能轉為涅槃，是今生轉或未來轉呢？若謂今生轉，云何得轉呢？是否得值三寶故轉，或不值也能轉？若說修功德故現在轉，則「無佛性眾生永住下性（不得成佛）」不能成立。相反的，若說今世雖修善根終不能轉，未來才轉故名住下性。則吾

---

❹ 同上，頁 788 中。

人可問此性於未來中，是因修善才轉，或不修也能轉？若修故轉，為何今世修不能轉呢？若說未來不修善自然能轉，則現在若未修，為何也不能轉呢？因此無性論不能成立。

又者，若立佛性為「定無」，則此「定」是由因故定，或不由因故定？若由因故定，此定不成定，因為本來不是定，由其他因緣方定，再者，若說定等共無因，則「非理之事並應得成」。總之，由於「有本定有，無本定無，有不可滅，無不可失」等三種過失的邪執，而有無性論。

以上是《佛性論》作者世親對小乘無性論的評破，基本上，他是根據《瑜伽師地論》無性論的五難六答論辯架構上，更立六難論破。本來《瑜伽師地論》的五難六答是用以建立無性論的，《佛性論》卻巧妙地引用以成立有性論。最澄在《守護國界章》中，將五難六答列舉如下[22]：

一、說無起疑難　　教理並違答。世親破云：執不平等難

二、有情無根難　　假設非例答。世親破云：二失同故難

三、諸界互轉難　　非喻乖理答。世親破云：無決定相難

四、應具諸界難　　互喻無別答。世親破云：定何所屬難

五、無應轉有難　　背法不齊答。世親破云：並成無用難

　　　　　　　　　縱轉不成答。世親破云：三種過失難

---

[22]《守護國界章》卷下之中，《大正藏》卷74，頁229～231上。

如此多番的問難之後，無性論者反問如果一切眾生皆有佛性，為何
經典中還有佛說眾生不住於性，永無般涅槃？《佛性論》解釋說：憎
背大乘法是一闡提因，為令眾生捨此因，以免輪迴不斷，故經作是
方便說，而佛性說的真正意義是：

> 若依道理，一切眾生，皆悉本有清淨佛性，若永不得般涅槃者，
> 無有是處，無故佛性決本有，離有離無故。❷❸

有性論自始至終最基本的堅持是一切眾生皆有佛性。《佛性論》不但
如此，而且主張佛性本有。不過，《佛性論》的最大特點還是在於其
強調佛性的「離有離無」，使佛性不落於實有和虛無的二邊。因之，
「佛性本有」的「本有」超越本體性「有」或「無」的觀念，其真
正的旨趣是為了肯定眾生皆有成佛的屬性。

（二）對外道的評破

　　《佛性論》 論主對外道的評破， 主要是針對鞞世師 （勝論，
Vaiśeṣika）和僧佉耶（數論，sāṅkhya）二外道不知二空所顯的佛性
義而主張諸法有自性說的論難。有自性論的外道認為：諸法各有自
性不空，且其自性定而各異，如水性定濕，火性定熱，涅槃生死，
亦復如是，不可互相轉作，因其各有自性。他們認為若互可轉，則

---

❷❸《佛性論》卷 1，《大正藏》卷 31，頁 788 下。

修道無用。《佛性論》論主反駁道：自性決定不可得，因為如自性真
實存在的話，除了八不可見因❷之外的諸法，當決定可見。但是，
如兔角及蛇耳等，決不可得，「定」永無故，諸法自性亦如是。再
者，若「有自性」者是自性有，則不離空有二處。若「有中有」者，
則二有相並，無能、所用。法既已有，何必復須自性有。若「無中
有」者，何以不能令兔角等有，故知自性空。

　　其次，《佛性論》作者再舉語言自性不可得，以證成諸法皆空，
語言須八緣方成：(1)覺，(2)觀，(3)功用，(4)風氣，(5)八處（臍，胸，
喉，舌等），(6)音聲，(7)名字，(8)開閉。具此八緣，言聲得生，而且
語言之間不同的組合，又可產生不同意義，因此，可說語言性空不
可得。《佛性論》更引《中論》的「諸法不自生，亦不從他生，不共
不無因，是故知無生」一偈解釋諸法之無生自性空。諸法雖無自性，
並不會陷入虛無，因它們隨眾因緣和合而有。《佛性論》舉例曰：

　　譬如前種能生後穀，此前後穀，不一不異，不有不無。若一者，
　　則無前後。若異者，則前穀後豆，故無一異。自性不有不無者，
　　因滅果生故。因滅故不有，果生故不無，因時未有果故，不可

────────────
❷《金七十論》舉八不可見因如下：最遠 (atidūrat)，最近 (sāmīpyād)，根壞
(indriyaghātān)，心不定 (manas anavasthānat)，細微 (saukṣmya)，覆障
(vyovadhāna)，伏逼 (abhidhava)，相似聚 (samānābhihāra)。《大正藏》卷 54，
頁 1246 中。

說有，果生時必由因故，不可說無，以是義故，因果憶知並得
成就，故說無自性。㉕

引文中強調諸法自性不有不無，因為「一切法如實無自性，唯
真實空，是其體性」㉖。因為在「真實空」中，諸法不是靜止消極
的存在，而是動態積極的過程 (Process)。世親遵循佛教傳統無我的
教義評破外道的自性見，其目的乃在明示其佛性思想並不踰越佛教
無自性見的基本教示。

（三）對大乘執見的評破

《佛性論》對大乘見的評破，主要是針對偏執的有無觀和二諦
觀加以破斥。傳統上，中觀學派認為諸法含攝於二諦中，一切諸法
無有自性是真諦，於無自性中，說假有是名俗諦。因此說：「一切有
皆由俗諦。一切無皆由真諦，以於無中假說有故。」世親對此二諦
觀破斥說：

二諦不可說有，不可說無，非有非無故。真諦不可說有，不可
說無者，無人法故。不可說有，顯二空故，不可說無，俗諦亦
爾。分別性故，不可說有，依他性故，不可說無。復次，真諦

㉕《佛性論》卷 1，《大正藏》卷 31，頁 793 上。
㉖同上，頁 793 下。

> 不定有無人法，無一無二，空有不有，俗諦亦爾，分別性故，
> 非決定無，依他性故，非決定有。❷⁷

引文中最重要的觀點是否定了「真諦中無，俗諦中有」的傳統二諦觀，而強調二諦觀的非有非無。世親質疑對真諦無自性的執見，因為對「真諦無有自性」的認識，還是建立在俗諦上才能成立，而世俗語言非實，由此建立的認識自然不可說是真實。因此世親認為正確的二諦觀應重超越「有」、「無」。

世親認為真諦的非有非無，是因為在真諦中無有人法，故不可說有，但是真諦顯人法二空，不可說無。這是《佛性論》非常重要的觀點，此顯示世親完全排除將「真諦」或（人法二）「空」視為純粹否定或虛無，而是在真諦和「空」中建立無限的可能性，尤其在解脫論上。換言之，亦即在諸法空無自性的當下，發揮其動態積極的性格。

對俗諦非有非無的解釋，世親引進了瑜伽系的三性說。在世俗諦中，由於諸法的分別性（遍計所執）假有的存在，不可說有。然而，諸法雖不能說真實的「有」，但是約其依他起（因緣性），不可說無。總之，真諦於人我二法，不定有無，因其非有非無，不一不異，空有不有。但俗諦因分別性故，雖不可說，有卻也非決定無，因依他性故，雖不可說無，卻也非決定有。

---

❷⁷《佛性論》卷 1，《大正藏》卷 31，頁 793 下～794 上。

　　總結而言，世親在破小乘、外道、大乘執見的同時，建立了他的佛性觀，其觀點可歸納如下：

　　⑴一切眾生皆有佛性，但是佛性不可執有，亦不可執無。佛性雖可說是「本有」，但並非與「無」相對的「有」，而是一種本具的成佛潛能。

　　⑵諸法皆無有不變的自性，真實空才是其體性。佛性更是如此，它不是靜止定性的本體，而是人法二空所顯的真如。

　　⑶真諦不否定俗諦，空亦不礙有。空與二諦均非有非無，故與佛性相契合。

三、佛性的體性

　　《佛性論》先在「緣起分」和「破執分」破除對佛性可能的誤解之後，接著在「顯體分」和「辯相分」詳論佛性義。換言之，前二分「破邪」，後二分「顯正」。「顯體分」以「三因」、「三性」和「如來藏」解釋佛性的意義。如表示：

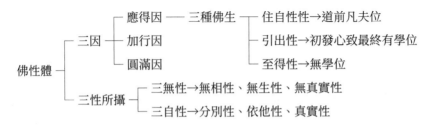

　　三因佛性乃體證佛果的因素，而它包括三個層次，即所謂的應

得因，加行因，和圓滿因。《佛性論》解釋說：

> 應得因者，二空所現真如。由此空故，應得菩提心，及加行等，
> 乃至道後法身，故稱應得。加行因者，謂菩提心。由此心故，
> 得三十七道品、十地、十波羅蜜助道之法，乃至道後法身，是
> 名加行因。圓滿因者，即是加行。由加行故，得因圓滿及果圓
> 滿。❷❽

三因佛性的體性，「應得因」是以「無為如理為體」，加行因和圓滿
因是以「有為願行為體」。雖然說佛性有三因，其實三因皆源自第一
應得因，因其體性乃人法二空所顯的無為如理的真如。由此應得因
潛在的激勵作用，才能引生菩提心、加行乃至圓滿果。「加行因」即
菩提心，由此欣求成佛的願心導引出一切成佛之道所需的修行法門，
如最基本的三十七道品，乃至六度萬行，如此層層增「加」的修
「行」，一直到證得圓滿法身。「圓滿因」可分因圓滿和果圓滿。因
圓滿即福慧行，果圓滿包括智德、斷德、恩德。智德者四智成就，
照了一切法。斷德者斷一切煩惱業無餘。恩德者乘大願力救護一切
眾生。真諦譯《攝大乘論釋》卷十四說：「三身即三德：法身是斷
德，應身是智德，化身是恩德。由三身故至，具三德相果。」❷❾

---

❷❽《佛性論》卷 1，《大正藏》卷 31，頁 794 上。

❷❾《攝大乘論釋》卷 14，《大正藏》卷 31，頁 257 下。

　　應得因雖是「無為如理」為體，但是本身又具有三種佛性，與成佛修行歷程的三階段相應。三性是「住自性性」、「引出性」、「至得性」，住自性的佛性隱含在道前凡夫身中，也就是說道前凡夫，雖還未真正踏上修行成佛之道，他們還是本具住自性佛性，只是此時隱而不見。所有佛教的實踐者，從初發心一直到最後的有學聖位❸，他們的佛性即叫做引出性佛性。至得性佛性指無學聖位，即佛果位。三種佛性雖因修證歷程而有不同，皆源自應得因，而以無為真如為體。雖因證悟程度而區分為三，其本質無有差別。

　　賢洲的《佛性論節義》解釋「應得因」為「正因佛性空如來藏」，因「無有離二空所顯真如而能厭苦求涅槃」❸。由於此二空的積極作用，引出福慧行，即緣了二因，能令正因佛性出障，顯現至果，成就三德三身。此解釋頗能符合《佛性論》將佛性視為積極動態的潛能，而非不變的本體。

　　其次，《佛性論》以瑜伽系的三性解釋佛性。三性包括三無性及三自性。三無性是無相性、無生性、無真實性。《佛性論》說：「此三性攝如來性盡。何以故？以此三性通為體。」❸如來性是二空所顯真如，離有離無。一切諸法無有相可得，也無有性可得，故以三無性為通體。如離三無性，則墮斷常等邪執，不能證入佛性非有非

❸有學聖位包括初發心、十信、十住、十行、十回向、十地等階位。
❸《佛性論節義》卷2，頁31上。
❸《佛性論》卷2，《大正藏》卷31，頁794上。

　　無，故言佛性為三無性所攝盡，如此解釋可使佛性義符合佛教傳統無我思想，免於被誤認佛性為神我論。

　　「無相性」即《瑜伽師地論》所說的「相無自性性」，意謂諸法僅名言所顯，即遍計執隨言而有，本來無相。一切法由因緣生，不由自生、他生、或自他生，亦即依他性藉眾緣生，無自然生，故名「無生性」或「生無自性性」。「無真實性」即「勝義無自性性」，意謂「一切諸法離真相故，無更別有實性可得」。《解深密經》解釋勝義無性有二義：1.就依他性以解勝義無性。也就是說此勝義無性亦是依他，由於因緣無常法體非真實，由此之依他無勝義。2.就圓成實體以明勝義無自性性。此又分二義：⑴圓成實性之特性在於離名言，沒有勝義之義或相可執，故言勝義無性。⑵此圓成體是勝義，如此勝義由無相、無生二門所顯，故名勝義無性。❸總之，三無自性性是從負面的層次來說明諸法皆無自性，而三自性則是從正面而言。其實，二者的觀點並無二致，只是角度不同而已。

　　根據《佛性論》論主的詮釋，佛性不但為三無性，而且也為三自性所攝。三自性是傳統瑜伽系統所說的分別性、依他性和真實性。《佛性論》以十種義廣解三自性義：⑴分別名，⑵緣成，⑶攝持，⑷體相，⑸應知，⑹因事說，⑺依境，⑻通達，⑼若無等，⑽依止。首先解釋三自性的意義：

---

❸《瑜伽師地論》卷73，《大正藏》卷30，頁702中；《佛性論節義》卷2，頁33上。

分別名者,為隨名言假說故,立分別性。若無此名言,則分別
性不成,故知此性但是名言所顯,實無體相,是名分別性。依
他性者是十二因緣所顯道理,為分別性,作依止故,故立依他
性。真實性者,一切諸法真如,聖人無分別智境,為清淨二性,
為解脫三,或為引出一切諸德故,立真實性。㉞

引文中三性之定義,基本上與《瑜伽師地論》卷七十三「嗢陀南」
的「分別」相似。引文說真實性「為清淨二性,為解脫三」的意思
是由證入真如真實性,就能「清淨」分別和依他「二性」,圓滿「解
脫」的第「三」真實性。《瑜伽論》說真實性「能令解脫一切相縛及
麤重縛」。㉟而根據《三無性論》說:「若分別性起能為二惑繫縛眾
生。一者相惑,二者麤重惑。相惑即分別性,麤重惑即依他性。」㊱
可見《佛性論》對三自性定義還是依據《瑜伽論》的。

　　再者,從「攝持」義解釋三性與五法的關係,《佛性論》和《瑜
伽師地論》之說法亦一致。五法是:(1)相,(2)名,(3)分別思惟,(4)
聖智,(5)如如。前三者是世間智,聖智屬於出世智,如如則是無為
境。五法與三性的關係如下:

㉞《佛性論》卷 2,《大正藏》卷 31,頁 794 中。

㉟《瑜伽師地論》卷 73,《大正藏》卷 30,頁 703 中。

㊱《三無性論》卷下,《大正藏》卷 31,頁 870 下。

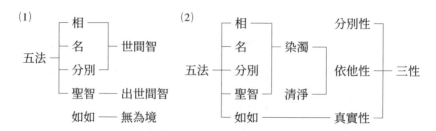

由上述的關係可看出依他性有二種特性，則所謂的「染濁依他」和「清淨依他」。前者緣分別得成，後者緣如如得成，可見依他性在轉染成淨的修行過程中，扮演關鍵性角色。

　　三自性的十義中，「若無等」很值得注意。以下討論諸法若沒有三自性的存在，會有什麼問題。《佛性論》先問後答：

> 問曰：「若分別性無，有何過失？」
>
> 答曰：「若無分別性，則名言不立。名言不立故，則依他性不得成就，乃至不淨品，並皆不立。」
>
> 問曰：「若無依他性，有何過失？」
>
> 答曰：「若無依他性，一切煩惱不由功用，應自能滅。若爾淨品亦不得成。」❸

　　若從真諦的層次而言，當清淨依他轉分別遍計執性成為圓成實性時，分別和依他即不復存在，可見上面引文中「若無」三自性的假設

---

❸《佛性論》卷 2，《大正藏》卷 31，頁 795 中。

性問題，是從世俗諦而言。《佛性論》作者試圖從反面來說明三自性的作用。分別性的體性，雖「恆無所有」，然在世法中，分別性卻依止依他性的名言而成之，而依他性則執分別性所緣而顯現，攝盡一切生死染法。因之，若無分別、依他性，則有「不可知雜染清淨」過。

問曰：「若真實性無，有何過失？」

答曰：「若無真實性，則一切一切種清淨境不得成故。一切者，別攝真俗盡。一切種者，通攝真俗故。」❸

真實性乃一切清淨之所依，這是顯而易見的。《佛性論節義》作者賢洲對上面引文所說，若無真實性「一切一切種清淨境不得成」，認為不但「清淨境」不成，「染污境」亦不成，因為真實性是染淨諸法之共依，❸可見賢洲言之有理。值得注意的是，在肯定真實性為一切一切種染淨所依之後，《佛性論》隨即強調真如真實性超越染淨。如《論》說：

問曰：「是真實性，為可立淨、為立不淨？」

答曰：「不可得說定淨不淨。若定淨者，則一切眾生不勞修行，

---

❸同上。

❸《佛性論》亦有言：「淨不淨品，皆以如為本。」《大正藏》卷 31，頁 795 中～下。

　　自得解脫故。若定不淨者，一切眾生修道即無果報。若定淨者，
　　則無凡夫法，若定不淨者，則無聖人法。」❹

　　真實性雖為染淨共依，然其非定淨或定不淨。若定淨的話，則無凡
夫，眾生皆可不經修行而解脫，可是事實不然。反之，若定不淨，
則無聖人法，因為眾生修行將徒勞無功。❹此即《論》所說「若其
定淨，不即無明。若其不淨，不即般若」。換言之，染淨法皆不成
立。然由於淨與不淨性空不異，故真如實性雖為染淨依，約其本性
淨而言，它是「非染非不染」，約其客塵染而言，則「非淨非不淨」。
　　以上所說瑜伽所立的三自性與三無性，是《佛性論》引為會通
如來藏的理論根據。不過《論》中的〈三性品〉僅解釋三無性和三
自性的意義，至於其與佛性的關係，《論》也只說佛性為「三性所
攝」，並未詳細說明。不過，吾人可從其說明真如染淨略知一二。真
如是佛性之同義詞。《佛性論》染淨緣起皆以真如為本。若真如隨無
明，則一切不淨緣起；若與般若相應，則一切淨性起。雖說真如為
不淨緣起，其於「佛地本性清淨」，其不淨，與不淨緣起的有漏諸根
本質上有所不同。換言之，真如（佛性），雖在「無明殼中，終不為

---

❹《佛性論》卷 2，《大正藏》卷 31，頁 795 中。

❹真如之非淨非不淨，《辯中邊論》卷上亦說：「此若無雜染，一切應自脫；此
　若無清淨，功用應無果。」（《大正藏》卷 31，頁 466 中。）《佛性論》與此
　說法一致。

彼所染」。❷此真如緣起說法，與真常如來藏系相同，但與瑜伽之真如觀有所不同。

《佛性論》在〈顯體分〉中第三分〈如來藏品〉，從三方面說明佛性（如來藏）的意義：

⑴所攝藏

《佛性論》說：「所攝名藏者，佛說約住自性如如，一切眾生如來藏。」❸這是就眾生為如來所攝藏的意義下，說一切眾生皆有如來藏（佛性）。如來藏的「如」有二義：一者如如智，二者如如境。前者指主觀世界的「能」，後者是客觀世界的「所」，能所相即相入並立「不倒」，故說是「如如」。如來的「來」有二方面意義：「來至」（如如）和「至得」（解脫）。即所謂「約從自性來，來至至得是名如來」。換言之，如來佛性同時俱「來至」的因性，和「至得」的果性。不過，因位和果位雖有染淨不同，其體不二。在因位時違二空而起無明煩惱，雖未即顯，必當可現，故此時名為「應得佛性」。在果位時與二空合，煩惱不染，清淨果顯現，故名「至得佛性」，此二佛性，同一真如。

《佛性論》解釋「藏」義說：「所言藏者，一切眾生悉在如來智內，故名為藏。」由於「如如智」與「如如境」相應，處於如如境中的一切眾生，自然為如如智所攝持。再者，「藏」又可從三個層面

----

❷《佛性論》卷 2，《大正藏》卷 31，頁 795 下。

❸同上。

瞭解：⑴顯正境無比。⑵顯正行無比。⑶現正果無比❹。如來藏具含如如境，智慧的正行修持和佛果。三者都說是「無比」，乃為顯如來藏的究竟義。在「正境」和「正果」之間，加入一個「正行」，充分表現出《佛性論》將如來藏（佛性）動態化的一貫立場。總之，由於一切眾生悉在如來智內，佛果能攝藏一切眾生，故說眾生為如來藏。

　⑵隱覆藏

　「隱覆為藏者，如來自隱不現，故名為藏……如來性住道前時，為煩惱隱覆，眾生不見故名為藏。」❺如來藏在住道前，其自性清淨為煩惱所覆蓋故不顯現，但是此如來性從「住自性性來至至得」，其體不曾有變異。

　⑶能攝藏

　「能攝為藏者，謂果地一切過恆沙數功德，住如來應得性時，攝之已盡故。」❻「如來應得性」，指未發心前之眾生而言，此時已經攝盡「果地一切過恆沙數功德」，亦即眾生位時已本有果地功德，只是隱而不顯而已。

　總結而言，《佛性論‧顯體分》將佛性解釋為真如。真如乃是主觀世界（如如智）和客觀世界（如如境）融合而成的境界，它包含

❹《佛性論》卷 2，《大正藏》卷 31，頁 796 上。

❺同上。

❻同上。

了「境」、「行」、「果」，也就是所謂的「應得因」、「加行因」、「圓滿因」。在境、行、果三境地中，最重要的基礎是「境」（應得因），因為由於它的本有存在，使得修行和證果成為可能。同時，要強調的是「因境」和「果地」體性皆本淨，無有差別。如來藏（佛性），如同依他起性，若不達空理，則成染境（染污依他），若證入空理，則成淨境（清淨依他）。不過，不管在染在淨，本淨並無改變。當然，若人對「本淨」，又起執著，就會再次落入違逆空理的困境，所以再次強調真如「非淨非不淨」。

四、佛性十相

《佛性論》的〈辯相分〉中說明了佛性的十相：⑴自體相，⑵因相，⑶果相，⑷事能相，⑸總攝相，⑹分別相，⑺階位相，⑻遍滿相，⑼無變異相，⑽無差別相。前〈顯體分〉闡明佛性的體性，〈辯相分〉則著重在佛性的特相，如佛性的性質、作用、功德等問題。❹

（一）佛性的自體相

佛性的自體相可分成通相和別相去瞭解。通相是自性清淨。如來性在煩惱中不被染污。雖說佛性的「自性」清淨，它的自性並不意味一個不變實體的自我 (taman)，因為《佛性論》作者一再強調佛

---

❹佛性十相與《寶性論》的如來藏十義內容相同。

性是與空性相應所顯真如，故與外道的神我自性義不同。從下面對佛性「別相」的說明，可更清楚看出佛性非我論。佛性自體的別相有三：⑴如意功德性。⑵無異性。⑶潤滑性。

《佛性論》比喻佛性為如意寶珠，隨所樂事，自然得成。眾生由於佛性的策勵，修諸福德，也可隨各自意願證果。佛性之所以能產生「如意功德性」的作用，乃是佛性有五藏義。五藏指如來藏、正法藏、法身藏、出世間藏、自性清淨藏。五藏出自《勝鬘經》，廣為論典所引用，如《寶性論》、真諦譯《攝大乘論釋》等。《寶性論》引以說明如來性的「因義」。❹《攝論釋》則引來闡釋「一切法依止」的「界」義，和「法身含法界五義」，❹其說法大同小異。

《佛性論》中的五藏大意如下：⑴如來藏：藏是自性義。一切諸法不出如來自性，故說一切法為如來藏，❺但是此性以無我為性，完全沒有我本體的意味。⑵正法藏：「因是其藏義，以一切聖人四念處等諸法，皆取此性作境」。❺⑶法身藏：「至得是其藏義」，由於一切聖人「信樂正性」，「至得」法身常樂我淨四德。❺⑷出世藏：「真

---

❹《寶性論》卷 4，《大正藏》卷 31，頁 839 上。

❹《攝大乘論釋》卷 15，《大正藏》卷 31，頁 264 中。

❺《攝論釋》的解說是：「一性義，以無二我為性，一切眾生不過此性故。」（《大正藏》卷 31，頁 264 中。）

❺《攝論釋》亦說：「二因義，一切聖人四念處等法緣，此生長故。」（《大正藏》卷 31，頁 264 中。）

實」是藏義。世間有為法可滅盡，虛妄不住，妄見顛倒，但是出世法無此過失，故名真實。(5)自性清淨藏：「秘密」是其藏義。這是說眾生若隨順此性，則為清淨，若違逆則自性成為染濁。如《勝鬘經》所說，自性清淨是甚深秘密難可了知的。

佛性的第二個別相是「無異性」。凡夫、有學聖人、諸佛，此三雖異，其性皆是空。佛性於三位中平等遍滿，無有差別。猶如《不增不減經》所說：「眾生界不異法身，法身不異眾生界。」而由於淨不淨於三位中無變異，故說佛性如虛空性。

佛性的第三別相是潤滑性。《論》解釋其義說：

> 潤滑性者，辯如來性，於眾生中，現因果義。由大悲於眾生軟滑為相故。……潤以顯其能攝義，滑者顯其背失向德義。❺❸

佛性的潤滑性表現在大悲上，大悲是如來性的大用，所謂「如來性於眾生中，現因果義」者，是說：「在果如來性」源自大悲的「在因如來性」，而「在因如來性」也無不滋潤於「在果如來性」中，此乃因大悲與如來性不相捨離。

---

❺❷ 《攝論釋》解說「法身藏」，與《佛性論》顯有不同。前者說由於凡夫、二乘人為虛妄法隱覆，不得見法身，因此法身藏的「藏」是隱「藏」義，而不是「聖得」義。(《大正藏》卷31，頁264中。)

❺❸ 《佛性論》卷2，《大正藏》卷31，頁796下～797上。

　　總之，佛性的基本體相是自性清淨相，它像如意寶珠一樣，具有隨修行者意樂所證得的不可思議功德，尤其大悲，猶如水界，具潤滑相，能潤、能攝、能長一切功德。而此如意功德無論在因位或果位，其本質如虛空性平等無有差別。

（二）佛性的四相

　　佛性的因相中，《佛性論》舉四種因，能在去除四障後，證得法身四德。

　　四因是：⑴信樂大乘。⑵無分別般若。⑶破虛空三昧。⑷菩薩大悲。

　　四障是：⑴憎背大乘。⑵身見計執。⑶怖畏生死。⑷不樂觀利益他事。

　　四類眾生、四障、四因和四果之關係可表列如下：

眾生類別	四障	四因（對治）	四果（波羅蜜）
1.觸覺	不樂觀利益他事	菩薩大悲	常
2.聲聞	怖畏生死	破虛空三昧	樂
3.外道	身見計執	無分別般若	我
4.一闡提	憎背大乘	信樂大乘	淨

　　四障能障四種人：初障闡提，二障外道，三障聲聞，四障緣覺。由此四障能令他們不能得見佛性，亦即不見自性清淨法身。而對治四障的方法，就在於實踐上述的佛性四因，最後即可證得常樂我淨四波羅蜜果。

　　修習四因得無上法身波羅蜜者得名佛子，佛子有四義。⑴因：
因者可分無為信樂和有為信樂。前者約能顯了性得之正因佛性，可
稱為了因佛性，後者約加行能生眾行，可稱為生因佛性。⑵緣者：
即般若波羅蜜，能生菩薩身，是無為功德緣因。⑶依止：指破空空
三昧，除怖畏生死執。⑷成就：指大悲利益眾生。總結譬喻如下：
「一因如父母身，二緣如母，三依止如胞胎，四成就如乳母故，諸
菩薩由此四義名為佛子。」❺❹此相當於《寶性論》所說：

> 大乘信為子，般若以為母，禪胎大悲乳，諸佛如實子。❺❺

　　佛性的因相從信→般若→禪定→大悲，可見佛性代表著佛子起
信、修行（智慧與禪定）、證果的整個修行過程。如此的瞭解，就不
會對佛性視為在個人修行歷程後面一個不變的主體性存在。

（三）佛性的果相——四德

　　佛性思想中最具特色和爭議性的教義，除了自性清淨心之外，
就是佛性的四德相——常、樂、我、淨四波羅蜜。傳統佛教認為眾
生有四倒見：於色等五陰實是無常，起於常見，實苦起樂見，無我
起我見，不淨起淨見。此四顛倒見使眾生不得見諸法真相，而無法

---

❺❹《佛性論》卷 2，《大正藏》卷 31，頁 798 上。
❺❺《寶性論》卷 2，《大正藏》卷 31，頁 829 中。

證得解脫，其對治方法即是起四無倒見：無常、苦、無我、不淨。
然而，就佛性而言，常等四德並非顛倒，而是正見。如《佛性論》
引《勝鬘經》說：

> 一切聲聞獨覺由空解未曾見一切智智境。如來法身應修不修故。
> 若大乘人，由信世尊故，於如來法身，作常樂我淨等解，是人
> 則不名倒，名得正見。❺❻

如來四德波羅蜜是由佛性四因修得，即⑴由於一闡提憎背大乘，為
改變樂住生死不淨，修習信樂大乘法，而得淨波羅蜜。⑵諸外道於
五取陰中，執見為我，為翻其虛妄見，修習般若，得最勝無我，即
我波羅蜜。⑶聲聞怖畏生死，修破虛空三昧，得樂波羅蜜。⑷獨覺
者只樂獨處靜住，不作眾生利益事。為對治而修大悲利眾生行，即
可成就常波羅蜜。❺❼

　　四德中的常波羅蜜和我波羅蜜，因為與傳統佛教所強調的無常
無我的教義有不同的說法，故爭議性較大。《佛性論》也特別加以辯
解四德說不違佛法。如《論》解釋「大常波羅蜜」如下：

> 有二種因緣，說如來法身有大常波羅蜜。一無常生死不損減者，

❺❻《佛性論》卷2，《大正藏》卷31，頁798中。
❺❼《佛性論》卷2，《大正藏》卷31，頁798中～下。

遠離斷邊。二常住涅槃無增益者，遠離常邊。由離此斷常二執
故，名大常波羅蜜。❺

　　由引文可知，所謂的常波羅蜜並非指諸法有任何一法是常不變，
而是超越斷見、常見之後，方謂常波羅蜜。也就是《勝鬘經》所說：
「若見諸行無常是斷見，不名正見。若見涅槃常住，是名常見，非
是正見。」❻故如來法身離於二見，名為大常波羅蜜。
　　我波羅蜜的解釋又是如何呢？《佛性論》說：

由一切外道，色等五陰無我性類計執為我，而是色法等，與汝
執我相遠故，恆常無我。諸佛菩薩由真如智，至得一切法無我
波羅蜜，是無我波羅蜜，與汝所見無我相，不相違故，如來說
是相恆常無我，是一切法真體性故，故說無我波羅蜜是我。❻

引文的重點是說諸佛菩薩由「真如智」，能證入一切法的無我性，得
無我波羅蜜，而此無我波羅蜜正是「我」。換言之，「我」即是「無
我波羅蜜」。但問題是既然是無我，為何又叫我呢？《佛性論》引經
偈解釋說：

❺《佛性論》卷 2，《大正藏》卷 31，頁 799 下。
❻《勝鬘經・顛倒真實章》第十二，《大正藏》卷 12，頁 222 上。
❻《佛性論》卷 2，《大正藏》卷 31，頁 798 下。

　　二空已清淨，得無我勝我，佛得淨性故，無我轉為我。❻❶

偈頌的意思是當菩薩證入人法二空時，得最勝無我。此「最勝無我」
之所以勝於二乘的無我，乃在於其不但證得人空，也證入法空。更
重要的是當證得清淨佛性時，「無我」轉為「我波羅蜜」，因為此時
「我」是二空之後顯現的真如，含有無限的積極性佛功德。這種從
執我→無我→我三個層次的轉折，很像禪宗所說的未見道時的「見
山是山，見水是水」（凡夫外道執我的層次），開始修道的「見山不
是山，見水不是水」（菩薩二空無我的境界），證悟時的「見山又是
山，見水又是水」（法身真如我波羅蜜）。雖然第一和第三層次皆言
「我」，可是其本質已大大不同。如《論》說：

　　有二種因緣，說如來法身有大我波羅蜜。一由遠離外道邊見執
　　故，無有我執。二由遠離二乘所執無我邊故，則無無我妄執。
　　兩執滅息故說大我波羅蜜。❻❷

---

❻❶《佛性論》卷2，《大正藏》卷31，頁798下。《寶性論》卷3也引用同樣的
　　偈頌：「知清淨真空，得第一無我。諸佛得淨體，是名得大身。」（《大正藏》
　　卷31，頁829下。）此偈二論皆引自《大乘莊嚴經論》：「清淨空無我，佛說
　　第一我；諸佛我淨故，故佛名大我。」（《大正藏》卷31，頁603下。）
❻❷《佛性論》卷2，《大正藏》卷31，頁799中。

引文的意思是說「我」波羅蜜（第三層次）是在所有凡夫外道「我」（第一層次），聲聞「無我」（第二層次）虛妄執滅息之後的真如境界，這是無我的我，它既已超越「我」、「無我」，自然不含神我意義，而它的被認為有神我色彩，乃是它用的是肯定語言的表達，然而這也正是如來藏（佛性）思想的特點，目的是在解脫道上發揮積極鼓勵的作用。

（四）佛性的總攝相

1.轉　依

　　佛性的總攝相有二種：⑴由因攝，⑵由果攝。因攝中的①「法身清淨因」則修習信樂大乘法，②「佛智德生因」即修習般若，③「佛恩德因」，乃大悲之實踐。「果攝」是從如來法身的三種法而言，即①神通，②流滅，③顯淨。「神通」指法身德相的事用。「流滅」指法身真智滅惑。「顯淨」即指因「轉依」而顯清淨（解脫障滅）、無垢（一切智障滅）、澄清（本性清淨顯）。

　　轉依 (āśrayaparāvṛtti) 即是轉凡為聖，轉染成淨，轉煩惱為菩提，轉生死為涅槃。《佛性論》說轉依是聲聞緣覺菩薩三人所依止法。換言之，轉依代表著從有漏生死到無漏涅槃的歷程，是三乘所共同的。如《瑜伽師地論》說：「阿羅漢實有轉依，而此轉依與其六處，異不異性俱不可說。何以故？由此轉依，真如清淨所顯。」 [63]雖說轉依

---

[63]《瑜伽師地論》卷 80，《大正藏》卷 30，頁 747 下。

指阿羅漢和如來的解脫悟證，但是依其究竟程度而言，《攝大乘論》
將它分成六個層次：⑴增力益能轉，⑵通達轉，⑶修習轉，⑷果圓
滿轉，⑸下劣轉，⑹廣大轉。前四者是趣入圓滿佛果的次第轉依，
後二者是小乘與大乘轉依的差別。可見隨著大乘教義的發展，對轉
依的意義和詮釋也跟著豐富起來，最後發展成瑜伽學派很重要的教
義之一。

　　大乘佛教中的瑜伽學派和如來藏學　（尤其是在與瑜伽學會通之
後）都重視轉依的安立，但是二學派對轉依的詮釋卻有極大的差別。
為了說明轉依的依止 (āśraya)，瑜伽學立阿賴耶 (ālaya) 識為一切法的
所依，如來藏學則立如來藏為所依止。❻前者阿賴耶異熟種子屬雜
染性，後者如來藏乃清淨本有。兩者各有理論困難，也有其特點。
簡言之，二學派轉依的最大不同，在於瑜伽學派講「轉捨」（或轉
滅）阿賴耶識依止後，「轉得」離垢真如，而如來藏學則因主張雜染
屬客性，而清淨本具，故其轉依的重點不在於「轉捨」或「轉得」，
而在於轉「顯」自性清淨。

　　《佛性論》解釋轉依有四種相：⑴生依，⑵滅依，⑶善熟思量

---

❻《勝鬘經》解釋如來藏為生死與涅槃的依止如下：「生死者，依如來藏。以
　如來藏故，說前際不可了知。世尊！有如來藏故得有生死。是名善說。……
　如來藏者，常恆不壞。是故世尊！如來藏者，與不離解脫智藏，是依、是
　持、是為建立；亦與外離不解脫智諸有為法，依、持、建立。」（《大正藏》
　卷 11，頁 677 下。）

果，⑷法界清淨相。《論》說：

> 生依者，佛無分別道相續依止。若不緣此法，無分別道即不生。
> 以依緣此故，名此法為道生依。
> 滅依者，一切諸惑及習氣究竟滅不生，無所依止故。若不依此
> 轉依法究竟滅惑者，則聲聞獨覺與佛滅惑不異。由不同故，故
> 知此法為究竟滅惑依止。❻

諸佛的「無分別道」，若無轉依中的本性清淨本然存在，即不得生，
故稱它為「道生依」，諸惑及雜染亦須依轉依法，才能滅盡，故亦稱
「滅依」。以上轉依的「生依」、「滅依」，正是《勝鬘經》所說的若
無如來藏，不得厭生死、欣涅槃。《寶性論》亦說：「若無佛性者，
不得厭諸苦，不求涅槃樂，亦不欲不願。」「見苦果樂果，依此
（佛）性而有，若無佛性者，不起如是心。」❻ 總之，佛性的不可
思議業用，在於它是「滅」染法之所「依」，「生」淨法之所「依」，
亦即轉凡成佛的根本因素。

佛性轉依的第三相是「善熟思量果」：

> 善熟思量果者，善正通達，長時恭敬，無問無餘等修習所知真

---

❻《佛性論》卷3，《大正藏》卷31，頁801中。
❻《寶性論》卷3，《大正藏》卷31，頁831上。

> 知，是轉依果。若在道中，轉依為因，若在道後，即名為果。
> 若轉依非是善熟思量果者，則諸佛自性應更熟思量，更滅更淨。
> 而不然者，故知轉依為善熟思量之果。❻❼

引文中將佛性視為修行的全部過程，包括在道中「長時、恭敬、無間、無餘」四修行的轉依因，以及修習善熟思量後「所知真如」的轉依果。若不如此，則佛性在證入真如之後，豈不更有斷滅或還淨。事實不然，故說轉依是「善熟思量果」。

轉依的第四相是「法界清淨相」：

> 法界清淨相者，一切妄想於中滅盡故，此法界過思量，過言說
> 所顯現故，故以法界清淨為相。❻❽

由於轉依之後，一切妄想皆伏滅，故為極善清淨法界所顯。「若不爾者，則諸佛自性應是無常可思議法。然此轉依是常住相不可思議」❻❾，故以清淨為相。總之，轉依四相代表著佛教上修行實踐的歷程，一切修行的基礎在於轉依是清淨法的「生依」，同時又是染污

---

❻❼《佛性論》卷 3，《大正藏》卷 31，頁 801 中。

❻❽同上。

❻❾《佛性論》所舉轉依四相，與真諦譯《攝大乘論釋》（《大正藏》卷 31，頁 248 下），和無著造《顯揚聖教論》（《大正藏》卷 31，頁 517 上）所說相吻合。

法的「滅依」。換言之，轉凡成聖之所以可能是因為轉依有此「生」、「滅」二作用。而此「生」「滅」的交替是在無間、無餘、長時的恭敬善熟思量修習中進行的，當修習圓滿完成，就是清淨無所得真如顯現之時。從佛性轉依四相，可見佛性代表著動態積極的成佛過程和成果。

除了以上四相之外，《佛性論》再以「八法」解釋轉依。八法是：⑴不可思量，⑵無二，⑶無分別，⑷清淨，⑸照了因，⑹對治，⑺離欲，⑻離欲因。而此八法又由離欲和離欲因所攝。離欲是滅諦，離欲因是道諦。其相攝關係如下：

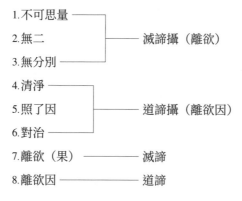

轉依之所以「不可思量」，乃因能覺觀思量，通達有無，亦有亦無，非有非無等四句，詮辯一切眾生言語名句，證知無分別智，故名不可思量。轉依如來法身的「無二」，是指無煩惱及無業障。世間的有為法，皆從惑業生，故眾生依止「有差別」，但法身不從惑業

生，故如來依止「無差別」。轉依的「無分別」，是說世間法由人我二執分別，故有種種差別，煩惱與業相繼而起，而法身本來離二執分別，故說如來法身苦滅究竟永無生起。但是此處所言的苦滅，並「非為除滅一法故名為滅，以本來不生故名為滅」。❼這是如來藏思想一向強調的煩惱為客塵，所以並非滅惑然後方為苦滅，因為本來就無真實的煩惱可滅，能體證此義，才是真正的苦滅。這也就是《勝鬘經》所說的苦滅者「非滅壞法，名為苦滅。所言苦滅者，名無始、無作、無起、無盡、離盡，常住自性清淨離一切煩惱藏」❼。如來法身不但本性上遠離一切煩惱，而且「不離、不脫、不異一切不可思議的如來功德」，故說如來法身的「不可思量」、「無二」、「無分別」是滅諦所攝的「離欲」境界。

　　轉依八法中的「清淨」、「照了因」、「對治」屬見道諦修道所攝，是離欲因。離欲因有二種修：(1)如理修，(2)如量修，《佛性論》解釋說：

世間所知，唯有二種。一人二法。若能通達此二空者，則為永得應如實際，是故名為如理。如量際者，窮源達性，究法界源故名為際。如理修者，不壞人法。何以故？如此人法本來妙極寂靜故，無增無減，離有離無，寂靜相者，自性清淨，諸惑本

---

❼ 《佛性論》卷3，《大正藏》卷31，頁801下。

❼ 《勝鬘經・法身章》第八，《大正藏》卷12，頁221下。

來無生見此二空名寂靜相。自性清淨心名為道諦，惑本無生，
淨心不執名為滅諦。⓻

以上引文是約「空如來藏」以明如理智。諸惑之所以本來不生，乃
因諸惑本體虛妄從眾緣，緣生故無自性，無自性故本來空，本來空
故，自性清淨。如果能通達空如來藏，本來無惑無相，人法性本妙
極寂靜，即能以此如理智慧，不壞人法地如理而修。

如量智者，究竟窮知一切境，名如量智，若見一切眾生乖如境
智，則成生死，若扶從境智，則得涅槃。一切如來法，以是義
故，名為如量。⓽

此乃約「不空如來藏」以明如量智。本來不空如來藏即性具過恆沙
數無量如來功德，但是眾生「乖如境量」，故轉為過恆沙數無量生死
過失。反之，則一切如來功德顯現，故名如量。

如理智與如量智是自證知見，由自得不從他得，故屬自證知見。
又如理智為因，因為它能作生死和涅槃因。乖違如理則成生死，順
如理則成涅槃，而生死涅槃平等一性，能如此知，即是如理智。由
於如理智能滅盡「解脫障」、「一切智障」等三惑⓾，亦可說是清淨

⓻《佛性論》卷 3，《大正藏》卷 31，頁 802 上。
⓽《佛性論》卷 3，《大正藏》卷 31，頁 802 上～中。

因。如量智為果，因為它能於平等理中照知差別法，從而圓滿智、斷、恩三德，亦可說是圓滿因❼❺。

以上是《佛性論》總攝如來藏系和瑜伽學思想，從四相、八法解釋轉依。其次，它又以「七種名」說明轉依法身的果德。七種名是：⑴沉沒取陰，⑵寂靜諸行，⑶棄捨諸餘，⑷過度二苦，⑸拔除阿梨耶，⑹濟度怖畏，⑺斷六道果報。

⑴沉沒取陰

「取」是執取，「陰」者構成身心世界的五蘊。因為有所執取，故有五陰世界的存在。取是因，陰是果。「沉沒」是謂法身中因果俱無，畢究永無取陰。取有四種：①欲取，②見取，③戒取，④我語取 (ātmavāda-upādāna)。欲取者貪執欲界六塵。見取又分身見、偏見、邪見和見取見四種。戒取乃執著世間邪正等戒，包括內道五戒等，和外道諸苦行雞狗等戒。我語取者「緣內身故，一切內法為我語，貪著此內法名我語取」❼❻。換言之，我語取亦即是我見。轉依後之法身既無各種取著，亦無五陰的輪轉，故名「沉沒取陰」。

⑵寂靜諸行

一切有為法皆名行 (saṃskāra)，與生、異、住、滅四相相應，生

---

❼❹梁譯《攝大乘論》中以皮、肉、心為三種惑。

❼❺《佛性論》卷 3，《大正藏》卷 31，頁 802 中；《佛性論節義》卷 3，頁 90 上。

❼❻《佛性論》卷 3，《大正藏》卷 31，頁 802 下。

生不息。如來法身則不如是，約前無生，離意生身，約後無滅，過無明住地，湛然常住。

(3)**棄捨諸餘**

二乘人有三種餘：①煩惱餘（無明住地），②業餘（無漏業），③果報餘（意生身），而轉依法身已滅盡一切業、煩惱、生死等諸餘，安住四德圓滿。

(4)**過度二苦**

二苦有多種類別，如①凡夫苦樂的三受苦，②聖人的行苦。又如①身苦，②心苦。再如①二乘界內苦，②菩薩界外苦。轉依法身無凡夫二乘之麤苦，亦無菩薩四種生死細苦，故說過度二苦。

(5)**拔除阿梨耶**

阿梨耶的涵義隨著佛教思想的發展而有所不同。《大乘義章》卷三末云：「阿梨耶者，此方正翻名為無沒。雖在生死不失沒，故隨義傍翻，名列有八。一名藏識，二名聖識，三名第一義識，四名淨識，五名真識，六名真如識，七名家識，亦名宅識，八名本識。」❼❼這是地論師所判，若依攝論師則以藏為阿梨耶義。新譯云阿賴耶，翻為藏識，因其有能藏、所藏、執藏三義。依始教而言，阿賴耶為妄識，僅就生滅緣起中建立阿賴耶，為異熟識諸法依，與真如未有融通。若依終教，則阿賴耶與染淨融通而有二分義。如《大乘起信論》說：「不生不滅與生滅和合，非一非異名阿賴耶識」❼❽，即與真如隨薰和合。

---

❼❼《大乘義章》卷 3 末，《大正藏》卷 44，頁 524 下。

　　《佛性論》釋阿賴耶為生死本，能生四種末：即二種煩惱、業和果報。二種煩惱之一是指以無明為本的一切煩惱，無相解脫門為其對治法。另一種煩惱是指以貪愛為本的一切煩惱，無願解脫為對治道。「業」者，以凡夫性的身見為本。「果報」者，依阿梨耶識為本，因未離此識，故果報不斷。

　　至於在何果位「拔除阿梨耶」，有二說。若以始教而言，有三拔除分位：⑴我愛執藏現行位：七地菩薩、二乘有學及一分異生，從無始以來執此我愛執藏，故名「我愛執藏現行位」。但是到了八地菩薩和二乘無學位即捨此執藏阿賴耶。⑵善惡業果位：此位包括從無始至菩薩金剛心，或解脫道時，乃至二乘無餘依位，都屬善惡業果位，其阿梨耶名異熟識，證得如來果位時才能捨。⑶相續執持位：此位為從無始乃至如來盡未來際利樂有情位，謂阿陀那，即無垢識，唯在如來地才有。若約終教，如《地論》所說，阿賴耶相在初地即滅，因初地即已斷二種我見。❼⑨

　　值得注意的是《佛性論》所說「拔除阿梨耶」，其意義與上述有所不同。論主認為「拔除阿梨耶」後的法身，具有「無分別智」和「無分別後智」。前者拔除現在虛妄，使法身清淨，後者令未來虛妄不起，能圓滿法身。換言之，「拔者清淨，滅現在惑，除者圓滿，斷未來惑」。可見《佛性論》的「拔除」只是去除煩惱，而非其依止的

---

❼⑧《大乘起信論》，《大正藏》卷 32，頁 576 中。

❼⑨參閱《佛性論節義》卷 3，頁 94～96。

本識。這種解釋與真常系觀點是相合的。

(6)濟五怖畏

五怖畏是：①自責畏，②畏他責，③畏治罰，④畏惡道，⑤畏眾集。此五畏皆是從自身作惡，無德或知解不深所引起之於己、於人或於眾之怖畏。法身眾德圓滿，自然無有這些怖畏。

(7)斷六道果報

如來法身不再陷於「眾生所輪轉處」和「業所行處」，因為證入無餘依涅槃之後，二處俱盡，故謂斷六道果報。

2. 法身與涅槃

由上述《佛性論》對轉依的說明，可知法身一方面代表自性清淨，和佛性的本具，另一方面也是代表轉依的圓滿完成，含有「不退墮」、「安樂」、「無相」、「無戲論」的特性，故《佛性論》說：「若修正行人，求見此法（身）。得見之時，即得不退安樂故，以安樂為味。法身……以無相為事，五陰相於中盡無餘故。又以無戲論為事。」❽❾法身既是無相的，《佛性論》作者提到外道可能對法身的存在有如下的質疑：

如汝所立，法身應決定是無，不可執故。若物非六識所得，決定是無，如兔角。兔角者，非六識所得，定是無故，法身亦爾。❽❶

---

❽❾《佛性論》卷3，《大正藏》卷31，頁803中。

這是執有的外道對法身存在與否的錯誤認知，其不知法身是二空所顯真如，具空不空如來藏，故法身有其「空」與「不空」二種屬性，且無論是空或不空的層面，均非外道所說的斷滅。

對上面引文的問難，《佛性論》有二個法身存在的論證。其一是：

> 汝言非六識所見故法身無者，是義不然。何以故？以由方便能證涅槃故，想、稱、正行是名方便。是故法身可知可見。**82**

引文說法身即涅槃，而涅槃的體證是由方便，包括觀想禪定、稱名念佛，及其他正行等。換言之，法身涅槃是屬於自身體證的層次，而非六識等感官的認知。《涅槃經》說：「佛性雖無，不同兔角。兔角，雖以無量方便，不可得生，佛性可生。」又曰：「道與菩提及涅槃悉名為常。一切眾生常為無量煩惱所覆無慧眼，故不能得見。而諸眾生為欲見故，修戒定慧，以修行故見道菩提及涅槃。」**83**《涅槃經》所說，與《佛性論》有同樣的旨趣。

《佛性論》法身存在的第二個論證是：

---

81 《佛性論》卷 3，《大正藏》卷 31，頁 803 下。

82 同上。

83 《佛性論節義》卷 3，頁 100 上。

若法身無者，則諸正行皆應空失。以正見為先行，攝戒定慧等
善法故，所修正行不空無果。由此正行能得果故，故知法身
非無。⑧

此論證再次強調法身既不是虛無斷滅，也不是神我性的存在，而是
修持，自我轉化和證悟最圓滿的成果。《佛性論·辯（佛性）相分》
中的「總攝品」，將法身和涅槃等同視之。其中對涅槃的描述，根據
如來藏一貫的思想，採用肯定的語句。如《論》說：

（涅槃）常住，過色等相故，故說非色。不離清涼等色相故，
故說非非色，大功用無分別智所得故，故說真有。因出世大精
進所成就道，佛所得故，故知實有。⑧

涅槃不同於一般世間的色相，故說「非色」，但是涅槃又不離清淨
相，所以說它是「非非色」。同時，由於它由無分別智所得的「大功
用」，說它是「真有」，又是出世法所成就的道，故是「實有」。總
之，「是（涅槃）法實有，不生不起，不作無為，故知涅槃實常住，
此法是如來轉依」⑧。

───────────────

⑧《佛性論》卷3，《大正藏》卷31，頁804上。

⑧《佛性論》卷3，《大正藏》卷31，頁805下。

⑧同上。

（五）佛性的分別相和階位相

　　佛性的通相是指一切法、一切眾生的「如如」和「清淨」。如如者，真如即俗如，俗如即真如，真俗二如，無有差異。清淨者，指因中如如，雖未得無垢果地，但其清淨本質與果地如如，毫無不同。故知佛性以如如、清淨為通相，本無分別可言，而此處所說的佛性分別相是指因地佛性中，可分別出三種眾生相：⑴不證見佛性，名為凡夫。❽⑵能證見佛性，名為聖人。⑶已證究竟清淨，名為如來。

　　若三種眾生的佛性本性上既然沒有區別，何者使他們在「相」上有所分別呢？這是因為他們在「事用」上有不同。第一，凡夫以「顛倒為事」。一切凡夫有想、見、心三種顛倒，即皮、肉、心三煩惱。皮煩惱是禪定障，肉煩惱為解脫障，心煩惱是所知障。第二，有學聖者以「無顛倒為事」。無顛倒者包括「無惑倒」和「無行倒」。「惑倒」起自違逆真如，因而煩惱叢生。「行倒」則是指二乘人但修無常苦等為解脫因，而不修常等四德，不行菩提道。能證見佛性的聖人，沒有這二種顛倒。第三，如來以「無顛倒無散亂有別法為正事」，即謂如來已滅除障礙禪定、解脫、一切智的三煩惱，能不捨大悲本願，作恆化眾生的正事。

　　以佛性的階位相而言，亦可分成三種：⑴眾生界的不淨位，⑵

---

❽如《寶性論》所說：「見實者說言，凡夫聖人佛，眾生如來藏，真如無差別。」（《大正藏》卷31，頁831下。）

菩薩聖人的淨位，⑶如來的最清淨位。如約以上所說佛性的三分別相，比對三階位相的話，可表解如下：

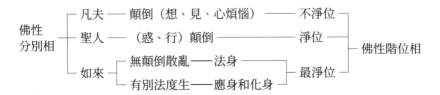

（六）佛性的無變異相

佛性不但在各類眾生中無分別，在各個證悟階位中無有差別，而且在任何時空之下，其體性亦無有變異。《佛性論》舉六種無變異：⑴無前後際變異，⑵無染淨異，⑶無生異，⑷無轉異，⑸無依住異，⑹無滅異。此六種無變異相，又可區分為第一「前後無變異」的「三時無變異」，第二的「染淨無變異」，和第三、第四、第五、第六的「生住異滅四相無變異」。第一「無前後際變異」，《佛性論》引用《解節經》中之一偈以說明：

客塵相應故，有自性德故，如前後亦爾，是無變異相。❽❽

---

❽❽《佛性論》卷4，《大正藏》卷31，頁806下。《解節經》乃《解深密經》的舊譯，然兩譯本中均不見此偈頌。《佛性論節義》作者賢洲猜測可能是「有梵文未渡者」。

　　《佛性論》對此偈的解釋是「不淨位中有九種客塵,非所染污故不淨。淨位中常樂我淨四德,及如來恆沙功德恆相應故,故說如來性前後無變異」❽。意思是說不淨位中的凡夫、羅漢、有學、菩薩等,雖處九種客塵煩惱中,但本性不為所染。即佛性(法身)雖隨緣,卻有不變義,此乃因其性常清淨本來不染,故雖舉體即染,而性恆清淨。淨位中的佛性法身四德,為出纏顯相。其實,無論在纏或出障,性恆無二,只是不淨位約淨性隱而不顯說,淨位約自性德說,二者實不相離,故說「無前後變異」。

　　《佛性論》所舉的九種客塵煩惱,及其與《如來藏經》如來藏九譬的相配對,均與《寶性論》所說相似❾,可見二論關係之密切。九種煩惱、四種眾生和如來藏九喻對照如下:

```
      ┌─ 隨眠貪欲煩惱 ───────── 蓮華化佛喻
      ├─ 隨眠瞋煩惱 ───────── 群蜂繞蜜喻
凡夫 ─┤
      ├─ 隨眠癡煩惱 ───────── 穀中粳糧喻
      └─ 貪瞋癡等極重上心煩惱 ── 金墮不淨喻

羅漢 ── 無明住地惑 ───────── 貧女懷寶喻

      ┌─ 見諦所滅惑 ───────── 菴羅樹果喻
有學 ─┤
      └─ 修習所滅惑 ───────── 幣帛裡金喻

      ┌─ 不淨地惑 ───────── 賤女懷聖王喻
菩薩 ─┤
      └─ 淨地惑 ───────────── 模中金像喻
```

---

❽《佛性論》卷4,《大正藏》卷31,頁806下。

❾《寶性論》卷4,《大正藏》卷31,頁837~838。

隨眠貪瞋癡三毒，為眾生相續中增長諸業的「家因」，能潤生色界無色界果報，唯有證空無分別智時才能斷除。三毒極重上心煩惱 (Tibrarāga-dveṣa-mohaparyavaṣṭhāna-lakṣana-kleśa) 是欲行眾生相續中，罪福的增長因。對治的方法是修不淨觀等。第四無明住地煩惱是阿羅漢「無流業生家因」，能生意生身。流者有三：(1)流入三界生死，(2)退失：如失欲界而「流」入色界，或失色界而流入欲界。(3)流脫功德善根，如流失戒定慧等。阿羅漢無此三流業，故言無流業。然其無流業能生意生身。阿羅漢雖能安立四諦差別觀，滅諸煩惱，但其無明住地煩惱非安立諦觀所能破。

第六見諦所滅惑是指學道凡夫，由於無始已來未曾見諦理所引起的煩惱，到了出世見聖道才能除滅。第七修道所滅惑者，指在學聖人相續中，由於曾見出世聖道，進而修道後所滅的惑。第八不淨地惑者，指初地至七地菩薩的煩惱障，至第八地無相無功用道才能破除。第九淨地惑，是最微細的所知障，八地以上三地菩薩有此惑，唯有金剛定慧能破。

《佛性論》與《寶性論》均引用《如來藏經》中的九譬，與上述九種煩惱相比照。九譬的一貫模式是譬中的粗染事物用以比喻染污煩惱，而譬中的美好事物象徵清淨法身。例如，為顯貪欲煩惱，立蓮花化佛喻。蓮花初開時，甚為可愛，後時萎悴，人厭惡之，貪欲亦如是，初樂後不樂，故以萎華譬貪著，而化佛自萎華中出，象徵法身出煩惱纏。其他八譬可對比而知。

　　其次，《佛性論》又以如來藏九譬與如來三自性相比對，以說明其無變異性。如來三自性是法身、如如、佛性。初三譬法身，次一譬如如，後五譬佛性。法身有二種：「正得」，「正說」。「正得法身」即最清淨法界，屬無分別智的境界，乃諸佛當體自所得，以萎華中化佛為譬。「正說法身」是從「清淨法界正流從如所化眾生識生」。❾❶這就是真諦譯《攝大乘論釋》中所說的：

> 真身即真如及正說法，正說法從真如法流出，名正說身。此二名法身，此法最甚難可通達，非下位人境界。❾❷

　　正說法身又分深妙和麤淺。所謂深妙者，乃是為大乘諸菩薩而說的甚深微妙法藏，而麤淺者是應二乘人之根機演說的種種三藏十二部法門。深妙正說法身，以真如一味故，取蜂蜜為譬，麤淺正說法身顯真俗種種意味，故以糠中米為喻。此三法身遍滿攝藏一切眾生，故說一切眾生即法身。

　　如如（真如）有三特性，以金墮不淨為喻：

```
        ┌ 1.性無變異─自性如（無變異）─金自性不變
如如 ┤ 2.功德無窮─功德如（無增減）─金功德無窮
        └ 3.清淨無二─清淨如（無染污）─金自性清淨
```

---

❾❶《佛性論》卷4，《大正藏》卷31，頁808上。
❾❷《攝大乘論釋》卷15，《大正藏》卷31，頁268下。

由於真如的自性如、功德如、清淨如三種特性，於「前後際無變異」，故如來法身自性清淨與眾生清淨無二等差別。

法身和如如之外，第三種如來自性是佛性，佛性有「住自性性」和「引出性」二種，諸佛三身由此二性得以成就。佛性的住自性性因為有「最難得」、「清淨無垢」、「威神無窮」、「莊嚴世間功德」、「最勝」、「八世法中無變異」 ❸等六種特點，而且有隱藏性本有意味，故以地中寶為喻。

引出性佛性指「從初發意至金剛心，此中佛性名為引出」，能引出闡提位、外道位、聲聞位、獨覺位、菩薩無明住地位等五位眾生趣向佛果。因為此性能破煩惱顯淨體，故以菴羅樹芽能生大樹為譬。從住自性佛性可得法身，而引出性佛性則得應身和化身。 ❹值得注意的是在《佛性論・顯體分》三因品第一中，提到佛性三因中「應得因」有三性，即住自性性、引出性、至得性。住自性性謂道前凡夫，引出性謂從初發心至有學聖位，至得性指無學聖位。但是此處解釋佛性時，卻只提到住自性性和引出性，而未提及至得性，而且，三因品將住自性性比屬為凡夫位，此處則比對法身，兩者說法顯有出入，不過前者約因位的作用而言，而後者則側重在果位的顯現。

---

❸八種世法是利、衰、稱、譏、毀、譽、樂、苦。

❹此說與《寶性論・無量煩惱所纏品》所說相同。偈曰：「佛性有二種，一者如地藏，二者如樹果，無始世界來，自性清淨心，修行無上道，依二種佛性，得出三種身。」（《大正藏》卷 31，頁 839 上。）

由於如來藏思想強調因果位中本質上無變異，故二種說法只有重點的不同，而無實質的差別。

《佛性論》作者在「無相分」的「無變異品」中廣說法身的意義。作者的目的無非是要再三強調法身並非代表如神我之類的形而上主體，而是傳統佛教行證的圓滿顯現。《論》中以五相、五功德、五義等以詮釋法身在解脫論上的特性，同時排除其在形而上主體性的涵義。五相的第一相是「無為相」，「離生老病死等四相過失」。法身是無為的，沒有生老病死等的有為相，但這並非說法身是永恆不變的神我。如《寶性論》解釋說「法身離意生身，故不生，恆不退轉，故不死，無煩惱習故不病，無有漏行故不老」。❾❺總之，無為相是指法身永滅煩惱、功德圓滿的境界。

第二相為「無一異相」，是指真諦與俗諦的不一不異。
《論》曰：

> 若真與俗一，凡人見俗，則應通真。若通真者應是聖人。以不見真故，故知不一。若言異者，聖人見俗不應通真，若不通真即是凡夫。以聖人見故，不得為異，是故不一不異。❾❻

「無一異相」表顯在法身境界中，真如與凡俗世界的融合。真

俗不一，否則凡人即聖人，同時真俗不異，因為真能通俗，俗能達真。二諦不二的理論有極重要的解脫論涵義。真俗不一，因此修證和解脫乃為必需。真俗不異，則修證和解脫乃屬可能。

　　第三相是「離二邊相」，法身能超越六種二邊，故能隨順六種中道。第一種邊見是「執可滅滅」：若謂「一切諸法畢竟可滅，是名一邊，畢竟滅盡是名為空，復是一邊」。❾前者是指誤認諸法有真實的存在，故畢竟可滅。後者認為涅槃是畢竟空無「滅」盡的世界。為離此二邊偏執，佛說諸法不有，非可滅，諸法不無，非不滅。非滅非不滅，是名中道，這亦是說生滅門中一切染淨法無自性不異真如，故不待滅，而在真如門中，真如空不礙緣有，非畢竟滅盡。

　　第二種邊見是執可畏畏，「可畏」者，對分別性所起之身心世界，執為實苦，而生怖畏。「畏」者，對依他起的諸法，執有實苦而有怖畏。第三「可執」「執」二邊者，指分別可執與所執為實有，離此二邊，即是中道。第四邊見是「邪正二邊」。「正者通達位中真實觀行分別為正，未通達前分別為邪」。❾當無分別智生時，則邪正分別泯滅，才能契入中道。

　　第五種邊見是「有作無作」。此二邊見與修證解脫關係尤為密切。所謂「有作」是執言欲修智慧，必先作意，然後事成，「無作」是執言「智慧無事無能，由解惑相對，由解生故，惑自然滅，非解

───────────────

❾同上。

❾《佛性論》卷4，《大正藏》卷31，頁809下。

能除故，說智慧無事無能」。❾其實，不僅修智慧，任何種修持均不可執有作或無作的邊見，《佛性論》作者舉《寶積經》的油燈喻智慧離有作無作二邊。譬如燃燈，光明一現，黑暗即滅，但燈光雖不作意言能滅暗，暗確由燈光而滅。因此，燈光雖不作意，並非無事能。智慧亦爾，雖不作意其能滅惑，惑確由智生而滅。故知智慧非「無事無能」，但是若「作意」智慧能滅惑是名增益，落入有作一邊，若說無明自滅不由智慧是名損減，落入無作一邊，必須離此二邊，才能契入中道。總之，一個佛教徒在修行的過程中，既不可「作意」自己在修行而落入有作（修）的邊見，也不可「作意」一切修行法門緣起無我性，因此無行可修，而落入無作（修）的一邊。當超越二邊見時，即是中道，也是佛性法身實踐面的顯現。

　　第六個邊見是「不生同生」二邊，「不生」指執解脫道永不生。因為煩惱恆起礙道，未來亦爾。「同生」謂諸煩惱無始來即存在著，若對治道與煩惱同時生起者，才可滅惑。若對治道比惑後生，則此道力弱不能滅惑，永不解脫。這兩者邊見都是障礙修道解脫的錯誤執著。《寶積經》又有一燈喻破此二邊見，譬如千年暗室，若燃燈，千年黑暗自滅。同樣的，煩惱與業雖從無始來存在於眾生相續中，若能一念正思惟，久劫煩惱皆自滅。因此，解脫道不會永「不生」也不必與煩惱「同生」才能滅惑。以上六種邊見，若能遠離，則顯六種中道。「離邊見」入中道是法身的第三個特性。

---

❾同上。

　　法身五相的第四相是「離障相」，障有三種：⑴煩惱障，離此障可得慧解脫 (prajñā-vimukta) 羅漢果。⑵禪定障，離此障可得俱解脫 (ubhayato-vimukta) 羅漢果或獨覺果。⑶一切智障，離此障，得成如來正覺。法身第五相是法界清淨相。《佛性論》以金、水、空、覺四譬比喻法界的清淨，如說：「因本清淨如金，淨體清潔如水，常德無壞如空，我義無著如覺。」 ⑩前二約空如來藏，後二約不空如來藏而言，以顯法身自性清淨和果德業用圓滿。總結而言，法身的「無為相」顯法身常住，「無別異相」顯真實義，「離二邊相」顯法身的聖智境界，「離一切障相」顯法身功德無諸染污，「法界清淨相」顯究竟圓成。

　　如來應身有大般若、大禪定、大慈悲三德。無分別是大般若的體相，無作意是大禪定體相，而大慈悲以能拔苦與樂為其體相。化身是以大悲為本，禪定為變現，般若則能令眾生厭怖眾苦，欣樂聖道，捨諸執著，信樂大乘等等。總之，三身以十種因緣，「恆能生起世間利益等事，故說常住」。 ⑩

　　《佛性論》 作者最後再次強調法身佛性前後際無變異的常住，《論》曰：

---

⑩《佛性論》卷 4，《大正藏》卷 31，頁 810 上～中。
⑩三身常住義的十種因緣是：⑴因緣無邊故常，⑵眾生無邊故常，⑶大悲無邊，⑷如意無邊，⑸無分別慧無邊，⑹恆在禪定，⑺安樂清涼，⑻世八法不染，⑼甘露寂靜，⑽無生滅故常。（《大正藏》卷 31，頁 811 上～中。）

> 法身非本無今有，本有今無，雖行三世，非三世法。何以故？
> 此是本有，非始今有，過三世法，名是常。⑩

　　由於一再強調法身的常住義，論主惟恐讀者誤解法身佛性為有
我論，故再自問：佛說一切法空，何以又說一切眾生皆有佛性、法
身常住呢？答案是佛說有佛性的理由是為顯佛性五種功德和去除五
過失。這在《佛性論》的最開頭已解說。此是如來藏思想中最重要
的問題，《佛性論》作者在論文前後重複提出此問題，可見此問題的
爭議性，和論主對此問題澄清的意願。除了上述理由之外，他認為
佛性說的目的不在建立永恆不變的主體，而是在顯示五種意義：⑩

　　第一，「真實有」：佛法中法門無邊，最大原則在於應機而說。
由於一般凡夫我見深，故佛陀由人無我說四阿含等，令斷除見思惑，
證人無我法。又依諸法皆空說，般若破相空理，證法無我。對能確
實證入人法二空者，佛陀才說二空所顯真實有的佛性義。換言之，
佛陀「不為二空未清淨者說」佛性，因為怕他們「妄執為我」。⑩可
見，佛性的「真實有」，非實體的神我，而是成佛原動力。

　　第二，「依方便則可得見」：如要將積極性的成佛動力化成佛果，
須依各種「方便」修行法門，加以實踐完成。也就是說，佛性有實

⑩《佛性論》卷4，《大正藏》卷31，頁811中。
⑩同上。
⑩《佛性論節義》卷4，頁138。

踐的必要性，和可證性。

　　第三，「得見已功德無窮」：眾生先對佛性真實有的意義有正確的認知後，經過實踐修證的歷程，最後終究必定證得法身，而法身的「功德無窮」。總括而言，《佛性論》言法身有五德：⑴不可量，⑵不可數，⑶不可思，⑷無身等，⑸究竟清淨。❿

　　第四，「無初不應相應穀」：《論》中釋曰：

> 無初者，謂煩惱、業、報並皆無始，故言無初。不應者，由此三故違逆法身，故言不應。相應者，由依法身得起此三，故說相應。穀者，此三能藏法身，故名為穀。⓰

引文說明法身（佛性）與煩惱業報之間的關係。煩惱造業受報雖起自無始，但其本質上是違逆清淨法身的，故說不相應。但是煩惱卻又是「憑依」法身（如來藏）而生的，故引文說「由依法身得起此三」。這也就是《勝鬘經》所說「依如來藏故有生死」，亦同《不增不減經》所說：「如來藏本際不相應，體及煩惱纏不清淨法。」⓱染法雖依真起而違真，性無實有，即所謂的「空如來藏」。

　　第五，「無初相應善性為法」：《論》中釋曰：

---

❿《佛性論》卷 4，《大正藏》卷 31，頁 801 中。

⓰《佛性論》卷 4，《大正藏》卷 31，頁 811 中。

⓱《不增不減經》，《大正藏》卷 16，頁 467 中。

> 無初者，以性得般若大悲禪定，法身並本有故，故言無初。體
> 用未曾相離，故言相應。法身自性無改，由般若故性有威德，
> 由禪定故性能潤滑，由大悲故，故稱善性為法。❿

此與上面第三義「空如來藏」相對，是約「不空如來藏」而言，即法身佛性與一切善法無始以來即相應不離。亦即《不增不減經》所說的「如來藏本際相應體及清淨法」。❿ 引文「體用未曾相離」中「體」是法身，智慧、禪定和大悲是「用」，智慧、禪定和大慇是「有」這些善法，故說本性淨，也就是無前後際變異。

　　《佛性論・辯相分》的「無變異品」中舉佛性的六種無變異特性，以上是《論》中廣說的「無前後變異」。另有五種無變異，分別如下：第二無染淨變異者，「法身不為生死陰界入等所污，故言無染。非智數所作故言無淨」。❿ 法身「非智數所作」的意思是說，智乃屬了因，法身自性本淨正因佛性，非由智所作，故言「無淨」。第三無生變異者，「法身無生故非起成。非起成故，非是始有」，故言無生。第四無老變異者，「法身無動轉故，無所改異，故言無老」。第五無依住變異者，「法身不由他故，無依無所的在故言無住」。第六無滅變異是指法身常住，不可破壞而言。總括而言，六種無變異

---

❿《佛性論》卷4，《大正藏》卷31，頁811下。

❿《不增不減經》，《大正藏》卷16，頁467中。

❿《佛性論》卷4，《大正藏》卷31，頁811下。

中，第一指無時間上變異，第二和第六指無本質上變異，第三至第五指無空間上的變異。

（七）佛性的無差別相

佛性的無差別相，主要是針對佛性的「四義」與「四名」、「四人」、「四德」之間的無差別而言。如《論》說：「如來性有四義，因此四義故立四名。約於四人顯以四德。」 ⓫四義是：(1)一切佛法前後不相離（即空如來藏煩惱，不離不空如來藏如來功德），(2)一切處皆如，(3)非妄想倒法，(4)本性寂靜（清淨）。此四義依次可名之為：(1)法身，(2)如來，(3)真實諦，(4)涅槃。「四人」指：(1)身見眾生，(2)顛倒人（二乘人），(3)散動心人，(4)十地菩薩。身見眾生執人法，因此為說法身。若能通達如來法界，即可滅身見執。二乘「顛倒人」修無常等以為真如，而不知修常樂我淨等，故為說如來義。對散動心人說真實諦，所謂散動心人是指「迷惑於如來藏」者，或《寶性論》所說的「失空眾生」。失空眾生即初發心菩薩未通達空不空如來藏，故心散動於如來藏真義之外。「迷如來藏」有二種人。第一種人誤以為諸法先時是有，後則斷滅即是空；第二種人謂離色等法之外，有實法名之為空，前者執斷滅為空故迷，後者執「有空」故迷。如何才是真正解空和如來藏意義呢？《論》說：

⓫同上。

　　無一法可損，無一法可增，應見實如實，見實得解脫。由客塵
　　故空，與法界相離。無上法不空，與法界相隨。⑫

換言之，如來性真如不增不減，無一法可損故不減，無一法可增故
不增。能作是觀名真實觀，離增減二邊。「四人」的最後者是十地菩
薩，對十地菩薩則說涅槃法。

　　「四德」是：(1)一切功德，(2)無量功德，(3)不可思惟功德，(4)
究竟清淨功德。四德分別屬第八不動地、第九善慧地、第十法雲地、
佛地的功德。以上所說的四名、四人、四德，雖在體相上有名言可
別，然因都建立在平等一如的佛性上，故在體性上則無有差別。換
言之，在一切眾生皆有佛性的前提下，完全沒有差別。

五、結　論

　　真常如來藏系思想無疑地是佛教非常重要的思想。它根源於印
度佛教，而在中國和日本發展，影響至巨。然而由於其特殊的教義，
自古引起不少爭議，常被指責與梵我合流，違背佛教無我的基本教
示。有些近代學者認為如來藏思想為一元論，有些學者甚至強烈批
評真常思想，宣稱它根本不是佛教思想。⑬事實上，如來藏（佛性）

---

⑫《佛性論》卷 4，《大正藏》卷 31，頁 812 中。

⑬近代批判佛性思想最激烈的著作，當屬(1)袴谷憲昭，《本覺思想批判》，大藏
　　出版社，1989 年。(2)松本史朗，《緣起と空——如來藏思想批判》，大藏出版

最重要的一些教說，的確容易引起這些誤解。例如：

(1)「一切眾生皆有如來藏（佛性）」。

(2)佛性（如來藏）「本有」、「實有」。

(3)法身有常樂我淨四德。

(4)「我者，即是如來藏義」，「一切眾生悉有佛性，即是我義。」⓮

(5)心性本淨，客塵所染。

像《楞伽經》、《大般涅槃經》、《寶性論》等許多經論一樣，《佛性論》作者試圖消除對以上教說的誤解，並極力闡釋佛性的真義。從他在《論》中對佛性誤解的「破邪」（破執分），和其真義的「顯正」（顯體分和辯相分），可以看出全論突顯出幾個很重要的主題。

第一，樂觀的人生論。在一切眾生皆有佛性的前提下，任何人，無論在行為如何作惡多端，在本性上都具有相同的成佛潛能。

第二，強調證悟境界的肯定特性。對《佛性論》論主而言，解脫是「人法二空所顯真如」。人法二空是解脫必備的條件，在傳統佛教，人法二空導致「涅槃寂靜」，而印度佛教的中觀學派更以空義破一切執。雖然龍樹等中觀學者，均強調中道以避免落入二邊，然而

社，1989 年。再者，Paul Swanson 曾為文評論近代日本學者對佛性思想的批評。參閱 Paul L. Swanson, "Zen is not Buddhism, Recent Japanese Critiques of Buddha Nature," *Numen*, Vol. 40, 1993, pp. 115～149.

⓮《大般涅槃經》卷 7，《大正藏》卷 12，頁 407 中。

不可否認的，他們還是慣用否定的語言來描述和論證。如來藏學系與傳統佛教和中觀學系很大的不同，在於它強調解脫境界的肯定特性，用的是肯定語氣的語言和概念，所以它說佛性證悟是人法二空之後所顯的真如，而真如不再是以寂靜、空、無我、我常等加以描述，而是常、樂、我、淨、「真實有」、「功德無窮」等。中國佛教有如是說：「一華一世界，一葉一如來。」解脫境界不但是充滿肯定的精神內涵，甚至是可捉摸得到的美好現實世界呢！這樣用肯定語氣表達的佛性思想，更符合人性和宗教解脫的需求。

第三，不二的真如。《佛性論》提出了一個以不二 (Non-dualism) 為基礎的真如為其本體論。佛性並非如印度婆羅門教梵我的一元論，這是因為佛性是透過人法二空的真如，而真如的體性是真實空，而不是神我。再者，真如的如如智，如實地照見世間（如如境），而如如境也如實地顯現給世人 （如如智），在真如境界中兩者不再有主客、能所的二元存在。

第四，佛性即是修證 (Practice)。在理論上，佛性說雖一再強調空如來藏的染污煩惱乃客塵虛妄無實、不空如來藏如來功德本性具足、一切眾生皆有佛性，但這並不意味現實世界裡眾生已是佛，因為要徹入自己本具佛性的這個事實，須透過修證的體驗。因此，佛性說的根本旨趣，就如《佛性論》最後所說的三義❺：

⑴顯佛性本有不可思議境界，

❺《佛性論》卷 4，《大正藏》卷 31，頁 812 下～813 上。

⑵顯依道理修行可得，

⑶顯得已能令無量功德圓滿究竟。

　　佛性說告示吾人本有佛性存在的事實，和保證悟入佛性之後是個「無量功德圓滿究竟」的境界，但是其中的關鍵在於「依道理修行」，因此，吾人可總結說，佛性不是如有些學者所批評的類似梵我的消極性主體存在，而是肯定性、積極性的佛法修證。

第四章

《大乘起信論》的心性說

　　《大乘起信論》是部影響中國佛教非常深遠的論典。依照教義不同，大乘學派可分為中觀、瑜伽和真常❶。《大乘起信論》屬於真常系。

　　中觀和瑜伽教理之精華，主要表現於其重要的論典中，但真常系則偏重經典。❷但這並不表示真常系在印度未出現重要的論典。堅慧 (Sāramati) 造的《究竟一乘寶性論》❸(Ratnagotravibhāga) 就是代表如來藏學主流的集大成論書❹。另一個後期真常系重要的論典，

---

❶太虛大師分大乘為三宗，即：法相唯識宗、法性空慧宗、法界圓覺宗。印順法師則稱之為虛妄唯識論、性空唯名論、真常唯心論。

❷雖然真常系思想在印度不像中觀與瑜伽學派有源遠流長的師資傳承，但它確曾在印度以一個獨立的思想體系存在過一段時間。法藏就曾把它稱為「如來藏緣起宗」(《大乘起信論義記》 卷上)。印順把此三系分別判為 「性空唯名」、「虛妄唯識」和「真常唯心」。

❸依中國所傳，《寶性論》是堅慧所造。然依梵藏本，則「論本偈」是彌勒菩薩造，而「釋論」部分為無著菩薩造。

❹牟宗三於其許多著作中闡述，甚為稱揚如來藏思想，尤其是《大乘起信論》之「一心開二門」的思想模式。但牟先生在《中國哲學十九講》中，所說的「在印度晚期雖出現真常經，然卻沒有造出論來。也因為沒有論典，所以不

即是本文要探討的《大乘起信論》。

　　依傳統言，《大乘起信論》是馬鳴菩薩造，真諦於西元六世紀後期譯出❺。然自隋僧人法經開始❻，至近代的一些東西方佛學學者❼，對此傳統的說法不斷提出質疑。但是對真正的作者是誰，則眾說紛紜，無有定論。本文不擬介入考證的陣營中。可以肯定的是無論作者是誰，都不會改變《大乘起信論》對中國佛教產生深遠影響的事實。華嚴宗理事無礙的無盡法藏世界，即建立在《起信論》

為一般重視理論性推理的人所注意」（頁 288），並非事實。其實，《寶性論》正是印度真常系最重要的一部論典。再者，真常系思想也並非沒有受到「重視理論推理的人所注意」。例如世親就曾著《佛性論》。西藏空宗論師 Dar-ma rin-chen 亦曾造《寶性論》註疏，成為後代詮釋如來藏思想的權威。

❺現存的另一譯本為唐實又難陀所譯。

❻法經所著《眾經目錄》云：「《大乘起信論》一卷，人云真諦譯。勘真諦錄無此論，故入疑。」另者，唐均正著《四論玄義》云：「《起信論》一卷，人云馬鳴菩薩造。北地論師云：『非馬鳴造論，昔日地論師造論，借菩薩名目之。』尋覓翻經論目錄中無有也。」

❼日本學者們對《起信論》作者考證的有關文獻一覽，請參閱：柏本弘雄，《大乘起信論の研究》，頁 498～501。另外，西文可參閱：Whalen W. Lai, "A Clue to the Authorship of the Awakening of Faith: Sikṣananda's Redaction of the Word Nien," *Journal of the International Association of Buddhist Studies*, Vol. 3, No. 2, 1980, pp. 42～59; W. Liebenthal, "New Light on the Mahāyāna-Śraddhotpāda-Śāstra," *Toung Pao*, Vol. XLVI, 4～5, pp. 155～216.

的真如緣起上，而禪宗所要體證顯現的「含生同一真性」，亦不外乎是《起信論》所言的人性本具之真如心。

《起信論》的中心教義可綜合為「一心，二門，三大，四信，五行」。「一心」是指「眾生心」（摩訶衍法），即是人性本具的如來藏自性清淨心。它同時蘊含著二方面的屬性。一方面它有清淨無漏的善性，另一方面也表現出染污有漏的惡性。《起信論》把它稱為「一心開二門」：心真如門和心生滅門。但是無論眾生的心性是處在那一個「門」內，它基本上有「三大」義（摩訶衍義）。以其「體大」而言，眾生心體空而無妄，真心常恆不變，且淨法滿足。表現在眾生心性「相大」的是它所含藏的無量無盡如來功德性。而眾生心的「用大」是在於它能發揮其無盡的功德本性，成為不可思議的利他業用，產生一切世間和出世間的善因果。

「一心，二門，三大」開顯了大乘的「法」和「義」，建立了真常理論的架構，與其配合的是實踐層面的「四信」和「五行」。「四信」指自信（即信自己有根本如來藏清淨心為成佛因）、信佛、信法和信僧。「五行」是修行布施、持戒、忍辱、精進和止觀，作為顯發佛性的實際行動❽。

---

❽法藏於其《大乘起信論義記》卷上，以「境行果」為《起信論》所詮宗趣。境有二種：大乘之「法」和「義」。行分「行體」——四種信心，和「行用」——五門修行。果亦二種：「分果」指令眾生入位，和「滿果」指成就如來果位。（《大正藏》卷 44，頁 245 中。）

　　綜觀整個《起信論》的架構，它總括了進趣佛法解脫之道的理論
和實踐方法。本文將專注於其心性說方面及其理論上的困難加以探討。
其中要討論的是《起信論》如何詮定人性：是善，是惡（淨或染）？或
善惡兼具？因之而起的難題有：如果人性本善的話，染污的惡性（無
明）因何而起？相反的，假定人性本惡，解脫成佛之可能依據何在？
又如果人性具足染污和清淨二分，則兩者關係又如何？兩者如何消長？
換言之，雜染的生死何以衍生？涅槃還滅又如何得以完成？

一、眾生心──生滅依與涅槃依

（一）心真如門

　　《起信論》開宗明義點出整個大乘法體所在為「眾生心」。由其
真如面而言，它是個超越的真常心，有「統攝一切世間出世間法」
的功能。由於心的體相無礙，染淨同依，如果它隨波逐流，則盡攝
雜染的世間法，但如果返本還源，就可顯現清淨的出世間法。不過
這種說法還是站在眾生生滅心的立場而言，如就真如心而言，則此
心圓融含攝一切法，無所謂染淨二元之分。

　　從「一心」開出的「心真如門」，《起信論》解釋云：

心真如者，即是一法界大總相法門體。所謂心性不生不滅，一
切諸法，唯依妄念而有差別：若離妄念，則無一切境界之相，

是故一切法從本已來，離言說相，離名字相，離心緣相，畢竟
平等，無有變易，不可破壞，唯是一心，故名真如。❾

引文中重要的一點是將眾生心對等真如和法界。以諸法理性說，
一切法平等，超越言說，文字，心緣的境界，這種說法與唯識和中
觀學並無二致。但是《起信論》把法界說為即是心性不生不滅。以
不生不滅的真如「法性」說為眾生的「心性」，這是有異於中觀和唯
識的地方。換言之，真如不再僅是一切法的法性理體，而是蘊含無
邊潛能的心性動力。這就是為什麼緊接著《起信論》說真如有二義：

一者如實空，以能究竟顯實故；二者如實不空，以有自體具足
無漏性功德故。❿

將真如說為「空」與「不空」，是依《勝鬘經》的「空如來藏」
與「不空如來藏」而來。所謂的「空」是指「從本以來（心真如）
與一切染法不相應」。也就是《勝鬘經》說的如來藏與雜染法，從來
即「相異，相離，相脫」，所以「空」是指本來就與清淨如來藏不相
干的雜染煩惱法本性空無。但因眾生有妄念，與真如不能相應。若
能離妄心，則「實無可空者」。所謂「不空」是指眾生真如心中本具

❾《大正藏》卷 32，頁 576 上。

❿同上。

真常無漏功德的清淨法。由於此本然存在的清淨無漏法帶有一種「實存的喚醒作用」，驅策眾生邁向「還元」的道路**❶**。這種積極動態的 (dynamic) 的心性論，正是真常唯心系的殊勝處。

　　對《起信論》的真如心，自古有很多不同的詮釋。其中以淨影慧遠 (523–592)，元曉 (617–683) 和法藏的三大註疏最為重要。慧遠受攝論宗的影響，把真如心解為第九識，說它是「於一心中絕言離相」**❷**，而能隨緣變現的是第八識，因而他很明顯地表示「真如不隨緣」**❸**。元曉的註解則較慧遠更進一步，他說道：

　　一心者名如來藏。此言心真如門者，即釋彼經寂滅者名為一心也。心生滅門者，是釋經中一心者名如來藏也。所以然者，以一切法無生滅，本來寂靜，唯是一心。如是名為心真如門。故言寂滅者名為一心。又此一心體有本覺，而隨無明動作生滅，故於此門如來之性隱而不顯，名如來藏。**❹**

---

❶參閱傅偉勳，《從西方哲學到禪佛教》，東大圖書公司，頁 274。　．
❷參閱慧遠的《大乘起信論義疏》卷上之上。(《大正藏》卷 44，頁 179 上。)
❸參閱《大正藏》卷 44，頁 180 上。慧遠以兩種說法來解釋二門之總攝一切世間出世間法。其一是以心真如門攝出世間法，心生滅門攝世間法。另一種說法是二門各攝世間出世間法。但是如果「真如不隨緣」，如何成染淨所依，慧遠的解釋是「諸法之體，如影依形，故言各攝。心生滅中，隨淨緣者轉理成行，隨染成妄，故言皆攝」。

　　元曉的解釋較慧遠更進一步的是他不再並排地將如來藏視為諸識中之一，而將心真如與如來藏對等。但是他把「動作生滅」付諸於性隱的如來藏，而不是真如本身。

　　把真如解釋成「動態真如」(dynamic suchness) 的是法藏。他說：「真如有二義：一、不變義，二、隨緣義。」❺他進一步解釋：

> 雖復隨緣成於染淨，而恒不失自性清淨，祇由不失自性清淨故，能隨緣成染淨也。……非直不動性靜，成於染淨；亦乃由成染淨，方顯性淨。非直不壞染淨，明於性淨，亦乃由性淨故，方成染淨。❻

　　法藏論真如心的最大特點，在於他不但消極地將真如心視為兼含真妄，更積極地強調正因為真如心的淨性，才能起染起淨。如此的說法，可謂對真如心作了最有創意的詮釋。

（二）心生滅門

　　展現現實人生萬象的「心生滅門」，《起信論》的解釋是：

---

❹《起信論疏》卷上，《大正藏》卷 44，頁 206 下。

❺《大正藏》卷 44，頁 255 下。

❻《華嚴一乘教義分齊章》，《大正藏》卷 45，頁 499 上。

心生滅者，依如來藏故有生滅心，所謂不生不滅與生滅和合，
非一非異，名阿梨耶識。❼

此段經文有二大要點：1.生滅心依如來藏而有，2.阿梨耶是生
滅與不生不滅的和合。如來藏為生死和涅槃依的說法源自《勝鬘
經》，如說：

世尊，有如來藏故，說生死。❽

如來藏常住不變，是故如來藏是依，是持，是建立。世尊！不
離，不斷，不脫，不異不思議佛法。世尊！斷，脫，異，外有
為法，依持建立者，是如來藏。

世尊，若無如來藏者，不得厭苦，樂求涅槃，何以故？於此六
識及心法智，此七法剎那不住，不種眾苦，不得厭苦，樂求
涅槃。❿

《楞伽經》亦說：「如來之藏，是善不善因，能遍興造一切趣
生，譬如伎兒變現諸趣。」⓴將如來藏說為真妄染淨所依，和興造

---

❼《大正藏》卷32，頁576中。

❽《大正藏》卷12，頁222中。

❿同上。

⓴《大正藏》卷16，頁519中。

善不善之因，自然會引起二個難題： 1.如來藏是否如外道的神我，為一有實體性的本體？ 2.如來藏清淨心可以直接出生無漏清淨法，應無異議，因為同類相生（引自果）故，但是生死流轉的染污煩惱法如何因清淨如來藏而生呢？

　　針對第一個疑難，《楞伽經》辯解說：

　　佛告大慧，我說如來藏不同外道所說之我。大慧！有時說空，無相，無願，如，實際，法性，法身，涅槃，離自性，不生不滅，本來寂靜，自性涅槃。如是等句。說如來藏已，如來應供等正覺為斷愚夫畏無我句故。 說離妄想無所有境界如來藏門。……為離外道，是故當依無我如來之藏。 ㉑

　　如來藏說的真正目的不在於建立類似一元論的作者 （雖然表面上它確有神我色彩），以說明諸法的根源。那麼如來藏與梵我有何差別？《楞伽經》抉擇簡別如來藏之不同於外道所說之我，是在於如來藏立說於「空，無願，如，實際，法性，法身，涅槃，離自性，不生不滅，本來寂靜，自性涅槃」。這些傳統佛教名稱當然不含造物者「我」的意義。而經典中說眾生有如來藏的目的，亦不過為了「斷愚夫畏無我」，「開引計我諸外道」而做的方便說而已。事實上，它是表顯空義的「無我如來藏」。

㉑《大正藏》卷 16，頁 489 中。

　　至於第二個疑難，生滅心怎能依如來藏而有，《寶性論》有一善巧的譬喻。依如來藏而有生滅流轉之存在，猶如依虛空而有地，水，風一樣，雖為地，水，風所依，而虛空如淨，常住不變，如來藏亦復如是❷。因此，如來藏是染法的「依止因」，而非「造作因」。而染法對如來藏而言，亦不過是「外礫」或「客塵」的煩惱。就如依明鏡而有灰塵，但絕非明鏡能生灰塵。以上的說明固然可以消解清淨不生雜染的難題，但是卻沒有解決另一大問題——雜染（無明）又從何而生？這個問題留待下節談到「無明」時再論。

　　《起信論》提出「心生滅門」的第二要點是「阿梨耶識為不生不滅與生滅和合」。阿梨耶識（或阿賴耶識），真諦譯為「無沒識」，因為它有任持種子不失的功能。玄奘譯為「藏識」，取其有能藏，所藏，我愛執藏的意義。阿賴耶為唯識學基本教義，從長遠的思想發展中，其涵義有所改變。中國古來有三大家：唯識家，攝論宗和地論宗。玄奘所傳的唯識學，認為阿賴耶是有漏雜染識，必須將之轉捨才能到達佛果。真諦所傳的攝論宗阿賴耶有三義：1.果報梨耶：偏重其能為眾生生死流轉的異熟報體的作用，但其本質是無覆無記性。2.執性梨耶：指梨耶以染污不善為體。3.解性梨耶：除染著性外，梨耶有其「解」（覺）性，類似如來藏。菩提流支所傳地論宗的

---

❷《寶性論》引《陀羅尼自在王經》云：「地依於水住，水復依於風，風依於虛空，空不依地等。如是陰界根，住煩惱業中；諸煩惱業等，依不善思惟，住清淨心中；自性清淨心，不住彼諸（不善）法。」

阿賴耶有真妄二義。真心被妄法熏染，但真妄不相捨離。與《起信論》阿賴耶說相比較，雖然地論亦說阿賴耶通染淨，但《起信論》的阿賴耶更能折衷貫通於真妄❷。

　　阿賴耶真妄和合的「不生不滅」是指如來藏自性清淨心。「生滅」是指無明雜染。法藏註釋兩者和合義說：「如來藏清淨心，動作生滅不相離，故云和合。非謂別有生滅來與真合。謂生滅之心，心之生滅，無二相故。心之生滅因無明成。生滅之心，從本覺起，而無二體不相捨離，故云和合。」可見二者和合的關係是不一不異。以真（不生不滅）和妄（生滅）性質不同而言，彼此自是不一。而妄染但是真心「動作生滅」而來，自是不異。正如《勝鬘經》所說的「不染而染，染而不染」。染與不染為不一不異之和合。

（三）無明與本覺

　　「一心開二門」的主要意義是為了建立生死的流轉與解脫的還滅。其一方面解釋現實生命的缺陷，另一方面提供一個涅槃解脫的超越根據——人性本具的清淨如來藏（或佛性）。而貫穿二者的是統一真妄的阿賴耶識，因此它含有「覺」與「不覺」義。所謂「覺」者，即是「本覺」，就是上面所說的真如心或如來藏自性清淨心。「不覺」即指無明。其關係是「依本覺故而有不覺，依不覺故說有始覺」。這是說眾生由於「本覺」的善性誘導激動，喚起對「不覺」（無明）的覺醒

❷參閱印順，《大乘起信論講記》，正聞出版社，頁91～96。

（始覺），漸漸回歸本然心源，而證「究竟覺」（本覺）。此處的「依本覺故而有不覺」，不能依文解意，否則會誤以為眾生破無明，由始覺後會再由本覺起無明，如此的話，成佛之後豈不再還為眾生？猶如前述的「依如來藏，故有生滅心」，本覺僅為不覺的依止因，非造作因❷。

　　無明與真如本覺的關係，法藏有很獨到的註釋。依其《起信論義記》，無明有二義：1.即空義，2.成事義。無明即空義：屬心真如門，即不變真如。有用成事義：屬生滅門，即隨緣真如。而「成事無明」又有二義：1.違自順他義，和2.違他順自義。所謂「違自順他」是指一者無明「能反對詮示性功德」，二者「能知名義，成淨用」。而「違他順自」則是指一者無明覆真理，造成根本不覺，二者順自而成妄心，造成枝末不覺。「隨緣真如」亦有二義：1.違自順他義，2.違他順自義。而所謂「違自順他」乃指隨緣真如，一方面隱自真體，另一方面顯現妄法。相反的，其「違他順自」是隨緣真如，其一方面是「翻對妄染顯自德」的本覺，另一方面「內熏無明起淨用」而有始覺❷。總之，無明，真如，覺，不覺等關係可以二表示之：

---

❷依《起信論》的觀點，真心非「即妄歸真」，而是「離妄歸真」，也就是論中辯解的「染法唯是妄有，性自本無」，因此如來藏真心不「性見」世間染法。歸真之後，自然不會再顯妄。天台宗把此真心論稱為「緣理斷九」。此與智顗的「性惡論」當然是不同的觀點。

❷參閱《大乘起信論義記》，《大正藏》卷44，頁256～257，及《大乘起信論別記》，《大正藏》卷44，頁292上。

第一表：

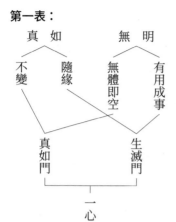

第二表：

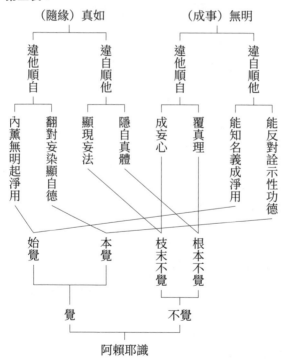

　　以上解析，固然清楚，但是生滅門的「一（阿賴耶）識二義」和「一心二門」不同何在？一心開二門的「一心」含「不守自性隨緣」和「不變自性絕相」二義。而「一識二義」是單就隨緣門中染淨，理事不二之相來說明此識。因此「一識二義」是由「一心二門」發展出來的。至於本覺和真如的不同在於：真如「約體絕相」而言。換言之，是立足於本體而言，而本覺是約性功德，即立足於現象界約相而言，且它是翻妄染而後顯，故兼具用大。

　　生滅門中要處理的另一個非常重要的問題是無明的來源和作用。根據《起信論》，無明是這樣生起的：

　　是（眾生）心從本已來，自性清淨而有無明，為無明所染，有其染心。雖有染心而常恆不變，是故此義唯佛能知。所謂心性常無（妄）念故，名為不變。以不達一法界故，心不相應，忽然念起，名為無明。❷❻

　　這段經文提到二個問題：1.自性不染而染，染而不染之難題。2.無明如何生起。前段是根據《勝鬘經》所說的「自性清淨心而有染污，難可了知。有二法難可了知：謂自性清淨心難可了知。彼心為煩惱所染亦難可了知。」❷❼這也就是說將人的善惡本性根源歸諸

❷❻《大正藏》卷32，頁577下。
❷❼《大正藏》卷12，頁222下。

於神秘不可知論，唯佛能知，不是一般世間邏輯理論和思辯所能圓
滿解釋的。牟宗三先生曾對這種說法加以批評。他認為此問題不難
解，因為自性清淨心的不染而染（性善現惡），其間有一間接原因的
介入，即「無明」的攪局❷。這可從著名的「無明風喻」來說明：

> 一切心識之相皆是無明。無明之相，不離覺性，非可壞，非不
> 可壞。如大海水，因風波動（真隨妄喻），水相風相不相捨離
> （真妄相依喻），而水非動性（真體不變喻）。若風止滅，動相
> 則滅，濕性不壞故（息妄顯真喻）。如是眾生自性清淨心，因無
> 明風動，心與無明俱無形相，不相捨離。❷

引文中無明被喻為風，海水比喻為清淨心，波浪則為現象界的
染污相。波浪之興是因風動而起，而海的濕性不因是否有波浪而變。
同理，染污相之起是因無明風動而有，非清淨心自生。這個比喻可
以解釋清淨心而有染污之由來，但是無明風動又是從何而來呢？牟
先生認為此問題以前的確「難可了知」，但是他依康德學說，認為人
之善性現惡，乃是人有「感性」（Sensibility）。然而牟先生的這個說
法，仍不能算是答案。因為它亦沒有解釋為什麼人有「感性」，就一
定會有無明（或儒家所說的私欲）。再者，如果有人再追問「人為什

---

❷參閱牟宗三，《佛性與般若》，學生書局，頁 460～461。

❷《大正藏》卷 32，頁 576 下。

麼有感性」，牟先生認為這問題不成其問題。否則他也只好承認「真是難可了知」了 **❸⓿**。

　　無明（或惡）的起源，在原始佛教本屬於「無記」性質的問題。原始阿含典籍對它並沒有任何哲學性的探討。原因是：一方面原始佛教較偏重宗教解脫 (Soteriology)，而不強調理性思辯。另一方面佛教非一神教，沒有一個全能，全知，全善神祇的一元創造論。因此，它不必探討類似「辯護神論」(Theodicy) 的問題。原始佛教對現實人生一切現象的存在，以「業感緣起」來解釋。從「無明」為緣而有「行」，因「行」為緣而有「識」，以「識」為緣而有另一期生命的形成，接觸，愛取，悲歡憂惱，乃至老死。而作為生死 (Saṃsāra) 根本的無明，被視為無始的。它與其他構成生滅緣起的因素是連環鉤鎖的關係，而不是直線的，所以無明非第一因。因為隨著無明而起的世間苦難現象，是由業報 (Karma) 來解釋，排除了一個實體性的本體或原理 (Absolute being or Principle) 必須為人間苦難罪惡負責的理論困難。這就是為什麼韋伯 (Max Weber) 在他的《宗教社會學》(*The Sociology of Religion*) 說：「印度的業報論的特殊成就，在於它是一個解決『辯護神論』的最好理論。」**❸①**

---

❸⓿參閱牟宗三，《中國哲學十九講》，學生書局，頁 295。

❸①原文是 "The most complete formal solution of the problem of theodicy is the special achievement of the Indian doctrine of Karma." 參閱 Max Weber, *The Sociology of Religion*, translated by E. Fischoff, (Becon Press) p. 145. 與韋伯持

　　然而，業報論是否真能消解「辯護神論」（由善生惡）的問題呢？從原始佛教的宗教經驗立場而言，答案可說是肯定的，但是這只解決了部分問題。因為無明及其延伸而起的惡可涵蓋三方面。道德上的惡 (Moral Evil)，物性的惡 (Physical Evil) 和形而上的惡 (Metaphysical Evil) ❷。「道德上的惡」指人為造作的罪惡。「物性的惡」指人自身遭遇的病苦，和自然界加諸於人的災變。「形而上的惡」是指宇宙間有惡存在的根本事實，它是道德惡和物性惡的基礎。從經驗和認識的立場言，業感緣起的業力論確實可以交代道德上和人自身及自然界惡的存在。但是對形而上的惡，它就置而不論。這在立足於無我論和業力論的原始佛教是可以避免的，但是當佛教發展出大乘真常系思想，它就從經驗立場，進入超越的立場來談人的心性問題。心性由原來在早期佛教的「性寂」——消極的，靜態的 (Static)，轉而成為「性覺」——積極的，動態的 (Dynamic)。因此，像「如來藏清淨本然，云何忽生山河大地」❸的問題也就非提出不可。也就是說，現實的無明染污法何來？

同樣看法者有 Arthur Herma, *The Problem of Evil and Indian Thought* (*Molilal Banarsidass*), p. 1; Peter Berger, *The Sacred Canopy, Doubleday*, p. 65.

❷自來布尼茲 (Leibniz) 開始，通常把惡分成這三類，其中「物性的惡」可包括「自然界的惡」(natural evil)。參閱 Leibniz, *Theodicy: Essays on the Goodness of God, the Freedom of Man and the Origin of Evil*, tr. by E. M. Huggard, p. 136.

❸《大正藏》卷 19，頁 119 下。

　　《起信論》解釋無明的起源，是因為眾生心性雖然本自清淨，但從無始以來不能了達一法界。心既與法界不能相應，結果就「忽然」而有妄「念起」。至於什麼叫做「忽然念起」，為什麼會忽然念起，《起信論》卻沒有說明。法藏的《大乘起信論義記》解釋說：

> 心不相應忽然得動，名為無明。此顯根本無明最極微細未有能所王數差別。即心之惑，故言不相應。非同心王心所相應也。唯此無明染法之源，最極微細，更無染法能為此本。故云忽然念起也。如《瓔珞本業經》云：「四住地前更無法起故。名無始無明住地。」是則明其無明之前無別有法為始集之本。故云無始。即是此論忽然義也。此約麁細相依之門說為無前，亦言忽然。不約時節以說忽然，以起無初故。❸❹

　　依法藏所言，忽然念起而有無明的意義可依三方面說：1.無明是染污的根本，故亦稱「根本無明」，沒有其他法比它更微細可以作為它的根源，因此無所謂心王與心所的差別或相應。2.「忽然」的意思是「無始」，因為在無明之前，沒有任何法的存在。3.「忽然」所指的無始並不是依時間的立場而言，而是指無明的始起沒有初因。法藏的這段註解，嚴格說起來，亦沒有解決無明根源的問題。事實上，歷代古德，甚至現代佛學者，對此問題亦甚感困惑，也提出不

❸❹《大正藏》卷44，頁267上。

同的說法❸。然而，這些說法不是不能算是答案，就是又引發新的問題。誠如「人為什麼有感性」，「為何忽然念起而有無明」的問題，實非人可理解的奧秘。從佛教的立場而言，這類問題超越哲學理論的範疇，應是屬於體驗內省的層次❸。

二、生滅諸識生起的因緣

無始無明是生滅心的根本不覺所在，至於生滅門中一切法的生滅因緣，《起信論》解釋說：「生滅因緣者，所謂眾生依心、意、意識轉故。」真如心體不守自性而隨緣，是生滅因，根本無明薰動心體，是生滅緣。以生滅相而言，也可以說無明住地諸染法是生滅因，外妄境界牽動諸識是生滅緣。《起信論》所說的心、意、意識與傳統的唯識學派所說的不盡相同。唯識學者以心為阿賴耶識，染污為性。意為末那識，前六識為（意）識。《起信論》的心即「眾生心」，在

---

❸參閱 Whalen Lai, "Hu-Jan Nien-Chi (Suddenly a Thought Rose): Chinese Understanding of Mind and Consciouness," *Journal of International Association of Buddhist Studies*, Vol. 3, No. 2, 1980, pp. 42～59; Peter Gregory, "The Problem of Theodicy in the Awakening of Faith," *Religious Studies*, Vol. 22, pp. 63～78.

❸佛教與其他宗教一樣，對「辯護神論」(Theodicy)——惡由善生，惡性之根源等問題，可能沒有令人滿意的理論性解答。對某些宗教而言，這些問題可能發生信仰危機，但是對佛教而言，它們卻可在實證上產生積極的作用。譬如禪宗就有「大疑大悟」的主張。

生滅門中又稱為阿賴耶識，但其意義與唯識學所說不同。因它是真妄和合識，乃真如心（如來藏）隨緣而成。這種說法乃根據魏譯《楞伽經》所說的：「阿梨耶識者名如來藏，而與無明七識共俱，如大海波，常不斷絕。」**❸⑦**

　　其次所謂的「意」，乃依心而起，亦即阿賴耶心依無明風動而開展的五種心態：業識，轉識，現識，智識和相續識。最初是阿賴耶心因無明的插入而心動。妄心現起即有動，動即是業，因此稱為業識。轉識依於業識之動，轉成能見之分別心。又因依轉識分別心所起之見，心現種種無邊境界，猶如明鏡映現種種色像，此曰現識。由轉識的能見作用，而有現識的一切境界，內心與外境相接觸，而起分別染淨的心叫做智識。而每一智識分別的染淨，善惡的念，都構成一種影像留於心識中。由於念念相應不斷，故稱為相續識，它一方面能保持過去無量世的善惡業令其不失，另一方面因相續識中的念力，能引發現在未來的苦樂業報。總之，貫穿三世一切業果作用的就是相續識。

---

❸⑦ 《大正藏》卷 16，頁 556 中。

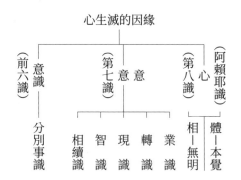

五意中的前三，屬於極微細的心境，與玄奘所傳之唯識論相比
較，則業識為賴耶自證分，轉識為賴耶見分，現識為賴耶的相分，
智識所起的分別染淨執著，相當於第七末那識的事用。而相續識則
為受薰持種，潤業受報❸。因之，五意說雖沒有末那之名，然而亦
非無其意❸。事實上，它涵攝了玄奘所傳唯識學的第八識和第七識
的內容。

生滅心依心起意，依意起意識。此處的意識是前六識的總名，
亦稱為分別事識。它是與六塵外境相應，而起相顯的妄分別。它以

---

❸參閱印順，《大乘起信論講記》，正聞出版社，頁 182。

❸何以《起信論》不用末那識之名，法藏解釋說：「以義不便故。何者？以根
本無明動彼真如，成於三細，名為黎耶。末那無此義，故不論。又以境界緣
故，動彼心海，起於六塵，名為意識。末那無此從外境生義，故不論也。雖
是不說，然義已有。」原因是賴耶起必有二識相應，所以一說三細賴耶即已
有末那執相應。又意識之所以能緣外境，必內依末那，故說六塵意識已有末
那為依止根。（《大乘起信論別記》，《大正藏》，卷 44，頁 290 下。）

見愛煩惱為性，產生六麤中的「執取相，計名字相，起業相和業繫苦相」。

概括言之，《起信論》的心識說，從染污的生滅緣起而言，是依心起意，依意起意識，由細而粗，展現人的心性作用。它與唯識系統心識論最重要的相異處是，《起信論》的三心實是一心，而且它與眾生心的真如面有不一不異的關係。把此理論應用於實踐面的話，依《起信論》的心識說，人須在心識中做點「刪減」(Abstraction) 的功夫，即把生滅心中的染污減去，就是全體自性清淨本覺真如心的顯現，不像唯識學所說須經過「轉依」步驟，把阿賴耶識徹底改造才能轉識成智。

三、心識染淨互熏論：人性善惡之消長

人性的善惡染淨，《起信論》將其歸諸於真如與無明二根本。但成為染淨的事實，是由於熏習作用。依真常學說，本來人性清淨無染，但無始無明妄染所熏習而有妄心現起，由本覺而變成不覺。但這並不是說真如被熏成雜染，而只是真如上面蒙上一層染相，而其本質並未改變。真如因無明的煽動而起了妄心。妄心又產生一股熏習力，再反熏無明，啟動妄念而現妄境界。同樣的，妄境界起後，又反增強 (Reinforce) 妄心，使它的妄念更生起不斷的執著，結果人就造種種業，身心受苦。依真如而存在的無明，妄心妄境互相的熏習，就是染法生起（染熏習）的原因❹。如果順其自然發展，人當

然只有永遠停留於現實執迷不覺中。

　　與染法熏習相對的是人性亦有本具的淨法熏習。它乃建立在人性本有一顆清淨真如心的事實——所謂的「真如自體熏習」。由於真如有本能的潛力，能內熏曚昧的無明，使由無明熏真如而成的妄心產生「厭生死苦，樂求涅槃」的意願。而這種「背塵合覺」離惡向善的意願又可以再反熏習真如，產生正面影響力，使自己肯定本具的覺性，醒悟妄念所作妄境乃無明不覺而起，從而以種種自覺行為去對治。久而久之，無明即可被滅除。無明一除，妄心不起。妄心不起，妄境隨滅，最後自顯本來明淨的心性。

　　從上述的兩種染淨互熏說，真如和無明都有內熏力，皆為內因。如此，則可提出一問，即兩者勢力如何消長？換言之，什麼因素使人傾向無明的「流轉門」，或成佛的「還滅門」？《起信論》的解答是：

　　佛法有因有緣，因緣具足，乃得成辦。如木中火性是正因。若無人知，不假方便，能自燒木，無有是處。眾生亦爾。雖有正因熏習之力，若不遇佛菩薩善知識等以之為緣，能自斷煩惱入涅槃者，則無是處。若雖有外緣之力，而內淨法未有熏習力者，則亦不能究竟厭生死樂求涅槃。❹

❹《大正藏》卷 32，頁 578 上～中。
❹《大正藏》卷 32，頁 578 下。

可見除了內力之外，外緣也是很重要的決定因素，前者為先天，後者為後天，兩者必須相配合。《起信論》的心識熏習說一方面提出了成佛的「先天超越根據」，另一方面也肯定後天的人為因素，可謂兼顧了理論與實踐兩個層面。

《起信論》的染淨互熏說建立在其眾生心真妄和合的一貫立場上，顯然與唯識學之熏習有很大區別。唯識家所謂的熏習是：1.同類相熏；諸法增上緣必為同類同性，例如只有無漏因才能引生無漏果。所以唯識家不許真如和無明彼此互熏。2.受熏者必為不含善惡的無記性。例如阿賴耶識本身是無覆無記性，依前七識或善或惡現行的熏習，可種下善或惡的種子。3.唯識學中的真如凝然，為絕對的如如理，不能隨緣產生德用。從此三點可見唯識和真常兩系統的主要區別，各有其特點。唯識學派給予人性嚴密繁複的分析，固然解釋了一些現實人生的現象（尤其是雜染方面），但從現實到理想的目的地，真常系統提供了人性可進升到完美的根據，建立了成佛先天的必然性。從宗教理想的訴求而言，真常系確比唯識學更進一步。

四、結　論

佛法浩瀚，但總不外探討二大事，一為煩惱的生死，一為清淨的解脫。這兩方面又得立足於眾生方能成立。於是從這二方面以論究眾生心性，就成為最初的原始佛教乃至中國大乘佛法的重要課題。妄心派和真心派各提出解釋此二大問題的理論❷。妄心派以妄心為

主體，正聞熏習為客。真心派則以自性清淨為主，無明熏習為客。兩派各有所偏重。以妄心為主的，有漏法的產生很容易解釋，但由生死轉成解脫的必然性，就較成問題。相反的，以真心為主，很容易說明無漏法的生起，而對有漏法就有解說的困難。屬於後期真心系的《起信論》就是試圖會通此二派的理論，成為影響中國佛教人性論最深的一部論著。以下總結其主要理論和困難：

1.大乘法體就是眾生心。

2.眾生心有二個屬性——心真如和心生滅。兩者不相捨離。統一中有分歧，而分歧中有統一性。

3.真如心有如實空——從本已來不與染法相應。如實不空——自性具足無邊清淨功德。

4.生滅心不離真如而現，含攝「本覺性」——開展清淨解脫的依據，和「不覺性」——開展雜染生死一切事相的本源。因之，理體與事相，理想與現實，染淨與清淨皆統一於眾生心中。

---

❷真心派根源於《阿含經》，它從經驗立場的反省，提出「心本性清淨，客塵煩惱所染」的說法。不過這與如來藏自性清淨心卻有不同意義。因為它所謂心性的清淨，是指猶如白紙的明淨，意味著人心性的可塑性。但大乘發展出的如來藏心則含有積極的能塑性。妄心派的人性論依種性論，主張人性有種別。將之與解脫成佛思想相銜接之後，妄心派就發展出人有五種不同的種性：聲聞、緣覺、菩薩、不定和一闡提，由於妄心派不言一切眾生皆能成佛，真心派的人性論終成中國佛教的主流。

　　5.《起信論》以染淨互熏說，配合先天與後天的因素，證成成佛的必然性。

　　由上述的基本理論，可能產生下列疑難：

　　1.因為真常系所說的真如有能生萬法的屬性，常被指為實有的本體，如同外道神我能生萬物的一元論。化解此理論困難，一方面可從如來藏空性義上辯駁，另一方面可把如來藏（佛性）視為宗教實踐的潛能，以別於實體的自我。

　　2.從上面的理論困難延伸出來的問題是：假如眾生的真如本性是清淨的，雜染法從何而生（就像如果上帝是全善的，世間的罪惡何來）？《起信論》以無明的作用作為解釋，至於無明的起源則被視為「法爾如是」的無始存在。

　　3.《起信論》言依如來藏本覺而有無明不覺，如此或有人會問難：若依本覺而有無明，則人破無明直顯本覺後，是否無明可依本覺而生。消解此疑難的解釋有二：一者真如非無明生起的直接因，無明只不過是「憑依」真如而存在而已，故不會有佛生無明的問題。二者如來藏即（隱覆）真如，真如及無明皆為無始，並非先有如來藏或真如而後才有無明。人只要不妄執「眾生無明有始，涅槃有盡」，自然就可消除此疑難。雖然《起信論》依「一心開二門」所建立的心性論架構，不無理論上的疑難，但是它融通了唯識和真常二系的染淨說，提供了解釋人性善惡兩面的另一思路。因其具有濃厚的融通意味，遂成為中國佛教人性論的基石。

第五章

《法華秀句》中的佛性論諍

——以靈潤的「十四門論」和神泰的「一卷章」為主

　　圓證佛果是佛教之終極目的，然而是否每一眾生皆能成佛呢？如肯定其可能性，則除了個人修證的行持外，其形而上的超越依據何在？又如成佛無其普遍性，則何類眾生可成佛，何類眾生無成佛可能？理由安在？這一連串的問題不但在印度佛教已引起關注，佛教東傳後，在中國佛教更引起極大學理上的爭議。

　　早期大乘佛教，由於對於人性問題的深刻省思，產生不同的解脫論，因而有一乘、三乘、一性、五性之爭論。嚴格地說，部派佛教已對人性問題提出哲學性的探討，例如說一切有部主張有少分無性的存在，而大眾部和分別說部則提倡心性本淨說❶。這些理論乃大乘佛教瑜伽和真常系思想之先驅。瑜伽學系下的《解深密經》、《瑜伽師地論》、《佛地論》等陸續建立完成「五性各別」之思想，而真

---

❶《阿毘達磨大毘婆沙論》卷 27 有言：「有執心性本淨，如分別論者，彼說心本性清淨，客塵煩惱所染污故，相不清淨。」（《大正藏》卷 27，頁 40 中。）

常系下的《勝鬘經》和《寶性論》等則堅持一性皆成之說❷。中國佛教的華嚴、法華等學系沿襲真常之一乘佛性說，而唯識宗則大力弘揚三乘五性論，彼此爭論不休。

　　中國佛教中的佛性論之爭起自東晉道生 (355–434 A.D.) 對《涅槃經》的解釋，以後歷代各宗派許多大德亦皆各有自己對佛性的觀點。大而言之，整個佛性論爭辯的中心議題在於「一切眾生是否皆有佛性」。環繞此中心問題的爭議點有：(1)佛性之「當有」對「本有」，(2)「五性各別」對「一性皆成」，(3)「五人各一性」對「一人俱五性」，(4)「無漏種子」對「真如種子」，(5)「三乘真實」對「一乘究竟」，(6)「密意一乘」對「顯了一乘」，(7)「行佛性修得」對「理佛性性得」等等。由於爭論議題牽涉層面極廣，本文無法全面論及，僅就初唐靈潤對神泰之間的爭論作一深入的探討。為了瞭解他們之間的佛性之論諍，先簡略概述唐朝之前重要的佛性說，以作為背景的瞭解。

一、唐朝前的佛性說

　　中國有關佛性爭辯的第一波與《涅槃經》的傳譯幾乎是同步發生，而由道生「闡提成佛」的「先見之明」開啟戰端。《涅槃經》最初由法顯和覺賢 (Buddha-bhadra) 於 416 年譯出，名為《大般泥洹

❷有關早期真常思想，請參閱印順《如來藏之研究》，和高崎直道《如來藏思想の形成》。

經》。此六卷《泥洹》雖已含有佛性遍滿的思想，但它亦明言一闡提不得成佛❸。道生所主張「闡提成佛」異於《泥洹經》的論調自然造成強力反彈❹。《高僧傳》言道生「孤明先發，獨思忤眾，於是舊學以為邪說，譏憤滋甚，遂顯大眾擯而遣之」❺。在南方諸僧為闡提成佛與否爭辯的同時，曇無讖 (Dharma-rakṣa) 在 421 年於北方涼州譯出四十卷的大本《大般涅槃經》。但直到 430 年才流傳南方，經慧觀和謝靈運等對照六卷《泥洹》，編輯成為三十六卷的南本《大般涅槃經》。經中果真宣說一切眾生，包括一闡提，皆可成佛。雖然道生被擯事件，因此獲得平反圓滿落幕，道生也「捨壽之時據獅子座」，如其所願，但有關佛性之爭論正方興未艾。先有南北朝涅槃佛性諸說，後有唐代性相二宗，舊譯與新譯對佛性詮釋之爭論。其後更有佛性論延伸的無情有性、性惡說、草木成佛說等等，這些學說

---

❸法顯 (335–420) 曾到印度求法，攜回不少梵典，其中包括含有二萬五千頌的《大般泥洹經》，共六卷。其卷 4 言：「一切眾生皆有佛性在於身中，無量煩惱悉除滅已，佛便明顯，除一闡提。」

❹根據傳教最澄的《法華秀句》，當時反對最力者為智勝。其因「聞（道）生說咸有佛性，眾共嗔怪，而智與生論此義數朝不息。智雖有文而屢被屈，生雖無證而常得勝。智既被屈，諸大德咸共生，即共奏聞」（《法華秀句》，《日本大藏經》，卷 42，頁 553）。道生傳中只言「守文之徒」、「舊學」多生嫌嫉，未明言何人告狀，致使道生被擯。最澄何據，不得而知。

❺有關道生事蹟，詳見《梁高僧傳》卷 7，《大正藏》卷 50，頁 366 下～367 上。

織成了中國佛教中佛性論燦爛的一頁。

　　道生佛性說除了提出最重要的前提「一切眾生皆有佛性」之外，他更進一步討論到此主題的深層意義。其著述如《頓悟成佛義》、《辯佛性義》、《佛性當有論》等，顧名思義，均是探討佛性深義，可惜這些著作均已佚失，無法確定道生的佛性義，然而從道生其他留存的著作，以及後人的引述中，可以得知道生的佛性論涵蓋幾個主題：⑴佛性意義是什麼？其本質若何？換言之，什麼是正因佛性？⑵正因佛性是否為原「本」具「有」，或須假外——聽聞及實踐佛法——才「始有」？⑶闡提成佛何據？⑷道生因著有《佛性當有論》而被認為他以「當果」為正因佛性❻。當果意指眾生當來必定成就佛果，乃從「因」證「果」，以「果」顯「因」，其立論基礎是建立在一切眾生皆有佛性之理性本具的原因上，藉由此因一定會導致當來的佛果，故言當果為正因佛性。

　　如果道生確實以「當果」為正因佛性，則第二個問題的答案是道生應持佛性本有義❼。因為「當果」既指佛性之本質和正因，理

---

❻依元曉之《涅槃宗要》，解道生佛性為「當有」義者，乃是白馬寺愛法師。《宗要》曰：「白馬愛法師執生公義云，當果為正因。則簡異木石無當果義。無明初念不有，而已有心，則有當果性。故修萬行，剋果，故當果為正因體。」然而道生的「當果」意義，是否如愛法師所瞭解，尚有爭論，詳見湯用彤，《漢魏兩晉南北朝佛教史》，鼎文書局，頁639～640。

❼由於道生的《佛性當有論》及其他重要著作均佚失，無法確定道生的當果正

性本具，則佛性必為眾生與生俱有的成佛之超越依據，否則佛性就不一定能導致必然「當」來的佛「果」。因此，「當果」乃建立於「本有」佛性上。道生在《妙法蓮華經疏・方便品》明言眾生佛性本有：「良由眾生本有佛知見分，但為俗障不現耳。佛為除開，則得成之。」另外，《涅槃集解》曾引道生之說，亦可證明道生佛性本有的主張。

> 夫真理自然……不易之體，為堪然常照。但從迷乖之，苟能求涉，便反迷歸極。歸極得本，而似始起。始則必終，常以三昧。若尋其趣，乃是我始會之，非照今有。有不在今，則是莫先為大。既云大矣，所以為常。常必咸累。復曰般泥洹也。❽

引文的意思是說，一切眾生的佛性，源本未造因時，已自有之，

因佛性是為本有或始有。學界有不同看法，湯用彤主張「本有」，詳見《漢魏兩晉南北朝佛教史》，頁633～640。Whalen Lai, "Sinitic Speculations on Buddha-nature," *Philosophy East and West*, Vol. 32, No. 2 (April, 1982), p. 147. 楊惠南認為當果說即始有說，其依據吉藏《大乘玄論》卷3所說：「當果為正因佛性，此是古舊諸師多用此義，此是始有義」而作斷言，立論似嫌薄弱（詳見《吉藏》，東大圖書公司，1989年，頁85）。一來未有文證證明道生有此說，二來吉藏的說法並不能代表即是道生本意。從道生思想推測，筆者認為道生之當果應屬本有意。

❽《涅槃集解》卷1，《大正藏》卷37，頁380～381下。

不待業緣為其始。由是觀之，道生應是主張佛性本有，而其「當果」

是立足於本有的佛性。然而亦有把當果做不同解釋的，吉藏《三論

玄義》卷三曰：「當果為正因佛性，此是古舊諸師多用此義。此是始

有義。若是始有即是作法，作法無常，非佛性也。」❾吉藏把「當

果」的正因佛性，解為始有。顯然與道生的佛性義不同。無論將當

果視為本有或始有，其結論都是眾生終成佛果。但不同的地方在於

解釋為「始有」時，其著重點放在成佛的過程 (Process)，而解為「本

有」意者，其重點放在成佛本有的超越存在依據。正因為對正因佛

性，本有、始有、當有等佛性中重要觀念，各家有不同的解釋，道

生之後南北朝研究《涅槃經》的諸師繼續提出不同的註釋，使得佛

性問題的探討盛極一時，甚至於延續到唐朝仍然爭論不止。

　　總覽南北朝時代的佛性論諸說，吉藏《大乘玄論》卷三舉出正

因佛性十一家，其《涅槃遊意》說佛性「本有」「始有」共三家，元

曉的《涅槃宗要》記載六種對佛性體性不同的解說，均正《大乘四

論玄義》卷七則說正因佛性有本三家、末十家之別❿。

　　南北朝諸涅槃師繼道生之後提出這許多對正因佛性的看法，吉

藏將它們分成三大類⓫。

---

❾《大乘玄論》卷 3，《大正藏》卷 45，頁 36 下。

❿參閱湯用彤，前引書，頁 678。正因佛性為何，眾說紛紜，頗為繁複，以下

　列表對照各家之說：

（一）以假實為正因佛性：第一及第二家

以僧旻等為主的第一家，主張以五蘊和合的眾生為正因，六波羅蜜為緣，因為眾生是「御心之主，能成大覺」⓬，現今雖「生生流轉」，終必「心獲湛然」。第二家以五蘊和假我的六法為正因佛性。因佛性「不即六法，不離六法」。六法指色、受、想、行、識、我。而眾生佛性非色不離色，非心不離心。色心識相續不斷，終可成佛。總之，此二家以為無論眾生是假是實，其身心存在的事實，即是成佛的正因。

《大乘玄論》：十一家	《大乘四論玄義》本 3、末 10	《涅槃宗要》（六師）
眾生為正因佛性：道朗、僧旻	末 7	第二師
六法為正因佛性（通）：僧柔	末 8	
心為正因佛性（別）：智藏		
冥傳不朽：法安	末 5	
避苦求樂：法雲	末 6	
真神：梁武帝	末 4	第四師
阿梨耶自性清淨心：地論師	末 9	
當果：道生	本 1（道生）末 1（愛法師）	第一師
得佛之理：瑤法師	本 3（末 2）	
真諦（真如）：寶亮	末 3	
第一義空（第九無垢識）：攝論師	末 10	第六師

⓫《大乘玄論》卷 3，《大正藏》卷 45，頁 36。

⓬《卍續藏經》卷 74，頁 46。

（二）以心識為正因佛性：第三至第七家

　　此五家由粗到細以不同形態的心識為成佛依據。第三家以廣義的「心」為正因佛性，因為「心識異乎木石無情之物，研習必得成佛」。換言之，只要有心識的眾生終必成佛。第四家的「冥傳不朽」意指不變的輪迴主體，帶有強烈神我意味。另一以心識作用為成佛依據是第六家的「避苦求樂」。由於心識有本能的避苦求樂之驅策功用，眾生終能成佛，離苦得樂。第六和第七家則各以微細的真神「心識本體」和阿梨耶識自性清淨心為佛性。後者為地論師的主張。

（三）以理為正因佛性：第八至第十一家

　　此四家不同於前二類者，在於他們超越眾生身心之外，從眾生所體悟的理體上去尋求成佛的依據。因此有以為「當」成佛「果」或「得佛之理」為成佛正因者，有主張眾生所悟的「真諦」或「第一義空」為正因佛性者。前者以果望因，後者從因望果❸。「真諦」即「真如」。此家認為「真俗共成眾生，真如性理為正因體」。眾生無心則已，有心則必有真如，此謂佛性。北地摩訶衍師所主張的「第一義空」，是依《涅槃經》，所謂第一義空者，乃指智見空與不空，❹

---

❸《四論玄義》曰：「靈根令正執望師義云，一切眾生本有得佛之理為正因體，即是因中得佛之理。」故曰此說為約因望果。

❹《大般涅槃經》的〈師子吼菩薩品〉曰：「佛性者名為第一義空。第一義空

如此的體證即為佛性。

繼南北朝各家佛性說之後，三論宗大師吉藏 (549–623) 提出中道佛性論。對上述各家，曾大力加以評破❶。其提出的第五種佛性——因、因因、果果、正因、非因非果——建立於中觀的無所得「非因非果」的超越「有」「無」的中道理論上。吉藏進而有「無情有性」的說法。他將理內理外之有無佛性加以說明，即所謂的「理內有佛性，理外無佛性」，相對於「理外有佛性，理內無佛性」。前者「理內、理外」的理是指如來藏自性清淨心所代表的法性理體。由於此理能出生並含攝萬法，所以說一切有情眾生甚至於無情的草木亦有佛性。同時此「理外」因別無一法存在，故言「理外無佛性」。至於「理外有佛性，理內無佛性」的理是指吉藏所主張的「中道佛性」不可言詮之理，未契入此理之「理外」眾生，執著實有，以為實有眾生可滅度，有佛性可證，所以說「理外無佛性」。但是眾生一旦證入此中道佛性之理，就能體悟事實上既無理可入，亦無眾生可滅度，

名為智慧。所言空者，不見空與不空。智者見空及與不空，常與無常，苦之與樂，我與無我。空者一切生死，不空者謂大涅槃。」屬真常系思想的《大般涅槃經》所要強調的是要眾生能徹見不空的常樂我淨的佛性。

❶詳見《大正藏》卷 45，頁 36 上～37。許多學者亦曾討論或批評吉藏對各家佛性說的評破，如湯用彤，前引書，頁 677～717。楊惠南，《吉藏》，東大圖書公司，頁 221～227；廖明活，《嘉祥吉藏學說》，學生書局，1995 年，頁 217～232。

因此說「理內無佛性」 ⑯ 。

　　以上是唐朝之前較重要的各家佛性論，及其爭論的焦點。由於各執一理，無有定論。到了唐朝隨著唯識系統典籍的傳譯，有關佛性的舊譯古說和新譯新說之間的爭論更形熱烈。新譯是指玄奘 (600–664) 所傳譯的瑜伽學說。玄奘在廣學舊譯《俱舍》、《地論》、《攝論》等說之後，有感於當時學派義理的分歧，莫衷一是，他「遍謁眾賢，備殫其說。詳考其理，各擅宗途，驗之聖典，亦隱顯有異，莫知適從，乃誓遊西方以問其惑」 ⑰ 。玄奘在留學的十數年中，遍學印度佛學，回國之後譯出七十五部典籍，其中許多屬於瑜伽學系的經論，如《瑜伽師地論》、《攝大乘論》、《辯中邊論》等。法相宗因玄奘新譯而成立，經窺基、神泰、慧沼等人的弘揚而蔚成重要學派。

　　法相宗教義中與佛性有關，且引起爭論乃是其五性各別之種性論和「理佛性」之說。五性說乃謂眾生可分成有決定根性之聲聞、獨覺、菩薩、不定根性的人和一種畢竟不能成佛的無種性人。法相宗的一分無性說和《涅槃經》的一切有性說就形成對立。

　　新譯之後，佛性說的爭論已從南北朝、隋代諸師探討佛性本質的問題，更牽涉到大小乘種性決定不決定，以及大小乘權實，本有或新熏無漏種子等問題上，使當時的佛性論內容更加豐富。基本上唐代佛性爭議是性宗和相宗彼此間之評破。玄奘唯識新義傳譯之後，

⑯參閱本書頁 255～260；及楊惠南《吉藏》，頁 248～252。
⑰《大唐故三藏玄奘法師行狀》，《大正藏》卷 50，頁 214 下。

引起兩波對論。一為靈潤反對無性說，高唱一性皆成宗義，神泰造論反駁，新羅義榮隨之造論支持靈潤。第二波法寶造《一乘佛性究竟論》闡揚一性說，慧沼則著《能顯中邊慧日論》反駁之❽。下面針對第一波爭辯代表人物靈潤對神泰的爭論加以詳細討論。

二、靈潤與神泰之爭辯

（一）靈潤之有性說

　　靈潤出身河東望族，依靈粲禪師住興善寺，年十三，初聽《大般涅槃經》，妙通文旨。及長聽道奘講《攝大乘論》，亦有深悟。靈潤前後曾講《大般涅槃經》七十餘遍。《高僧傳》稱讚他為「涅槃正義，惟此一人」。另外他也曾講《攝大乘論》三十餘遍，並造文疏，頗有新意。貞觀年間，靈潤曾被徵召於譯場中，擔任證義的工作。雖然靈潤曾參與玄奘譯場，但因其早年深受舊譯涅槃思想影響，故極力反對無性說。他為防「後生未有所識，忽聞新義，用為奇特，不知思擇，遇便信受，及謗舊經，云非佛說。為愍斯等長夜受苦，須善分別」❾。此處的「新義」，即指玄奘所傳的「五性各別」說。

　　據《高僧傳》載，靈潤曾註解《涅槃》、《攝論》各一十三卷，《玄章》三卷，對《維摩》、《勝鬘》、《起信論》亦「隨緣便講，和

---

❽有關法寶與慧沼之爭，將另外撰文詳論之。

❾靈潤之傳記，詳見《續高僧傳》卷 15，《大正藏》卷 50，頁 545 中～547 上。

有疏部」。可見其對如來藏系經論註疏之用力。可惜這些義疏均已佚失，幸好日僧最澄的《法華秀句》卷中，曾記載靈潤「造一卷章，辨新翻瑜伽等與舊經論相違」❷。最澄所說的「一卷章」，其確實的名稱亦不得而知。最澄將其內容整理歸納出十四點新譯與舊譯不同之處。即所謂的「十四門義」：

1. 眾生界內立有一分無性眾生。

2. 二乘之人入無餘涅槃永不入大。

3. 不定性聲聞向大乘者，延分段生死行菩薩道。

4. 三乘種性是有為法，法爾本有不從緣生。

5. 一切諸佛修成功德實有生滅。

6. 須陀洹人但斷分別身見，不斷俱生。

7. 五法一向不攝分別性，正智唯是依他性攝。

8. 十二入十八界攝法周盡。

9. 十二因緣二世流轉。

10. 唯明有作四聖諦，不明無作四聖諦。

11. 於大乘中別立心數不同小乘。

12. 心與心數但同一緣，不同一行。

13. 三無性觀但遣分別，不遣依他。

14. 立唯識有三分，或言有四分。❷

---

❷ 最澄，《法華秀句》，《日本大藏經》卷 42，《天台宗顯教章疏一》，頁 68。

❷ 本段引文及下面靈潤和神泰的論證，均引自《法華秀句》，頁 68～82。

上舉十四點新譯的學說中，與佛性論有關的第一點「眾生界內立有一分無性眾生」，靈潤分三方面加以駁斥。首先他全盤否定一分無性說，稱它為凡小不了義執。其次靈潤批評新譯所說「一切眾生悉有佛性是少分，非全分一切」。最後他評破「一分有情無佛性者，無有行性，若論理性則平等皆有」的說法。

第一：立有一分無性眾生者，為是凡小不了義執。

靈潤斥執一分無性者不聞不信如來藏大乘佛典，因為大乘佛典中在在教示眾生皆有如來藏（佛性）。靈潤舉《華嚴經·寶王如來性起品》言眾生無不具足如來智慧於身中。《無上依經》言如來界即眾生界，若立有一分無佛性眾生，則如來界不成其如來界，因為佛性十義中第七遍滿性，意謂如來法性遍滿一切眾生❷。若有少部分眾生無佛性，則佛性遍滿的特性就不能成立。另外靈潤從《涅槃經》引出九處經證，來評破無性說。如經言一切眾生，悉有佛性是正說，若說一分眾生無佛性是魔說，如此的無性說不但是不了義，甚至被比同魔說。靈潤引《涅槃經》中迦葉菩薩曾問佛，九部經中未曾聞說一切眾生有佛性，如作是說是否犯妄語重戒。佛陀回答不犯，因為如果有「二乘人說有佛性，雖有違小乘九部之教，以理當故即是實說，非是妄語」❸。靈潤依此證知無性說為不了義的權說，不是

---

❷《寶性論》從十個層面解釋佛性意義：體、因、果、業、相應、行、時差別、遍一切處、不變、無差別。詳見《大正藏》卷31，頁828。

❸《法華秀句》，頁69上。

究竟義。《涅槃經》卷二十七曰：「眾生皆悉有心，凡有心者定當成阿耨多羅三藐三菩提，以是義故，我當宣說一切眾生悉有佛性」❷。依此經義，靈潤認定凡有心者皆有佛性。故若主張有一分無佛性，則無性論者必須也得承認有一分無心眾生。但眾生皆有心，故證成皆有佛性說。

靈潤又引《涅槃經》卷三十二曰：「一切眾生同有佛性，皆同一乘，同一解脫，一因一果一甘露，一切當得常樂我淨，是名一味。」❷他認為在微妙的大涅槃中，下自一闡提，上至諸佛，雖各有異名，皆不離佛性。因此如立一分無性眾生，則有違大乘平等法性同體之教說。換言之，佛性最極平等攝一切眾生，既然佛性有遍滿性，一分無性論自不能成立。

《涅槃經》云：「二十五有有我不也？佛云：『善男子，我者如來藏。一切眾生悉有佛性即是我義。』」❷靈潤解釋此段引文說，二十五有的六道眾生皆依佛性故有。經中以譬喻說明佛性，如雪山一樂味藥，隨其流處出種種味。一樂味藥比喻佛性常住，隨其流出的種種味喻煩惱因緣，亦即由佛性流出六道生死。故離佛性即無眾生可言，相反的，有眾生即有佛性。

再者，靈潤引《涅槃經》卷三十六曰：「下從涅槃上至諸佛，唯

---

❷《涅槃經》，《大正藏》卷 12，頁 524 下。

❷同上，頁 559 上。

❷同上，頁 407 中。

有異名亦不離佛性水」，「未得阿耨多羅三藐三菩提時，一切善不善無記盡名佛性」 ❷。由此二段經文可知佛性最極平等攝一切眾生。未證菩提前，雖然各類眾生，依其迷昧的程度而有異名，其實其本質並無差別。綜觀以上靈潤所引證，他一方面批評無性說是不了義，另一方面引證《涅槃經》以說明眾生皆有佛性的依據。

第二：靈潤對「一切眾生悉有佛性是少分一切，非全分一切」的評破。

有些瑜伽系學者所主張的無性論並非指一切眾生皆無佛性，而是專指某部分眾生而言，因此認為此說與大乘經論教義並不相違。對於此「佛性是少分一切，非全分一切」，靈潤的評破是根據《涅槃經》的〈大眾問品〉中，佛陀明確教示純陀「少分一切」為不了義，而「全分一切」才是大乘甚深秘藏了義說。靈潤斥前者為「妄識」，稱後者為「真實智」。他又進一步引證《涅槃經》八文，《寶性論》二文，《勝鬘經》、《楞伽經》各一文。例如《涅槃經》卷二十九言雖然眾身有多種，或有天身、人身、畜生身、地獄身等，而其佛性為一，此理猶如有人置毒於乳中，其乳即使製成醍醐，名字雖變，其毒性不失。眾生佛性亦復如是，眾生雖可能在六道中受別異身，而其佛性常一不變。如說佛性少分一切，則佛性不能像虛空一樣平等無分別，有違經教。

靈潤又引《寶性論》中三種意義以解釋「一切眾生有如來藏」：

---

❷同上，頁 579 中及 580 下。

一者如來法身遍滿一切眾生，這是從佛望眾生而言，因佛智（法身）的遍滿融入眾生中，無一眾生不具足佛性。二者真如無差別，此乃約眾生與佛平等而言，因為眾生的真如本性雖然為煩惱所覆，本質上與佛真如無異。三者佛種性義，這是從眾生望佛而言，眾生皆能成佛，因為他們本具成佛的種（因）性。猶如《勝鬘經》所說，正因為眾生有如來藏（佛性），才能厭生死苦樂求涅槃。由以上三義，佛性必須是一切眾生悉有，而不可說為是少分一切。總之，靈潤依上述經論否定「佛性少分一切」說，其實第一點的「一分無性」和第二點的「少分一切」說的是同一回事，故難免重複論證。

第三：對「理性平等，行性差別」的評破。

有人以為一分有性眾生之所以不能成佛，是因為他們沒有「行佛性」，但若論「理佛性」，則一切眾生皆有。靈潤認為此說有二過失：(1)自違其論。因一分無性論者，所依據的經典和其論著中，基本上未全面肯定理佛性。(2)違諸經論。首先靈潤引真常系典籍，證明有理佛性則必有行佛性，因為行佛性是理佛性業。《寶性論》舉出佛性十義，其中理佛性屬於體性，而行佛性屬於業性，業性則有二個作用：一者厭生死苦，二者樂求涅槃。雖然理、行佛性各有其特性，然二者非一非異，理佛性由行佛性而顯，行佛性由理佛性而立，不相捨離❷，如一物之兩面。故不能執著有一分有情有理佛性，卻

---

❷《寶性論》強調，眾生之所以能見苦果樂果，皆依真如佛性而起，非離佛性無因緣而起如是心。此二業用，發揮理佛性的行性功能。詳見《寶性論》，

不具足行佛性。

　　靈潤又引《佛性論》所說的三因佛性以說明理、行二性之不可或缺。三因佛性是：(1)應得因，(2)加行因，(3)圓滿因，其中應得因乃（人、法）二空所顯真如，亦即佛性之體。加行因是指菩提心，由此心而行十波羅蜜等助道之法。圓滿因乃是由加行而得果圓滿。此三因前一以「無為如理」為體，後二則以「有為願行為體」。三因佛性雖析而為三，本為一體❷。故有理性即有行性，一分眾生有理性而無行性說自不能成立。

　　從以上三方面評難無性論之後，靈潤再以問答式以草木為例，進一步說明理佛性和行佛性之關係。首先他假設有人問難說：

問：若有理性即有行性，草木無情有理性故，應有行性。
答曰：草木無情無有理性。故《涅槃經》云：非佛性者謂牆壁瓦礫無情之物。❸

　　此段問答的意思是，主張理、行二佛性必須兼備的有性論者，也應承認草木有行性，因為草木雖無情但有理性。但是靈潤的回答是草木屬無情，應沒有理佛性。但如果此前提成立的話，則真如（法

　　《大正藏》卷 31，頁 831。
❷見《佛性論》，《大正藏》卷 31，頁 794 上。
❸《法華秀句》，頁 74 上。

身）即不遍滿，顯然又與「真如遍滿」義相違。靈潤的答辯是：

> 草木唯心量，心外一向無，故無有理性非是心外有，真如何所
> 遍？又《攝論》云：由內外得成，是內有熏習。有熏習者則有
> 行性，外無熏習故無行性。復次真如無內外，不離於內外，在
> 內名佛性，在外不名佛性。❸

　　引文中靈潤引《攝論》所主張唯有「內種」的心才有熏習作用，
而草木無心，無有熏習種子，故無行性。雖然真如遍滿內外，但唯
有心的有情眾生才有佛性。總之，靈潤之理、行佛性兼具說，只限
於有情眾生，而不及於無情的草木。至於進一步的「草木有性說」，
天台宗有很好的推演和論證。
　　其次，靈潤引《大乘莊嚴經論‧種性品》所說眾生有畢竟無涅
槃者，因為他們無有成佛之種性的存在。這類一闡提人的善根已被
燒毀，就如焦芽不能再長，畢竟善根不生，故無有佛性。靈潤對此
說的反駁是：畢竟無涅槃性的「畢竟」有二義：(1)約所斷善而言，
如有人斷「生得善」，全無成佛因子，即是畢竟無涅槃性。但是眾生
即使常時行惡，雖然暫時斷「方便善」，但其「生得善」永不斷，因
此無有眾生名畢竟無涅槃性❷。(2)約時而論，若有人鈍根長時輪轉

---

❸同上。
❷靈潤此處所謂的「方便善」，與「生得善」，與智者大師在《觀音玄義》中所

不能生信，名為畢竟無涅槃性，但這也不意味此人盡未來際決定無性。如有人現在雖斷善根，以利根故，或以依如來神力故，善根還生，就不名畢竟無性。由上二義，靈潤的辯解是：一者眾生從未斷「生得善」，二者即使過去現在善根已斷，但是因為「生得善」本有且具潛力，未來還是可以還生善根，因此無所謂畢竟無佛性者。對許多經論中所主張的永不涅槃說，靈潤依《寶性論》認為此為方便說。其目的有三： 1.使誹謗大乘者生信。 2.使不求大乘者，欣求大乘。 3.使長時輪迴生死的一闡提生信。

最後靈潤論難「畢竟重障（有漏）種子」說。無性論者認為無涅槃性之因，乃基於一分眾生有畢竟重障的有漏種子，靈潤難曰若以種子為法爾本有，則同外道立自性我不變義，有違佛法。若它是因緣生滅法，則此性空的有漏種子，就不能成為畢竟定障。故知「畢竟重障種子」不得成立無性說。

以上是靈潤反駁玄奘新譯一分無性說的論點。

（二）神泰之反駁

對靈潤提出強力反駁的是玄奘的弟子神泰，他為《俱舍論》專家，亦精於唯識和因明。他曾參與玄奘譯場擔任證義工作，但生平不詳❸。其著述已佚失，幸而《法華秀句》曾記載神泰著〈一卷章〉

說的「修善」與「性善」，有相同的涵義。

❸《高僧傳》中無神泰傳記，惟《佛祖統紀》卷 39 中提到唐高宗顯慶二年新

反破靈潤說。神泰自稱為「愍喻者」，而稱靈潤為「謗法者」，逐一反駁其論點。

　　對靈潤的指責一分無性論為凡小不了義說，神泰的答辯是：一分無性說非由新譯經論而有，許多舊譯大乘經論已備有此義，例如《涅槃經》、《善戒經》、《大乘莊嚴經論》、《瑜伽論》等。神泰舉出《涅槃經》幾段經文證明五種性說。例如卷四十末云雖有無數大菩薩為定性大乘，但許多二乘人雖然同身處涅槃會，聽聞佛說眾生皆佛性，還是發二乘之心，可見他們屬於定性二乘。相反的也有一些聲聞聽聞佛說常樂我淨之大乘法後，卻能迴小向大，他們乃屬不定種性者。這就是所謂佛以一音演說法，眾生隨類各得解，神泰稱之為「機教符會」。

　　再者，《涅槃經》中亦言：「或有佛性，一闡提有善根人無。或有佛性，善根人有一闡提無。二人俱有，二人俱無。」神泰依此經文，辯稱善根人和一闡提皆通有性及無性❸。神泰又舉《涅槃經》一喻以證明眾生有不同種性：譬如有三類病人，一者無論是否遇良醫妙藥，都可痊癒，此為定種性者，二者若遇良醫妙藥則癒，不遇則不癒，此為不定種性者，三者無論遇或不遇，均不能痊癒，此類

建西明寺，詔令道宣為上座，神泰為寺主，懷素為維那，可見神泰當時受到尊重。

❸《涅槃經》，頁574下。經文中同時強調眾生皆有佛性，只不過是佛隨自意語的方便說。

人喻指定性二乘和無種性者。由此證知有五種性。

　　由於《涅槃經》卷三十六中有言：「若說一切眾生定有佛性是為謗佛法僧。若說一切都無佛性亦名為謗佛法僧」，神泰主張可一分有性，一分無性。他認為佛性有多義，也承認一切眾生具有我法二空所顯真如的理性，但行佛性則不然。神泰言行佛性乃是本識中的大乘種子，是無常法，其非有如虛空，非無如兔角。換言之，此行性種子之有無不定，故得言亦有亦無，不能說言眾生定有。神泰依《大乘莊嚴經論》舉二種無性眾生：一者暫時（時邊）無般涅槃者，二者畢竟無涅槃者。前者是因為下列四因，故暫時不能證入涅槃：1.一向行惡行。2.斷諸善法。3.無解脫分善根。4.善少因不具足。而後者「畢竟無涅槃者」是因為畢竟無成佛之行因。神泰因此強調言佛性時，不可偏重理性一門，而忽略行性可有可無的事實❸。

　　靈潤曾引《涅槃經》所言「我者即是如來藏，一切眾生悉有佛性，即是我義」，「二十五有六道眾生因佛性有，若無佛性即非眾生」。神泰對此反駁曰此說乃為了引導計身有神我的外道的方便說，非如來真實義，否則便同外有我論。神泰接著更進一步引《楞伽經》說明無性。經中謂一闡提有二種：一者菩薩闡提，其為憐愍眾生常不入涅槃，同時他們也體悟一切諸法本來涅槃，故亦不刻意求涅槃。二者斷善根闡提，其善根被焚殆盡，但若幸遇諸佛善知識等，即發菩提心生諸善根，便能入涅槃❸。神泰依此經說，而認為既有不入

❸《法華秀句》，頁80上。

涅槃的大悲菩薩闡提，即影說有入涅槃的菩薩。同理，既然有「遇
緣續善」而能成佛的斷善闡提，即影說有不能「遇緣續善」的斷善
闡提，他們就是屬於第五類的無性眾生。**㊲**

三、靈潤和神泰佛性論諍之評議

綜觀上述靈潤和神泰之爭論，可歸納出下列幾個重點：

1.靈潤和神泰各執其自宗學說為大乘真實義，其經證又多取自
《涅槃經》，而結論卻迥然相異。

2.二人爭論的主題在於「一性皆成」和「五性各別」的對立。
靈潤的立論主要建立於真常系所主張的眾生皆有如來藏（佛性）上，
從真如佛性的本體和普遍性加以說明。神泰則從「理佛性本具，行
佛性不定」和揀別一闡提而立論，堅持主張一分無性說。

3.在成佛與否的先天依據的論證上，無漏和有漏種子之存有與
否亦為二人爭論焦點。

靈潤和神泰從《涅槃經》引用各人所須的經文，互相指責對方
為不了義，而對其中佛性說前後矛盾的說法，未作深層而系統性的
消解。其實，如果以思想史方法去探究此一問題，應可尋出更合理
的脈絡。由於《涅槃經》中各品集出時間的不同，其佛性思想，大
約可分成三個階段的發展**㊳**，後期對前期有不少的補充和修正。以

㊱《入楞伽經》卷 3，《大正藏》卷 16，頁 527 中。

㊲《法華秀句》，頁 80 下～81 上。

〈如來性起品〉為主的第一階段佛性論雖主張眾生成佛，但也很肯定地排除了一闡提成佛的可能性。第二階段的〈聖行品〉和〈梵行品〉，提及斷善根的一闡提可以後世得善根，如此巧妙地架起了前後兩種佛性異說的橋樑。第三段以〈迦葉品〉為中心，終於以悉有佛性為定論。其中之轉折借助幾個解決方法。第一是將佛性的涵義擴大。首先將佛性發展成正因、了（緣）因二層次。正因佛性之理體，非內非外，非有非無，非有漏非無漏，名之為中道第一義空，常住不變，一切眾生「本有」。至於導引眾生真正成佛的了因（行佛性）則為「當有」。如此將佛性意義範圍擴大，留下一闡提成佛說較多融通的空間。

　　另一個消解一闡提成佛說前後矛盾的方法，是以時間之遠近來解決。〈迦葉菩薩品〉曰：「斷善根人，亦有如來佛性，亦有後身佛性。是二佛性，障未來故，得名為無，畢竟得故，得名為有。」❸❾「斷善根人，以現世煩惱因緣，能斷善根。未來佛性力因緣故，還生善根。」❹⓿此二段經文，意思是說一闡提，只不過是現世暫時的稱呼，未來終將成佛，而其間的決定因素是善根之再生。

　　靈潤和神泰的一性皆成和一分無性之爭，主要集中在理、行佛性之關係上。二者之區別在於對真如觀的差異。然而對此二人均未

---

❸❽參閱常盤大定，《佛性的研究》，國書刊行會，頁 36～66。

❸❾《大般涅槃經》卷 35，《大正藏》卷 12，頁 571。

❹⓿同上，頁 571 下。

有深入探討。全分有性論者主張真如本身具有潛在的動力，就在其理體當下，即已具足行性❹。而一分無性論主張「真如凝然」，處於無生滅變化的靜止狀態，缺乏力用。如此的真如觀，自然就認為理佛性與行佛性無必然關係。換言之，具有理佛性並不一定具有行佛性，而眾生之是否能成佛，須視有無行性而定。神泰雖極力為五種性論證，但那些斷善根的一闡提無性眾生，何以不本具理、行佛性，亦沒有說明。

　　總之，靈潤和神泰依自家學說，各說各話。在理論上各有其論證上的依據和困難，可能永無定論。但就宗教的作用而言，由於一性皆成論蘊含積極肯定的人性論，在中國佛教蔚成主流。

---

❹此即是所謂真如有隨緣不變，不變隨緣的二個屬性。

第六章

《金剛錍》的無情有性說與深層生態學

　　現代人正面臨有史以來最嚴重的生態危機，空氣、水、土壤等自然資源的污染，山林和濕地的過度開發，野生動物的被濫殺等，均威脅到人類生存的環境。許多人試圖以科技來解決這些問題，但是往往反而衍生更多的問題，此乃因為環保的挑戰並不僅限於科技層面，更重要的，它還牽涉到人類的價值觀、人與自然的關係、人如何看待萬物等問題。換言之，環保意識必須建立在倫理和哲學上，再加上科學的輔助，才能落實環保工作。本文即是試圖探討佛教的自然觀，和西方最新哲學思潮——生態哲學——之間的關係。第一部分探討的是佛教最積極的自然觀中「無情有性」的意義，第二部分討論西方「深層生態學」(Deep Ecology) 的意義及其與佛教自然觀相通之處，尤其是佛教的「一切眾生（甚至於草木無情）皆可成佛」的平等和尊重生命的思想，可給西方人建立新的生態哲學何種的啟示。

一、草木有性

中國佛性論的發展自大乘《大般涅槃經》傳入後，從道生高唱一闡提成佛開始，及至唐代天台宗湛然 (711–782) 立「無情有性」，可謂發展到了頂點。最初佛性的爭議在於一闡提是否可以成佛，及至全本《大般涅槃經》傳來之後，「一切眾生（包括一闡提）皆可成佛」遂成定論。吉藏、湛然等人更進一步認為不但一切有情眾生，而且如草木瓦石等無情亦有佛性。然而，草木有佛性的義涵為何、草木有性是否即謂草木可成佛等問題，古德有不同的詮釋，以下探討吉藏、湛然、澄觀等人的草木有性義。

（一）吉藏的「草木有性」義

在中國宗派中，最早提出「草木有性」專論的是三論宗的祖師吉藏 (549–623)。吉藏對佛性的義理有其獨到的見解，在他的著作《大乘玄論》卷三中，以「十門」廣解佛性義，不但評破各種佛性義舊說❶，也建立了他自己的「中道佛性」。就在《大乘玄論》的「佛性義」章第七門「辨內外有無」中，吉藏明確地聲稱「草木亦有佛性」，他論述說：

---

❶吉藏，《大乘玄論》，《大正藏》卷 45，頁 35～37 上。可參考湯用彤，《漢魏兩晉南北朝佛教史》，鼎文書局，頁 677～717；楊惠南，《吉藏》，東大圖書公司，頁 221～227；廖明活，《嘉祥吉藏學說》，學生書局，頁 217～223。

問曰：為理外眾生有佛性？為理內眾生有佛性？

答曰：問理外眾生有佛性不？此不成問。何者？理外本無有眾生，那得問言理外眾生有佛性不？故如問炎中之水，本自不曾有，何得更問炎中之水從何處來？是故理外既無眾生，亦無佛性，五眼之所不見。故經云：「若菩薩有我相、人相、眾生，即非菩薩。」是故我與人乃至今人無有佛性。不但凡夫無佛性，乃至阿羅漢亦無佛性。以是義故，不但草木無佛性，眾生亦無佛性。若欲明有佛性，不但眾生有佛性，草木亦有佛性。❷

吉藏在論證眾生佛性的有無時，以「理內」和「理外」加以區分成：⑴理外無佛性、理內有佛性，⑵理外有佛性、理內無佛性。依上面引句，「理外無佛性」是約萬法唯識，心外無法而言，即是指唯識的「理」，吉藏引用《唯識論》以證明之：「《唯識論》云：唯識無境界，明山河、草木皆是心想，心外無別法。」❸在此唯識的「理外」，沒有萬法的實體存在，亦無有眾生可言，因此，也無所謂眾生有佛性，就像炎火中本就沒有水的存在，自然不能問炎中之水是從何處而來。結論是不但凡夫、草木無佛性，甚至可以說阿羅漢與如來亦無佛性。

至於「理內有佛性」的意義，吉藏解釋說：

---

❷《大乘玄論》卷3，《大正藏》卷45，頁40。

❸同上，頁40下。

此明理內一切諸法依正不二。以依正不二故，眾生有佛性，則草木有佛性。以是義故，不但眾生有佛性，草木亦有佛性也。若悟諸法平等，不見依正二相故，理實無有成不成相，假言成佛。以此義故，若眾生成佛時，一切草木亦得成佛。❹

由上引文可見吉藏的「理內有佛性」，是指在中道的「真如理」中，諸法平等、依正不二，因此不但一切眾生有佛性，草木亦有佛性。「依正」指依報和正報，前者為有情所依止的物質世界，後者為依住於物質世界的佛、菩薩及一切眾生。在真如理中依正平等無二，也就是經中所說的「一切諸法皆如也」。《大集經》也說：「諸佛菩薩觀一切諸法無非是菩提。」若如此的話，吉藏問「何容不得無非是佛性」？由於眾生與草木一如無二，所以只要眾生得菩提，草木亦應如此。不過，吉藏稱這種說法是就「理內有佛性」的「通門」而言，若論「別門」則不然。吉藏解釋說：

若論別門，則不得然。何以故？明眾生有心迷故，得有覺悟之理。草木無心故不迷，寧得有覺悟之義？喻如夢覺，不夢則不覺。❺

❹同上。
❺同上。

　　從「真如理」中的「理佛性」而言，吉藏認為草木成佛說，自然是毫無疑問，但是就「行佛性」而言，因為草木無心，故不迷，不迷則不覺，猶如有夢才有醒覺，無夢當然就不會有夢醒了。

　　吉藏又以「理外有佛性，理內無佛性」論證佛性的內外有無義，他說：

　　明理外有佛性，理內無佛性，如《般若經》云：如是滅度無量眾生，實無眾生得滅度者。《華嚴》亦云：平等真法界，一切眾生入，真實無所入。既言一切眾生入，當知是理外眾生入，而實無所入者，此入理內無復眾生，故言實無所入。是知理外有眾生，故得入也。如是滅度，實無度者，亦作此釋。此至理內，實無眾生得滅度者，當知理內既無眾生，亦無佛性。理外有眾生可度，故言理外眾生有佛性也。❻

　　引文所言的「理」，是指以無所得般若空慧為基礎的「中道佛性」之理。在這個理內，一切皆空，不可言詮，雖言滅度無量眾生，實無眾生可滅度，既無眾生，亦無佛性，因此才說「理內無佛性」。相反的，若未能證入此理，則會執有虛幻不實的眾生，以為有眾生可度，有佛性可證，故言「理外有佛性」。

　　雖然吉藏以上述的理內外有無論證佛性，但他說這只是「為成

❻同上，頁41上。

交互辨」，其實，佛性是不定有無的❼，因為中道佛性乃非有非無，非理內、非理外。若悟「有無內外」平等無二，方可名為正因佛性，故吉藏的結論是佛性不定有無。不過，若就「不定」中權說「定」時，則眾生有佛性，草木無佛性，因其無心；但若自真如佛境的涵攝一切而言，則草木與眾生無異，亦可言草木有佛性。

　　總而言之，吉藏「草木亦有佛性」說的「有」，是涵攝義的「有」。在一切諸法皆如的境界中能涵攝一切，故言「眾生彌勒一如無二故，若彌勒得菩提，一切眾生皆亦應得。眾生既爾，草木亦然」。❽換言之，草木有佛性的「有」，並非自證義的「有」❾，因為吉藏還是認為草木無心，不能實際地去修行自證佛性。因此吾人可以說吉藏的「無情有性」義還是屬於消極和靜態的，更積極的無情有性說在唐代天台宗有進一步的發展。再者，值得注意的是，法藏的「中道佛性」是依中觀的般若空慧而立，與真常系所提倡的「中道佛性」，意義不盡相同。

---

❼吉藏引用《涅槃經》中的「佛性四句」義：或有佛性，闡提人有善根人無，善根人有闡提人無，二人俱有，二人俱無。另外，《涅槃經》也說，若有人說一闡提定有佛性或定無佛性，皆名謗佛法僧。

❽《大乘玄論》卷 3，《大正藏》卷 45，頁 40 下。

❾牟宗三稱「草木有情」的「有」為「帶起有」，而非「自證有」。參見《佛性與般若》上冊，學生書局，頁 241。

（二）湛然《金剛錍》的「草木有性」義

　　湛然 (711–782)，世稱荊溪大師，乃天台宗第九祖。他是常州晉陵荊溪人，家本儒墨，聰穎脫俗。二十餘歲時，受教於法朗。法朗知其為道器，悉以止觀傾囊相授。湛然於天龍七年披剃，並依曇一律師學戒，其後在開元寺敷講《摩訶止觀》。法朗入寂後，湛然以弘揚天台教學為己任，乃祖述所傳章句凡數十萬言，如註疏智者大師的三大部❿、《金剛錍》等。湛然之一生，竭盡全力弘揚天台教觀，因此被譽為天台中興之祖。

　　湛然根據天台性具學說，極力倡言「無情有性」，其主要論點見於《止觀輔行傳弘決》和《金剛錍論》。前者是湛然對智者《摩訶止觀》的廣解，在解釋止觀不二境智冥一時，他言及「一色一香無非中道者，中道即法界，法界即止觀」⓫。一般人認為色香無情無性，但湛然主張色香中道，雖無情卻具佛性。他以十義論證之⓬。

　　1.約身：佛身具法、報、應三身，而法身遍一切處，不可獨隔無情。

　　2.約體：三身相即，體一、互融，因此，如法身遍一切處，報

---

❿湛然的《法華玄義釋籤》是《法華玄義》的註解，《法華文句疏記》註解《法華文句》，《止觀輔行傳弘決》註釋《摩訶止觀》。

⓫湛然，《止觀輔行傳弘決》卷 1 之 2，《大正藏》卷 46，頁 151 下。

⓬同上，頁 151 下～152 上。

應二身亦應如此，故三身遍於一切處。

3.約事理：從事則分有情和無情，但從理則沒有無情與有情的區別，因此，只要有情有佛性，無情亦應有佛性。

4.約土：從迷情則有依報和正報之分；從悟理而言，則依報即正報，如常寂光即法身土。

5.約教證：依「教道」說有情和無情，依「證道」則不可分二。

6.約真俗：俗分有無，真則體一，二而不二。

7.約攝屬：一切萬法攝屬於心，心外無別法，有情心體皆遍，何可獨隔無情？

8.約因果：從因地執迷，則執異成隔，若從果地悟境，則佛性恆同。

9.隨宜：化他隨宜說法，以四悉檀說法利益不同眾生，故有有情與非情之說，隨「實」則二者不可分別。

10.隨教：隨他意教的藏通別三教，謂非情無性，而隨自意教的圓教，則謂佛性遍有。

從以上所言的法報應的三身相即、身土相稱的依正不二、性修相即、真俗體一等的圓教色心平等觀，湛然歸結到「一塵具足一切眾生佛性，亦具足十方諸佛佛性」。然而，《止觀輔行傳弘決》中，湛然僅論及草木瓦礫具佛性，至於更積極性的無情是否能成佛的問題並未加以討論。此問題在《金剛錍》（或名《金剛錍論》）則有詳盡的辯證。

　　《金剛錍》是以《涅槃經‧如來性品》中的譬喻立名。❸金剛錍乃眼醫師治療盲人眼膜所用之器具，比喻為開啟眾生迷惑心眼的利器。湛然於《金剛錍》標題下解釋說：「圓伊金錍，以抉四眼❹無明之膜，令一切處悉見遮那佛性之指，偏權疑碎加之以剛。」❺《金剛錍》雖然立意顯然，但文句上被認為「文簡旨邃，童蒙目眩」。慧澄痴空在他的《金剛錍科解》中亦言：

> 金錍之書僅數十紙，破世人迷執，發佛性蘊奧，復理致周備無遺，宗教海寶筏，依之誰不到寶渚。但文約義幽，學者途迷。❻

　　可見《金剛錍》確實是部難讀之作，古德有不少註解，❼其中以宋智圓的《金剛錍顯性錄》最為詳盡。

　　《金剛錍》是借用「主」「客」問答方式抒「無情有性」義，以

---

❸佛言：「善男子，如百盲人為治目故，造詣良醫。是時良醫以金錍抉其眼膜，以一指示。問言見不？盲人答言，猶未見，復以二指三指示之，乃言少見。是大涅槃微妙經典，如來未說，亦復如是。無量菩薩……，猶未能見所有佛性。如來既說，即便少見。」（《大正藏》卷 12，頁 652 下。）

❹四眼指肉眼、天眼、慧眼、法眼。

❺《金剛錍》，《大正藏》卷 46，頁 781 上。

❻慧澄痴空，《金剛錍科解》。

❼《金剛錍》的註解有二十餘種之多，包括明曠的《私記》、善月的《義解》、明舉的《釋文》等。註解大多出自日本天台宗古德。

破無情無性說，其主要評破對象是華嚴宗的清涼和賢首。從義的《止觀義例纂要》卷三曾言：

> 金錍之作，正為破於清涼（澄）觀師，傍兼斥於賢首（法）藏師耳。金錍既然，輔行十義意亦如是。今家學者解釋金錍及輔行，都不知此。❶⃝⁸

湛然評破賢首的原由是什麼呢？處元於《止觀義例隨釋》卷三解釋說：

> 應知金錍，而談無情有佛性者，正破藏師割一真如，而為兩派。云：真如隨緣在有情邊，名為佛性，在無情邊，名為法性。法名不覺，佛名為覺，故謂有情有佛性故，而能修行。至於成佛，無情無知無覺，不能修行，不能成佛，此正所謂情想分別，心慮不亡，故為荊溪之所破也。❶⃝⁹

湛然批評法藏誤引《大智度論》，❷⃝⁰而將真如分割為二：在無情

---

❶⃝⁸ 從義，《止觀義例纂要》卷3，《卍續藏經》（白馬精舍版）卷56，頁44上。
❶⃝⁹ 處元，《止觀義例隨釋》卷3，《卍續藏經》（白馬精舍版）卷56，頁159上。
❷⃝⁰ 荊溪在《金剛錍》曾言：「僕曾聞，人引《大智度論》云：真如在無情中但名法性。在有情內方名佛性。仁何故立佛性之名？余曰：親曾委讀，細撿論

名為法性，在有情方名為佛性；法性沒有積極實踐性的覺性，故無情不能成佛，而佛性具主動的覺性，故有情得以成佛。不過，法藏是否有如湛然所破的想法呢？且引法藏的《探玄記》：

> 若三乘教，真如之性，在情非情，開覺佛性，唯局有情，故涅槃云：非佛性者，謂草木等。若圓教之中，佛性及性起，皆通依正，是故成佛具三世間國土身等，皆是佛身，是故局唯佛果，通遍非情。❷❶

依上引句，法藏認為非情無性是三乘教所主張的，因為唯有有情才具開覺佛性，而法藏所主張的圓教中的佛性和性起，因為佛性通遍依正，故非情亦有性。因此，法藏的佛性看法，並非全然否定無情有性。不過，法藏的色心互融圓教境界中，雖然許佛性通於有情及非情，而可言「無情有性」，但是若就緣了二覺佛性而言，還是不許「無情成佛」的，此乃與湛然佛性思想不同的地方，也是他所要評破的。

依據從義所言，湛然作《金剛錍》正破的對象是清涼澄觀 (738–838)。澄觀在他的《大方廣佛華嚴經疏》中，數次論及非情佛性的問題。例如在〈十回向品〉中解釋真如相回向時，澄觀說：

文，都無此說。」《大正藏》卷 46，頁 783 上。
❷❶《探玄記》卷 16，《大正藏》卷 35，頁 405～406 上。

譬如真如，無有少法而能壞亂，令其少分，非是覺悟。如遍非情，則有少分非是覺悟。❷

　　引文的意思是，真如是無能壞亂的，且是全然覺悟的，但是若以真如遍非情而言，則有少分是非覺悟。澄觀並引《涅槃經》和《大智度論》為證：

《涅槃經》云：「非佛性者，謂牆壁瓦礫。」
《大智度論》云：「在非情數中，名為法性；在有情數中，名為佛性。」

　　不過，澄觀緊接著亦解釋說，「以性從緣而言」，則有情與非情有異，如《涅槃經》所說，「泯緣從性，則非覺不覺」，因為「本絕百非，言亡四句」，又若就「二性互融」而言，則「無非覺悟」。
　　再者，澄觀於其《華嚴經隨疏演義鈔》卷二十七，解釋佛性第一義空時說：

涅槃云：佛性者名第一義空，第一義空名為智慧。此二不二名為佛性。然第一義空是佛性性，名為智慧，即佛性相。第一義空不在智慧，但名法性。由在智慧故，名為佛性。若以性從相，

❷《大方廣佛華嚴經疏》卷30，《大正藏》卷35，頁726中。

則唯眾生得有佛性，有智慧故。牆壁瓦礫無有智慧，故無佛性。
若以相從性，第一義空無所不在，則牆壁等皆是第一義空，云
何非性？❷❸

　　澄觀認為雖然《涅槃經》說佛性即是第一義空，亦即智慧，二
者不二，但他還是依智慧的有無，將其分為「佛性性」和「佛性
相」。雖然他說若以相從性，則如牆壁的非情皆是第一義空，怎可言
非性，但是他也主張若以性從相，則唯有情眾生才有佛性，因有智
慧故。

　　從以上澄觀著述的二段引文中，可看出他與吉藏一樣，認為在
真如法性理中，情非情皆有性，但是吉藏以無情無心，而澄觀以無
情無智慧之故，主張無情不得成佛，這就是他們與湛然的「無情有
性」論，最大差異之處，也是湛然要評破的觀點。

　　湛然在《金剛錍》中倡言的「無情有性」是《涅槃經》佛性義
的引申。《涅槃經》中的佛性義有幾個不同的解說，湛然所引用的是
以虛空來比喻佛性。❷❹他即據此而立「眾生正因體遍」，因為眾生佛

---

❷❸《華嚴經隨疏演義鈔》卷 37，《大正藏》卷 36，頁 280 上～中。
❷❹《涅槃經》卷 33〈迦葉菩薩品〉第十二云：「佛性者猶如虛空，非過去，非
　　未來，非現在。……眾生佛性非內非外，猶如虛空非內非外。如其虛空有內
　　外者，虛空不名為一為常，亦不得言一切處有。虛空雖復非內非外，而諸眾
　　生悉皆有之，眾生佛性亦復如是。」（《大正藏》卷 12，頁 562 下。）

性如虛空，非內非外，遍一切處，自亦遍及無情。既然如此，何以
《涅槃經》又有如下的揀別呢？

善男子，為非涅槃，名為涅槃。為非如來，名為如來，為非佛
性，名為佛性。云何名為非涅槃耶？所謂一切煩惱有為之法。
為破如是有為煩惱，是名涅槃。非如來者，謂一闡提至辟支佛。
為破如是一闡提至辟支佛，是名如來，非佛性者，所謂一切牆
壁瓦石無情之物，離如是無情之物，是名佛性。㉕

根據湛然的看法，「教部有權實，佛性有進否」，因此有「佛
性」、「非佛性」的區別。他所謂「權」是指上引《涅槃經》帶權說
實，揀別無情有情，不說緣因佛性和了因佛性遍及無情。若全然實
教，則三因俱遍；若全然權說，則三因俱局。然而，《涅槃經》先以
虛空譬喻正因佛性遍及一切情無情，後又言非佛性是牆壁瓦礫，即
是「緣了猶局」不遍無情，局在有情，如此一遍（正因）二不遍（緣
了），就是湛然所謂的帶權說實。

湛然認為頓教實說，應該是「本有三種，三理元遍，達性成修，
修三亦遍。」這意思是說眾生心中本有正因、了因、緣因三佛性，
此三因能生果上的三德（性德、智德、斷德），故名為「種」。然而
無始以來眾生處於無明煩惱業苦，因此三因佛性只可說是理性三因，

㉕《涅槃經》卷36，《大正藏》卷12，頁581上。

而非覺性三因。不過，此三理性既然元遍一切，當眾生達性成修時，修三亦遍，換言之，在性則全修成性，起修則全性成修，性三既遍，修三亦應如此。性遍故，三千大千世界無不在理，故言無情有佛性；修遍故，三千果成，故說言無情能成佛。也就是說緣了二因亦應遍及無情，這就是為什麼湛然說：「一草一木一礫一塵，各一佛性、各一因果、具足緣了。」❷⑥

　　至於湛然所說的佛性有「進」「否」，與上述的「權」、「實」涵義相同，即是：就正因佛性而言，佛性遍萬法，包括有情與無情，這就是所謂佛性的「進」。若就因位上智德和斷德的了因佛性和緣因佛性而言，佛性只有屬於有心的有情；又若就果位上緣了二佛性而言，佛性為覺了佛性，則不但無情無佛性，眾生亦無，這就是所謂佛性的「否」。湛然主張佛性的「實」和「進」的意義，反對「權」、「否」說，因此他駁斥那些主張無情無性者「棄佛正教」、「空教世人瓦石之妨，緣了難正，殊不相應，此即不知佛性之進否也」。❷⑦

　　湛然是天台宗的中興之祖，他的無情有性說很自然地建立在天台的三因體遍的唯心性具上，所以他說：

今搜求現末，建立圓融。不弊性無，但困理壅，故於性中點示體遍，傍遮偏指清淨真如，尚失小真，佛性安在？他不見之，

❷⑥《金剛錍》，《大正藏》卷 45，頁 784 中。

❷⑦同上，頁 782 上。

空論無情性之有無，不曉一家立義大旨。故達唯心了體具者焉
有異同？若不立唯心，一切大教全為無用。若不許心具，圓頓
之理乃成徒施。……故知一塵一心，即一切生佛之心性，何獨
自心之有無耶？❷❽

　　基本上，湛然遵循天台一念三千的性具思想，於性具中點示三
因體遍的圓融佛性義涵，亦即在眾生煩惱妄染心體示其本有正因佛
性，能瞭解其非內外、遍虛空的特性，即不隔於無情。湛然也同時
點出其「傍遮偏指清淨真如」，「傍遮」的意思是：先點示體遍者，
「正」為顯天台視妄染即佛性的圓具深意，以有別於（傍遮）他宗
的「偏」指眾生有清淨性，只局限於有情而不遍於無情。而他宗之
所以有此謬執，乃是因為其不了萬法唯心、心外無境、此心周遍「體
具」一切法的道理。

　　湛然的真如緣起觀也與他的無情有性說相呼應，他說：「萬法是
真如，由不變故；真如是萬法，由緣起故。子信無情無性者，豈非
萬法無真如耶？故法之稱寧隔於纖塵，真如之體何專于彼我？」❷❾
湛然所言「萬法是真如，由不變故」，即是他在《止觀大意》中所謂
的「隨緣不變名性」，❸⓪其意思是以無明為相的萬法因真如隨緣而

❷❽同上，頁 782 下。

❷❾同上，頁 782 下。

❸⓪《止觀大意》，《大正藏》卷 46，頁 460 中。湛然在解釋觀心性時說「隨緣不

起，然而其當體即真如法性，雖變而不變，故言「不變名性」。由於其不變性，可以說隨緣的萬法即真如。反言之，「真如是萬法，由隨緣故」，即是「不變隨緣名心」，其意思是真如法性無住隨緣而有萬法，萬法皆由心造，故曰「隨緣名心」，因其不變而變，可以說真如即是萬法，湛然以水和波比喻真如和萬法的關係，他說：

> 無有無波之水，未有不濕之波，在濕詎間於混澄，為波自分於清濁。雖有清有濁，而一性無殊，縱造正造依，依理終無異轍。❸

引文中，波喻萬法，水喻真如，水性本無混澄之別，喻（真如）性不變，波有清濁，以喻依報正報不同，然雖有清濁之殊，而濕性不變。同理，雖有依正（無情有情）之別，而佛性無異。湛然認為不變指性，隨緣指心，心即一念無明法性心，而此無明法性心的隨緣萬法當體即是不變真如。換言之，從湛然性具的思想中，不變的清淨真如與隨染萬法是互具融攝無礙，由此引申佛性俱遍有情無情，因此湛然說：「若許隨緣不變，復云無情有無，豈非自語相違也？」他進一步解釋：

變故為性，不變隨緣故為心」。他並引《涅槃經》說能觀心性名為上定，上定名第一義，第一義者名佛性。

❸《金剛錍》，《大正藏》卷45，頁782下。

故真如隨緣，即佛性隨緣。佛之一字即法佛也。故法佛與真如體一名異。故《佛性論》第一云：「佛性者，即人法二空所顯真如。」當知真如即佛性異名。《華嚴》又云：眾生非眾生，二俱無真實，如是諸法性，實義俱非有。言眾生非眾生，豈非情與無情，二俱隨緣並皆不變，故俱非有，所以法界實際一切皆然。❸

湛然認為法性即佛性，因此佛性不是有情所專有。法性即佛性而隨緣，真如亦佛性的異名，故說真如隨緣即佛性隨緣，佛性是法佛性，而法佛與真如「體一名異」。因為真如隨緣即是法身體遍，而法身體遍即佛性體遍。法佛之體遍乃依三因佛性而言，不僅正因佛性遍一切，緣了二因佛性亦遍一切，故言眾生非眾生、情與無情，皆隨緣而不變。

總而言之，湛然依「法華會中，一切不隔」的性具圓教，色心、佛性體遍的道理，堅持無情有性。雖然湛然堅持無情具三因佛性而說無情有性可成佛，但草木瓦礫如何真能圓滿實踐緣因佛性（解脫斷德），和了因佛性（般若智德）而「成佛」，則湛然的著作中並沒有清楚的交代。這個問題日本天台宗的良源則有進一步的發揮。

天台宗祖師中直接了當地提出草木能修行成佛的是良源。良源於其《草木發心修行成佛記》明確地說：

---

❸同上，頁 783 中。

> 草木既具生住異滅四相,是則發心修心,菩提涅槃姿也,是豈
> 非有情類耶?故知草木發心修行時,有情同修行;有情發心修
> 行時,草木亦發心修行也。❸

引文中,良源提出一個很值得注意的草木成佛的理由。他認為草木既然與其他有情一樣具生住異滅四相,就能發心修行,而且,草木的四相事實上就是其菩提涅槃之姿。良源將草木成長過程,與有情證悟成佛的過程對比,也就是說他將草木成長歷程提升到宗教心靈發展的層次,當草木發芽時亦即是其發菩提心時;草木如如不動的住相,猶如經歷精嚴戒律和修行的洗鍊;當草木長成時,猶如其證悟的達成;最後草木枯萎時,就如進入涅槃。在良源如此地瞭解草木生住異滅四相,草木就像活生生的修道者在成佛之道上完成其成佛歷程。雖然良源以四相證成草木成佛,並不一定有事實的證明,但他的詮釋極富想像力,確實付於草木全然不同的生命活力和靈性,足以令人們改變對草木的看法和態度。

良源稱草木發心成佛是法華「本門」正意,反之為「跡門」權說,而所謂本門正意是指「迷情之事,與悟中之事合一」。也就是說世間出世間,異而不一,情非情不二,故皆有自行化他功德。若約中道而言,良源認為有情中道有緣了二因,草木中道亦可有此二因,若無者,則有二中道理之過,也違「一色一香無非中道」的經教。

---

❸《草木發心修行成佛記》,《大日本佛教全書》,《天台小部集釋》,頁345。

總之，依天台的圓具義，一發一切發，一行一切行，萬法無不皆備發心修行之德，一切法俱是發心修行成佛之覺體，草木成佛乃圓教的最終實義。

總而言之，大乘佛教佛性論的發展從五性各別（一闡提不能成佛）、一切眾生皆有佛性，最後到草木成佛，可說發展到了頂點。所謂「一佛成道，觀見法界，草木國土，悉皆成佛」，❸如此的佛性觀，不但使人類對無情世界的草木國土不再以萬物之靈的征服者自居，更使人對有情世界的其他眾生平等視之，而將自然界視為「生命共同體」。建立在無情有性的佛教自然觀，與現代西方發展出的「深層生態學」(Deep Ecology)、「生態哲學」(Ecophilosophy)、「環境倫理」(Environmental Ethics)，其思想有很多相同的地方，許多倡導生態保育的學者曾受佛教影響，很值得深究。以下探討對「深層生態學」、「環境倫理」等的意義，這些含哲學性的生態新觀念，是生態保育很重要的理論基礎。

二、深層生態學

二十世紀後葉，有二股生態保育運動產生：一者是實際的環境

---

❸有關「國土成佛」，道元禪師曾作《山水經》表顯有情與無情的一體無二。他從桑田變滄海的事實來否定青山無情不動的想法，他認為「東山水上行，青山常運步」，而且「青山流水即一大藏經」，這也就是蘇東坡悟道偈所說的「溪聲盡是廣長舌，山色無非清淨身」。

保護運動，例如各種污染的防治、動植物的保護等，二者是從形上學、認識論、宇宙論、倫理學等建立生態保育的哲學理論基礎，這套理論有人稱它為「生態哲學」(Ecophilosophy)、「基礎生態學」(Foundational Ecology)、「新自然哲學」(New Natural Philosophy)、「大地倫理」(Land Ethics) 等，不過還是以「深層生態學」(Deep Ecology) 最為通用。

西方環境倫理學和深層生態學的形成，乃因應生態環境的各種危機，包括自然環境的破壞、空氣和水的污染、動物瀕臨絕種等。許多歷史學家、哲學家、知識分子等面對這些生態危機，從問題的根本加以反省後，將問題的癥結歸諸於西方文明以人為中心的世界觀 (Anthropocentric Worldview) 和自然觀，而這二種看法則源自基督教的教義，於是他們開始嚴厲地加以批判❸。其中最有名的和最常被引用的批評，當屬歷史學家懷特 (Lynn White) 所寫的一篇論文：〈生態危機的歷史根源〉。

懷特指出基督教的自然觀基本是二元的：人與自然是「主」和「屬」的關係，《聖經》的〈創世記〉中上帝賦予人類對自然界中其他生物及事物的絕對支配和控制權❸，因此，在人與其他萬物之間

---

❸僅舉三例：⑴ Lynn White, Jr., "The Historial Roots of Our Ecological Crisis," *Science* 155 (1967), pp. 1203〜1207; ⑵ Ian L. McHarg, *Design with Nature*, Doubleday and Company, Inc., 1969; ⑶鄭和烈著，黃郁彬譯，〈人與自然的和諧〉，《哲學與文化》，第 13 卷，第 3 期，民 75 年 3 月，頁 165〜166。

劃下一道主僕關係的鴻溝， 激起人類最大的剝削性和破壞性的本能 **❸**。再者，懷特也批評基督教否定其他「異教萬物含生論」(Pagan Animism)，他說：「由於否定萬物含生論，基督教可以對自然界事物的感覺漠不關心，而進行對自然界的剝削。」 **❸**

再者，當代西方批評家赫胥黎 (A. Huxley) 也曾說過：

比起中國道家和佛教， 基督教對自然的態度，一直是感覺遲鈍得令人驚奇，並且表現出專橫和殘暴的態度。他們把〈創世記〉中不幸的說法當作暗示， 因而將動物只看成東西，認為人類可以為了自己的目的，任意剝削動物而無愧。 **❸**

總之，許多西方學者認為今日生態困境的根源，出自於基督文明視人類為萬物主宰的 「唯人中心主義」 (anthropocentrism) 的世界觀，而其解決之道就是要建立一個不同的世界觀、自然觀、價值觀和責任感，於是他們紛紛向東方宗教，尤其是佛教，尋求答案。懷

---

❸〈創世記〉 中說神照自己形象造人，以治理土地，並且 「也要管理海裡的魚，空中的鳥和地上各種行動的活生物」。

❸McHary, *Design with Nature*, p. 26.

❸White, "Historical Roots," p. 1207.

❸Aldous Huxley, "Letters of Aldous Huxley," in *The Extended Circle*, p. 135; 馮滬祥，《環境倫理學》，學生書局，民 80 年，頁 526～527。

特就曾說：

> 我們如何對待自然環境，完全根據我們如何看待人與自然之間
> 的關係。更多的科技也無法解除目前的生態危機，除非我們找
> 到一個新宗教，或重新審視我們原來的宗教。那些富改革性的
> 比克族 (beatnik) 對禪佛教即有強烈的認同。❹

「比克族」是指五○年代的一些美國人，因對西方的物質文明
的不滿和失望，轉而追求東方思想和宗教，他們深受鈴木大拙、瓦
特 (Alan Watts) 等佛教學者著作的影響，尤其瓦特的名著《自然，男
人與女人》(*Nature, Man and Woman*) 使他們對大自然和人類的關係
有另一番的看法。

當環保運動開始後，曾受佛教影響的環保人士中，提倡最力和
影響最大的當屬美國詩人斯尼德 (Gary Snyder)。他廣讀禪學大師鈴
木的著作，與瓦特有深厚的友誼，並且在日本習禪十年。斯尼德以
佛教教義和美國印地安原住民的自然觀架構他的生態倫理。他說：
「草木和動物都是人 (People)」，就像人有人權，斯尼德提倡自然界
的一切萬物也有其基本權利，如動物有「動物權」，草木有「草木
權」，他也相信草木有「解脫的潛力」。為了表達他的環保理念，斯
尼德仿照《法華經》中的偈誦文體寫了一部含環保意識的經典，題

---

❹Lynn White, "Historical Roots," p.106.

名為「蘇莫基熊經」(*Smokey the Bear Sutra*)❹，經中的大日佛化身成為執金剛杵的蘇莫基熊，象徵捍衛環保的戰士。

艾肯 (Robert Aitken) 也是一個習禪的生態學家，他認為「人類和非人類 (non-human) 的萬物之間不應有隔閡，一切眾生，包括草木皆處於開悟的過程中」。在他的環保倫理觀中「瓦石和雲都有其生命權」，人類必須與萬物建立親密關係，要如此的話，人必須先做到「忘我」和「無我」，才能敞開心胸容納萬物。❷

另一位美國學者拉斐爾 (William LaFleur) 連結了大乘佛教對自然的尊重與現代環境倫理的觀念，寫了一篇論文——〈西行與佛教的自然價值觀〉 ❸。他在論文中討論草木成佛論在中國和日本佛教的發展，並且對日本和尚西行的詩文中給予草木生命人格化的描述，有詳盡的分析。拉斐爾指出「草木有性」在中日佛教歷史發展中一再地被討論，由此可見佛教對無情的自然界的重視。佛教不但認為草木瓦石自身有佛性可成佛，甚至能對有情眾生產生啟悟的作用，如禪宗所講的「無情說法」。無情有性和無情說法，可謂是對自然界

---

❹"*Smokey the Bear Sutra*" 的全文收於 Dharma Gaia, *A Harvest of Essays in Buddhism and Ecology*, ed. by Allan Badiner, Parallax Press, 1990, pp. 236～239。

❷Robert Aitken, "Thoughts on Buddhist Ecology," *Blind Donkey*, 1985, p. 21.

❸William R. LaFleur, "Saigyo and the Buddhist Value of Nature," *History of Religions*, Vol. 13, No. 2, 1973, pp. 93～128.

最高的尊重，與現代人剝削和破壞自然真是不可同日而語。

　　現代環保運動和生態哲學的發展過程中，深受大乘佛教教義的影響，例如眾生平等思想，草木瓦礫有情，華嚴宗圓融無礙的機體哲學，禪宗強調的與自然和諧的生活方式等。事實上，要建立環境倫理學和生態哲學，一方面必須反省西方傳統的世界觀和自然觀，另一方面則有需要吸取東方宗教中人與自然和諧的精神，而佛教自然觀最高的發展——無情有性，當可作為建立現代生態哲學的啟發。以下介紹二位建立生態哲學的先驅，他們的思想很多地方與佛教的自然觀不謀而合。

　　近代西方提倡生態保育的始祖當屬李奧波 (Aldo Leopold, 1887–1948)[44]，他的經典之作《砂地郡曆誌》(*A Sand County Almanac*)[45] 被生態保育界奉為聖典。李奧波對環境保育的最大貢獻在於其對大自然的觀察、研究和熱愛，構思出有異於傳統西方思想的大自然哲理，而《砂地郡曆誌》中的〈大地倫理篇〉(Land Ethics) 正是表達其思想的佳作。

　　李奧波將倫理關係分成三個層次[46]：

---

[44] 李奧波是美國森林學家、哲學家，他是生態研究方面的先驅和拓荒者。

[45] *A Sand County Almanac* 是在 1949 年出版，後來又於 1966 年增訂出版。中文譯本取名《砂地郡曆誌》，譯者為費張心漪，民 76 年出版。

[46] 《砂地郡曆誌》，頁 212。

第一種倫理涵蓋個人與個人間的關係：例如仁、義、禮、智、
信等。

第二種倫理有關個人與社會的關係：金科玉律使個人與社會合
而為一；民主主義則使社會組織和個人產生互動。

第三種倫理是人類與環境的關係：以前沒有關於人與土地關係，
或對動物和在大地上生長的植物的倫理。對人類而言，大地上
的其他動植物只是財產，人與土地的關係仍然是純經濟的，人
對大地只有權利而沒有義務。因此，現代人必須建立新的大地
倫理觀。

李奧波詮釋倫理關係時，用了一個很關鍵的字，即「社區」
(Community)，他認為每個人都身處一個社會環境中，成為該社區相
互依存的一部分。以前的倫理範圍只限於「人類社區」(Human
Community)，也就是說只重人與人，和人與社會的關係，但是「環
境倫理」把它擴展到包含無情世界的草木、山水、動物等的「生物
社區」(Biotic Community)，所以他說：

一切倫理演變到現在都基於一個大前提：個人是某個社區相互
依存的一個成員，他的本能促使他爭取在此社區中的地位，但
他的道德也促使他去合作。而大地倫理 (Land Ethics) 則是擴大
此社區的領域，以包括土壤、水、植物、動物，即通稱為：

大地。❼

　大地倫理的觀念改變傳統西方文明中人類的角色，即人類從大地的征服者、操縱者一變而為其中的一個成員，也宣示人類應對其他共同生存的一切有情和無情界成員給予應有的尊重，所以李奧波說將大地視為「生物社區」中最重要的一分子，是生態學的基本觀念，而「認為大地是應該受到愛惜和尊重，則是道德觀念的擴大」。在李奧波的「大地倫理」中，人與自然界和諧共存，天地萬物合成一大社區。

　李奧波這種「機體性的倫理整體主義」 (Organical Ethical Holism) 思想，乃是受到蘇俄哲學家奧斯潘基 (Ouspensky, 1878–1947) 的影響。奧氏於 1912 年出版其大作 *Tertium Organum*，文中奧氏說道：

　大自然沒有任何東西是死的或機械性……生命和感覺必定存在於萬物中。……山川、樹林、溪中小魚、滴水、草木、火等皆各自有心。❽

❼*A Sand County Almanac: With Essays on Conservation from Round River* (New York: Ballantine Books, 1966), p. 239.

❽引自 Roderick Nash, *The Rights of Nature: A History of Environmental Ethics*, University of Wisconsin Press, 1989, pp. 65～66.

　　大概是受到奧氏所說 「山的心」 (the Mind of a Mountain) 的啟發， 李奧波曾寫了一篇叫做 〈像山一樣地思想〉 (Thinking Like a Mountain) 的佳作。他認為大地是個有生命的機體，因此他說：「大地是活性的，雖然在程度上沒有我們人類那麼有活動力，但以時間和空間而言，它卻比我們有活力得多。它在晨星群歌時是個老者，但是當我們與我們的祖先會合時，它還是個很年輕的小伙子呢！」⓭ 對奧氏與李奧波而言，大地是個有生命的全體性有機體，最重要的是其中的每一件事物，與任何其他事物均有關聯和依賴性 （Interrelated and Interdependent，即華嚴宗所說的相即相入），組成了一個真正的有情與無情世界的「生命共同體」。

　　為了建立上述的大地倫理，李奧波認為人類應該引發其 「生態的良心」 (Ecological Conscience)，這是將人類良心的關懷，從人與人，延伸到人與大地萬物。生態良心發自人們從人類為中心的心態，改變成萬物平等的世界觀，唯有在這個哲學基礎上，才能導引出具體的生態保育行為。李氏的生態哲學思想，即是儒家的仁人愛物，與佛教的眾生平等觀更是相吻合。

　　總之， 李奧波所提倡的 「大地倫理」、「生物社區」、「生態良心」、「大地美學」 (Land Aesthetic) ⓮等生態學思想，主要就是要改變

⓭Leopold, "Some Fundamentals of Conservation in the South-West," *Environmental Ethics* I (Summer 1979), p. 140.

⓮有關李奧波 「大地美學」 的思想，請參閱 J. B. Calliott, ed., *Companion to A*

西方傳統基督文明中的「唯人主義」心態，打破人與自然的分立，
而達到人與自然的和諧。唯有人們體認大地中，無論有情或無情界，
都是「生物社區」的一分子，人類才可能加以尊重和愛護。李奧波
的環境倫理思想，可以下列他說的一句名言概括之：

凡是能夠保護生物社區的整合性、穩定性和美好性的行為，才
是正確的，反之，就是錯誤的行為。㉛

「深層生態學」 (Deep Ecology) 是繼李奧波、卡生 (Rachel
Carson) 等學者提倡的環境倫理學之後，進一步發展出的更具深度的
生態學。「深層生態學」一詞是由挪威哲學家、生態學家奈斯博士
(Arne Naess) 首創㉜，德維 (Bill Devall)、雷森 (George Sessions)、斯
尼德 (Gary Snyder) 等許多學者相繼推動的生態學。何謂深層生態學?
德維和雷森曾作了個很明確的解釋：

Sand County Almanac, University of Wisconsin Press, 1987, pp. 157～171.

㉛ "A thing is right when it tends to preserve the integrity, stability, and beauty of
the biotic community. It is worng when it tends otherwise." Leopold, *A Sand
County Almanac*, p. 262.

㉜ 奈斯在布達佩斯發表的一篇文章，談論哲學與生態的本質，他稱之為深層生
態學：Naess, "The Shallow and the Deep, Long-Range Ecology Movement,"
Inquiry, 16 (Spring, 1973).

深層生態學並不僅從狹隘侷限的眼光看環境問題，而是試圖建立一個廣大悉備蘊含宗教和哲學的世界觀。……其基本深意在於二個終極特質：自我實現 (self-realization) 和生物為中心的平等性 (biocentric equality)。⓰

　　深層生態學是個因應現代環境危機而發展出來的哲學運動，它首先要改變的是被視為破壞生態罪魁禍首的「主宰性世界觀」(Dominant Worldview)，在人為萬物主宰的思想下，自然界被過度地剝削，因此要提起「生態意識」(Ecological Consciousness) 的話，必須先消除 Ehrenfeld 所謂的「人本主義的自大」(Arrogance of Humanism)⓱，然後再建立一個整體性的生態和諧和平衡的生態哲學，而此哲學的二大特質是「自我實現」和「生物為中心的平等性」。

　　「自我實現」是一個自我覺醒的過程，在此過程中人們漸漸瞭解自己與其他自然界的萬物必須相互依存；「生物為中心的平等性」是體認所有萬物都是這個互有關連的整體的一分子，因此都應有相等的內在價值、平等的生存權利和發展機會。

　　對許多西方哲學傳統而言，自我實現乃是發現自己獨特的性質，

⓰Bill Devall and George Sessions, *Deep Ecology*, Gibbs Smith, Inc. 1985, pp. 65～66.

⓱Dvaid Ehrenfeld, *The Arrogance of Humanism*, Oxford University Press, 1978.

而深層生態學者雖也追求自我實現，卻要超越這種個人式的小我 (self)，他們要實現的是整體性、相關聯的大我 (Self)。德維和雷森二人對此有很好的說明：

> 當我們不再將自己視為孤立、狹隘、好爭的自我個體，並且開始與其他人產生認同時，我們的心靈才能開始成長。但是深層生態學所講的自我則要求更進一步的成熟和成長，那就是這種認同必須超越人類以包含非情世界。㊺

這種以生命的尊嚴、內在的價值、獨立的靈性對待萬物的人類自我覺醒是引發生態意識的先決條件，就如美國學者懷特所說的：

> 人類對待瓦石，是否有倫理的責任呢？對那些受到基督教傳統影響的美國人來說，會認為這是個毫無意義的問題。但是若有一天，這個問題不再看來荒謬，那我們才能覺醒到應該改變價值觀，以解決日漸嚴重的生態危機。㊻

懷特所要強調的是人的價值觀必須從以人為中心，擴大到包括瓦石的萬物為中心，只有當人類能對瓦石也負起倫理責任，才能在

㊺Devall and Sessions, *Deep Ecology*, p. 67.

㊻R. Wash, *The Right of Nature*, University of Wiscosin Press, 1989, p. 87.

精神上達到自我實現，在物質界上做到生態的維護。

　　深層生態學的另一個特質是其強調的「萬物平等」，因為萬物各為整個有機體的一分子，就都有平等的價值。深受佛教影響的生態學家斯尼德 (Gary Snyder) 的下列這段話，最能表現萬物平等的精神：

　　一種最終極的民主已經實現，它把所有植物和動物都視同人類……因而都應在人類政治權利的討論中，有一席之地和聲音代表。❺❼

　　從「自我覺醒」和「萬物平等」這二個思想基礎，奈斯博士歸結出八項深層生態學基本原則：

　1.地球生生不息的生命，包含人類及其他生物，都具有自身的價值，這些價值不能以人類實用的觀點去衡量。
　2.生命的豐富性和多樣性，均有其自身存在的意義。
　3.人類沒有權力去抹煞大自然的豐富性和多樣性，除非它威脅到人類本身的基本需要。
　4.人類生命和文化的繁衍，必須配合人口壓力的減少，其他生命的衍生也是如此。
　5.目前人類對其他生命干擾過度，而且急遽惡化。

❺❼同上，p. 3。

6. 政策必須作必要修改，因為舊的政策一直影響目前的經濟、科技，及其他的意識形態。

7. 意識形態的改變，並非指物質生活水準的提高，而是生活品質的提升。

8. 凡是接受上述說法的人，有責任不論直接或間接，促進現狀的進步和改善。❺❽

奈斯認為這些可作為解決生態和環保爭議的原則，例如在面對雨林被破壞的問題時，上述的前三條原則即可做基本的指引。

三、結　論

從以上的討論可看出深層生態學曾受佛教影響，其思想和理論與佛教思想也多有契合處，但是也有差異點。例如：上舉第三條原則所說的人類的「基本需要」(Vital Needs) 很難有一定的標準，因為不同的族群、地區、文化之下的人們各有其認為最基本的需要。更重要的問題是在人類「基本需要」的前提下，是否還是以人為優先，而犧牲其他生命或周遭環境？奈斯博士說：「深層生態學的一個基本原則，就是我們如沒有充分理由的話，就無權傷害其他生物。」❺❾

---

❺❽Devall and Sessions, *Deep Ecology*, p. 70. 另見《大自然》季刊，民 79 年 1 月 25 日，頁 114～115。

❺❾Devall and Sessions, *Deep Ecology*, p. 75.

如果是這樣的話，所有提倡深層生態學的人都應素食，因為他們吃素就可以生存，沒有「充分理由」必須吃葷而傷害到其他眾生，然而事實上，提倡深層生態學的人恐怕素食者不多，被尊為西方保育始祖的李奧波，甚至於從來不曾放棄他狩獵的習慣，因為他認為只要不破壞整個「生物社區的整合性、穩定性和美好性」即可，可見西方的生態觀與東方的生態觀（尤其是佛教和耆那教強調的不殺生）還是有所不同。

近幾十年來，西方已漸漸形成一套含有東方自然觀和世界觀的生態哲學，不過吾人希望它能更進一步含攝佛教不殺生、草木有性等觀念，徹底尊重生命。至於國人雖在幾千年中國仁人愛物和佛教慈悲護生思想的薰陶之下，對環境的保護和生命的尊重，並未優於西方人，還有待環保意識的提升。最後，舉一個蘊含禪宗生態觀的故事，作為吾人的省思：

有位和尚得知某位悟道的禪師獨居在一條河邊，於是決定前往參訪。經過數月的跋涉，終於來到禪師住處附近的河邊，此時，這位和尚突然看到一片高麗菜葉，由禪師所住的茅篷處漂流而下，他因此大失所望，正要離去時，他看到那位禪師順河追逐那片菜葉，最後終於把它拾起並帶回茅篷。這位和尚看到這種情形，很高興地認為找到了真正的師父。

參考書目

一、印度佛教經論

1. 佛陀耶舍、竺佛念譯,《長阿含經》;《大正藏》卷 1。

2. 瞿曇僧伽提婆譯,《中阿含經》;同上。

3. 求那跋陀羅譯,《央掘摩羅經》;《大正藏》卷 2。

4. 鳩摩羅什譯,《小品般若波羅蜜經》;《大正藏》卷 8。

5. 鳩摩羅什譯,《妙法蓮華經》;《大正藏》卷 9。

6. 佛馱跋陀羅譯,《大方廣佛華嚴經》;《大正藏》卷 10。

7. 竺法護譯,《佛說如來興顯經》;同上。

8. 闍那崛多譯,《佛華嚴入如來德智不思議境界經》;同上。

9. 求那跋陀羅譯,《勝鬘師子吼一乘大方便方廣經》;《大正藏》卷 12。

10. 曇無讖譯,《大般涅槃經》(40 卷本);同上。

11. 慧嚴等會編,《大般涅槃經》(36 卷本);同上。

12. 法顯譯,《佛說大般泥洹經》;同上。

13. 若那跋陀羅譯,《大般涅槃經後分》;同上。

14.佛陀跋陀羅譯,《大方等如來藏經》;《大正藏》卷 16。

15.菩提流支譯,《佛說不增不減經》;同上。

16.真諦譯,《無上依經》;同上。

17.菩提流支譯,《入楞伽經》;同上。

18.求那跋陀羅譯,《楞伽阿跋多羅寶經》;同上。

19.龍樹造,《大智度論》;《大正藏》卷 25。

20.天親造,菩提流支譯,《十地經論》;《大正藏》卷 26。

21.天親造,真諦譯,《涅槃經本有今無偈論》;同上。

22.玄奘譯,《大毘婆沙論》;《大正藏》卷 27。

23.玄奘譯,《阿毘達磨順正理論》;《大正藏》卷 29。

24.彌勒說,玄奘譯,《瑜伽師地論》;《大正藏》卷 30。

25.天親造,真諦譯,《佛性論》;《大正藏》卷 31。

26.勒那摩提譯,《究竟一乘寶性論》;同上。

27.無著造,波羅頗蜜多譯,《大乘莊嚴經論》;同上。

28.堅慧造,提雲般若譯,《大乘法界無差別論》;同上。

29.無著造,真諦譯,《攝大乘論》;同上。

30.護法等造,玄奘譯,《成唯識論》;同上。

31.世親釋,真諦譯,《攝大乘論釋》;同上。

32.馬鳴造,真諦譯,《大乘起信論》;《大正藏》卷 32。

33.無著造,玄奘譯,《顯揚聖教論》;同上。

34.真諦譯,《三無性論》;同上。

二、中國佛教古德論述

1.湛然,《法華玄義釋籤》;《大正藏》卷 33。

2.智顗說,灌頂記,《觀音玄義》;《大正藏》卷 34。

3.法藏,《華嚴經探玄記》;《大正藏》卷 35。

4.澄觀,《大方廣佛華嚴經隨疏演義鈔》;《大正藏》卷 36。

5.吉藏,《勝鬘寶窟》;《大正藏》卷 37。

6.寶亮等集,《大般涅槃經集解》;同上。

7.慧遠,《大般涅槃經義記》;同上。

8.灌頂,《大般涅槃經玄義》;《大正藏》卷 38。

9.灌頂,《大般涅槃經疏》;同上。

10.吉藏,《涅槃經遊意》;同上。

11.元曉,《涅槃宗要》;同上。

12.智顗,《請觀音經疏》;《大正藏》卷 39。

13.慧遠,《大乘起信論義疏》;《大正藏》卷 44。

14.元曉,《起信論疏》;同上。

15.法藏,《大乘起信論義記》;同上。

16.慧遠,《大乘義章》;同上。

17.法藏,《華嚴一乘教義分齊章》;《大正藏》卷 45。

18.湛然,《金剛錍》;《大正藏》卷 46。

19.慧思,《大乘止觀法門》;同上。

20.湛然，《止觀大意》；同上。

21.湛然，《止觀輔行傳弘決》；同上。

22.費長房，《歷代三寶記》；《大正藏》卷 49。

23.慧皎，《高僧傳》；《大正藏》卷 50。

24.道宣，《續高僧傳》；同上。

25.僧祐，《出三藏記集》；《大正藏》卷 55。

26.智昇，《開元釋教錄》；同上。

27.從義，《止觀義例纂要》；《卍續藏經》冊 56。

28.處元，《止觀義例隨釋》；同上。

29.最澄，《守護國界章》；《大正藏》卷 74。

30.均止，《大乘四論玄義》；《卍續藏經》冊 74。

31.良源，《草木發心修行成佛記》；《大日本佛教全書》，《天台小部集釋》。

32.最澄，《法華秀句》；《日本大藏經》卷 42。

三、當代中日文論述

1.印順，《印度之佛教》，臺北，正聞出版社，1985 年。

2.印順，《勝鬘經講記》，臺北，正聞出版社，1988 年。

3.印順，《如來藏之研究》，臺北，正聞出版社，1981 年。

4.湯用彤，《漢魏兩晉南北朝佛教史》，臺北，鼎文書局，1976 年。

5.呂澂，《印度佛學思想概論》，臺北，天華出版公司，1982 年。

6.呂澄,《中國佛學思想概論》,臺北,天華出版公司,1982 年。

7.牟宗三,《佛性與般若》,臺北,學生書局,1977 年。

8.楊惠南,《吉藏》,臺北,東大圖書公司,1989 年。

9.廖明活,《嘉祥吉藏學說》,臺北,學生書局,1985 年。

10.賴永海,《中國佛性論》,上海,人民出版社,1988 年。

11.屈大成,《大乘大般涅槃經研究》,臺北,文津出版社,1993 年。

12.張曼濤,《涅槃思想研究》,收於藍吉富編,《現代佛學大系》 冊 34,臺北,彌勒出版社,1983 年。

13.常盤大定,《佛性の研究》,東京,圖書刊行會,1979 年。

14.武邑尚邦,《佛性論研究》,京都,百華苑,1977 年。

15.高崎直道,《如來藏思想の形成》,東京,春秋社,1974 年。

16.中村瑞隆,《梵漢對照究竟一乘寶性論研究》,東京,山喜房,1961 年。

17.宇井伯壽,《寶性論研究》,山喜房,1960 年。

18.高崎直道,《如來藏思想》I、II,東京,法藏館,1988 年。

19.柏木弘雄,《大乘起信論の研究》,東京,春秋社,1981 年。

20.平川彰編,《如來藏と大乘起信論》,東京,春秋社,1990 年。

21.望月良晃,《大乘涅槃經の研究》,東京,春秋社,1988 年。

22.松本史朗,《緣起と空——如來藏思想批判》,東京,大藏出版社,1989 年。

23.袴谷憲昭,《本覺思想批判》,東京,大藏出版社,1989 年。

24.小川一乘,《イソド大乘佛教におひる如來藏‧佛性の研究》,東京,文榮堂,1969 年。

25.水谷幸正,〈一闡提考〉,《佛教大學紀要》,卷 40,1961 年。

26.河村孝照,〈大乘涅槃經における法身思想の考察〉,《東洋學研究》,第 2 號,1967 年。

27.河村孝照,〈大乘涅槃經における大般泥洹經と大般涅槃經との比較研究〉,《東洋學研究》,第 4 號,1970 年。

28.河村孝照,〈大乘涅槃經における闡提成佛について——大乘涅槃經菩薩道研究の一環として〉,《宗教研究》,第 38 號,第 2 期,1964 年。

29.河村孝照,〈大乘涅槃經における佛性說〉,《宗教研究》,第 39 號,第 3 期,1964 年。

30.武邑尚邦,〈涅槃經における有佛性說の展開について〉,《佛教學研究》,第 34 號,1978 年。

31.橫超慧日,〈涅槃經の說時について〉,《大谷學報》,第 51 卷,第 1 號,1971 年。

32.古田和弘,〈中國佛教における一闡提思想の受容について〉,《大谷學報》,1972 年。

四、西文著作

1. Brown, Brian Edward. *The Buddha Nature: a Study of the*

Tathāgatagarbha and Ālayavijñāna. Delhi: Motilal Banarsidass Publishers, 1991.

2. Curtin, Deane. "Dogen, Deep Ecology, and the Ecological Self," *Environmental Ethics*, 16: 2, 1994, pp. 195～214.

3. Dutt, Nalinaksha. *"Tathāgatagarbha,"* Indian Historical Quarterly, 33, 1957, pp. 26～39.

4. Gregory, Peter. "Chinese Buddhist Hermeneutics: the Case of Hua-yen," *Journal of the American Academy of Religion*, 51: 2, 1983, pp. 231～249.

5. Grosnick, William Henry. "Nonorigination and *Nirvāna* in the early *Tathāgatagarbha* Literature," *Journal of the International Association of Buddhist Studies*, 4: 2, 1981, pp. 33～43.

6. Grosnick, William. *"Cittaprakrti* and *ayonisomanaskara* in the *Ratnagotravibhaga*: a Precedent for the Hsin-nien Distinction of the Awakening of Faith," *Journal of the International Association of Buddhist Studies*, Vol. 8, No. 2, 1983, pp. 35～47.

7. Heine, S. "Does the Koan Have Buddha-nature? The Zen Koan as Religious Symbol," *Journal of the American Academy of Religion*, 58: 3, 1990, pp. 357～387.

8. Hookham, S. K. *The Buddha Within: Tathāgatagarbha Doctrine According to the Shentong Interpretation of the Ratnagotravibhāga.*

Albany, NY: State University of NewYork Press, c1991.

9. Ishibashi, Shinkai. *"Tathāgatagarbha* and *Ālayavijñāna,"* Indogaku
Bukkyo-gaku Kenkyu, 16: 2, 1968, pp. 837~840.

10. Keenan, John, ed. *Buddha Nature: A Festschrift in Honor of Minoru
Kiyota.* Tokyo: Buddhist Books International, 1990.

11. King, Richard. "Is Buddha-Natrue Buddhist? Doctrinal Tensions in
the *Śrīmālā Sūtra*—an Early *Tathāgatagarbha Text,"* Numen, 42,
1995, pp. 1~20.

12. King, Sallie B. "Buddha Nature and the Concept of Person,"
Philosophy East and West, 39: 2, 1989, pp. 151~170.

13. Kiyota, Minoru. *"Tathāgatagarbha* Thought: a Basis of Buddhist
Devotionalism in East Asia," *Japanese Journal of Religious Studies*,
Vol. 12, 1985, pp. 207~231.

14. Lai, Whalen. "Sinitic Speculations on Buddha Nature," *Philosophy
East and West*, Vol. 32, No. 2, 1982.

15. Lai, Whalen. "Buddha-nature and Human Nature—a Discussion of
the Differences and Similarities Between the Teachings of
Confucianism and of Buddhism, and Their Mutual Influences,"
Journal of Chinese Philosophy, 23: 1, 1991, pp. 3~33.

16. Liu, M. W. "The Early Development of the Buddha-Nature Doctrine
in China," *Journal of Chinese Philosophy*, 16: 1, 1989, pp. 1~36.

17. Liu, M. W. "The Problem of the *Icchantika* in the *Mahāparinirvāṇa sūtra*," *Jounal of the International Association of Buddhist Studies*, Vol. 7, No. 1, 1984, pp. 57～81.

18. Nishi, Giyu. "The Origin of the *Tathāgatagarbha* Thought," *Indogaku Bukkyogaku Kenkyu*, 19: 1, 1970, pp. 1～11.

19. Ogawa, Kokan. "A Study of *Tathāgatagarbha* in the *Laṅkāvatāra-sūtra*," *Indogaku Bukkyogaku Kenkyu*, 9: 1, 1961, pp. 213～216.

20. Paul, Diana. *The Buddhist Feminine Ideal*. Missoula, Mont.: Scholars Press, c1980.

21. Paul, Diana Y. *A Prolegomena to the Śrīmālādevī sūtra and the Tathāgatagarbha Theory: the Role of Women in Buddhism*, 1974.

22. Paul, Diana Y. "The Concept of *Tathāgatagarbha* in the *Śrīmālādevī -sūtra*," *Journal of the American Oriental Society*, 99: 2, 1979, pp. 191～203.

23. Piatigorsky, Alexander. "Some Observations on the Notion of *Tathāgatagarbha*," in: *The Buddhist Forum*, volume III, ed. by T. Skorupski, and others, 1994, pp. 239～247.

24. Ruegg, David Seyfort. "The *Gotra*, *Ekayāna* and *Tathāgatagarbha* Theories of *Prajñāpāramitā* According to *Dharmamitra* and *Abhayakaragupta*," in: *Prajñāpāramitā and Related Systems*, ed. by Lewis Lancaster, 1977, pp. 283～317.

25. Shih, Heng-Ching. "The Significance of *Tathāgatagarbha*: a Positive Expression of *Śūnyatā*," *Philosophical Review*, Vol. 11, 1988, pp. 227~246.

26. Swanson, Paul. "Zen is not Buddhism, Recent Japanese Critiques of Buddha-nature," *Numen*, 40: 2, 1993, pp. 115~149.

27. Takasaki, Jikido. *A Study on the Ratnagotravibhāga (Uttaratantra): Being a Treatise on the Tathāgatagarbha Theory of Mahayana Buddhism*. Istituto Italiano per il Medio ed Estremo Oriente, Harper Pub. Location: Roma, New York, 1966.

28. Takasaki, Jikido. "The *Tathāgatagarbha* Theory in the *Mahāparinirvāṇa-sūtra*," *Journal of Indian and Buddhist Studies*, 1971, pp. 1~10.

29. Takasaki, Jikido. "*Tathāgatagarbha* and the Community of Bodhisattvas," In: *Kalyana-Mitta: Professor Hajime Nakamura Felicitation Volume*, V. N. Jha, ed. Satguru Publications, pp. 247~256.

30. Tamaki, Koshiro. "The Development of the Thought of *Tathāgatagarbha* from India to China," *Indogaku Bukkyogaku Kenkyu*, 9: 1, 1961, pp. 25~33.

31. Thrangu Rinpoche. *Buddha Nature: Ten Teachings on the Uttara Tantra Shastra*, 2nd rev. ed. Hong Kong: Rangjung Yeshe, 1993.

32. Wayman, Alex. "The *Mahāsaṃghika* and the *Tathā-gatagarbha*," *Journal of the International Association of Buddhist Studies*, 1: 1, 1978, pp. 35～52.

33. Wayman, Alex. *The Lion's Roar of Queen Śrīmālā: A Buddhist Scripture on the Tathāgatagrbha Theory.* New York: Columbia University Press, 1974.

索　引

一劃

二劃

三劃

五劃

七劃

九劃

十劃

十一劃

十二劃

十三劃

十四劃

十五劃

十六劃

十七劃

十八劃

維摩詰經今譯

陳慧劍／譯注

　　《維摩詰經》的主要導航人物，是現「居士身」的維摩詰；而本經所記錄的玄理，則是貫串大乘「空義」最重要的文獻之一，其思想涵蓋自東晉以後發展的三種中國式佛教宗派——三論宗、天台宗、禪宗。本經之譯注，係透過現代化語文與注疏方法，參考古今多家釋義，兼顧經義與經文的連貫性，使譯文與原典可以「對讀」而不生結癧。

弘一大師傳

陳慧劍／著

　　既是中國近代藝術史上的奇才，也是近代佛教史上的律學高僧。弘一大師的一生，出家之前三十九年，風流而多彩，不僅開創了中國近代戲劇史的先河，也為音樂教育寫下了輝煌的一章。出家之後，斷然放下世俗的牽絆，獻身於佛道的深入與修行，作苦行僧，行菩薩道，以身教示人，再為佛門立下千峰一月的典範。

唯識三論今詮

于凌波／著

　　唯識宗所依的經典，由梵文翻譯的，有「六經十一論」、「一本十支」；而中國歷代大師的著述，除糅合十家釋論譯出的《成唯識論》外，又有詮釋《識論》述記、樞要、演祕、了義燈等一系列的注疏，卷帙浩繁，本書為初學唯識者的入門書籍，由《百法明門論》的略陳名數，《大乘五蘊論》的粗釋體義，《唯識三十論》的高建法幢，跨入唯識之門。

唯識學綱要

于凌波／著

　　唯識學是大乘佛教法相宗的宗義，其內容在闡釋萬法唯識的妙理，探討我人內心深處之實態，以尋回人們真實的自我。作者從唯識學的定義、源流切入，分論五位百法、五蘊、四大、八識、種子等唯識學上基本觀念，從歷史背景到生活應用，本書期能以深入淺出的手法，引領讀者一窺此千年絕學之奧祕。

老子的哲學

王邦雄／著

　　作者試圖把老子安放在先秦諸子的思想源流中，去探究道德經的義理真實，並建構其思想體系。八十一章的每一句話，都可以得到義理的安頓，並有一整體的通貫。本書由生命修證，開出形上體悟；再由形上結構，探討其政治人生的價值歸趨；並由生命與心知兩路的歷史迴響，對老子哲學作一價值的評估，以顯現其精義與不足。

莊子的生命哲學

葉海煙／著

　　莊子哲學不是鯤鵬的哲學，不是神仙的哲學，而是屬於天地間至真之人的哲學。作者在超越與辯證兩大原理引領下，經由或曲或直的思考路徑，向莊子哲學的高峰邁進。在篇幅開闊之間，全力握持生命尊榮的目的，進而循生命歷程之展延，一路深入莊子生命的浩大領域，旨在去除意志之陰霾及文字之迷障，以全般耀現莊子哲學的朗朗青天。

公案禪語

吳怡／著

　　本書第一部分為作者所選四十則重要公案，每一則都表現了禪宗思想的某一特色，同時也代表禪宗法統上的繼承脈絡。作者的解說，不僅化深奧為簡易，前後通讀，可視為一部小型的禪宗思想史。第二部分為《無門關》一書的註解，該書在日本與《碧巖錄》齊名，在美國也有數種譯本，但在中土卻早已失傳。作者所作的《無門關》註解，無異是原璧歸趙，讓這部流落異鄉數百年之久的寶典，重現光華。

禪思與禪詩：吟詠在禪詩的密林裡

楊惠南／著

　　本書分成兩大部分：第一部分簡要的介紹禪宗的思想；第二部分則將禪詩加以分類並賞析。書中所錄的禪詩都是禪師所作，不同於一般討論禪詩的作品，只是針對王維、蘇東坡等歷代文人的詩作，而作「禪意」的比附；另一特色則是：禪詩的賞析，並非從字義、名詞的註釋、解說入手，而是從禪師的思想及其悟境入手。

禪與老莊

吳怡／著

　　「本來無一物，何處惹塵埃？」由慧能開創出來的中國禪宗，實已脫離印度禪的系統，成為中國人特有的佛學。本書以客觀的方法，指出中國禪和印度禪的不同，並且正本清源，闡明禪與老莊的關係，強調禪是中國思想的結晶，還給禪學一個本來面目。

生命的學問

牟宗三／著

　　牟宗三先生學貫中西，融會佛儒，是享譽當代的哲學大家。他融合德國哲學家康德與中國思想，開闢出獨霸一方的哲學體系。在中國近代思想史上，有其卓然不凡的地位。本書收集了他哲學專題的探討、人生問題的思索、生活心情的紀實，以及前塵往事的追憶等文章，充分展現一代大哲的真情至性。

國家圖書館出版品預行編目資料

佛性思想／釋恆清著.－－三版一刷.－－臺北市：東
大，2021
面；　公分.－－（現代佛學叢書）

ISBN 978－957－19－3260－6　（平裝）
1. 成佛論

220.127　　　　　　　　　　　　　　110002342

現代佛學叢書

佛性思想

作　　　者	釋恆清
發 行 人	劉仲傑
出 版 者	東大圖書股份有限公司
地　　　址	臺北市復興北路 386 號 (復北門市)
	臺北市重慶南路一段 61 號 (重南門市)
電　　　話	(02)25006600
網　　　址	三民網路書店 https://www.sanmin.com.tw
出版日期	初版一刷 1997 年 2 月
	修訂二版一刷 2012 年 5 月
	三版一刷 2021 年 4 月
書籍編號	E220450
I S B N	978-957-19-3260-6

東大圖書公司